清华大学自主科研项目
汉字阐释学的探索与理论构建（2023THZW）

古文字工程（2021—2025）规划项目
汉字文化传承与传播基地建设（G1814）

教育部哲学社会科学研究重大专项项目
古文字构形系统发展研究与数据库建设（2024JZDZ048）

汉字理论与
汉字阐释概要

李守奎 著

陕西师范大学出版总社 西安

图书代号：SK24N1662

图书在版编目（CIP）数据

汉字理论与汉字阐释概要 / 李守奎著 . -- 西安 : 陕西师范大学出版总社有限公司，2024.8. -- ISBN 978-7-5695-4591-3

Ⅰ . H12

中国国家版本馆 CIP 数据核字第 2024W1L040 号

汉字理论与汉字阐释概要

HANZI LILUN YU HANZI CHANSHI GAIYAO

李守奎　著

出 版 人 /	刘东风
出版统筹 /	侯海英　曹联养
责任编辑 /	付玉肖
责任校对 /	王　森
封面设计 /	张景春
内文排版 /	王伟博
出版发行 /	陕西师范大学出版总社
	（西安市长安南路 199 号　邮编 710062）
网　　址 /	http://www.snupg.com
印　　刷 /	西安五星印刷有限公司
开　　本 /	710 mm×1000 mm　1/16
印　　张 /	21.5
插　　页 /	1
字　　数 /	350 千
版　　次 /	2024 年 8 月第 1 版
印　　次 /	2024 年 8 月第 1 次印刷
书　　号 /	ISBN 978-7-5695-4591-3
定　　价 /	68.00 元

读者购书、书店添货或发现印刷装订问题，请与本公司营销部联系、调换。
电话：（029）85307864　85303629　传真：（029）85303879

前言：从汉字说解到汉字阐释

《说解汉字一百五十讲》出版后，得到师友和广大读者的鼓励，这让我更有一种责任感，努力把汉字阐释学术研究与汉字文化普及工作做得更好一些。

传统文字学理论是"六书"，许慎的《说文解字》（以下简称"《说文》"）运用"文""字"构形二书与传统的"六书"理论对汉字进行"说"与"解"，成就极高，在当时是目的明确、材料丰富、理论自洽的著作，是人类文化史上一流独创，两千年来，影响深远。"六书"理论与《说文》的研究成果非常丰富，但由于理论方法与研究对象的固化，越来越脱离实际，越来越琐碎，逐渐成了自说自话的封闭圈子，直到受到现代语言文字学的冲击，才有了新的突破。与此同时，有些人把六书理论简单化，对汉字肆意肢解发挥，说解汉字几乎人人能为，似乎个个都懂，但又处处模糊，疏漏百出。"阐释"作为一个词，出现很晚，从一开始就带有术语的性质。我们借用阐释学中的这个概念来讨论汉字，期望在继承传统汉字"说解"的同时，也与传统的汉字"说解"分出一条界限，让"汉字阐释"逐渐具备现代学科的意义。具体来说，就是在继承传统汉字说解精华的基础上，以各个时代当时应用的文字为主要研究材料，运用现代文字理论及相关学科知识对汉字构形、所蕴含文化、应用演变、字际关系、系统构成、各种功能等进行全面、系统的解释。"说解"与"阐释"是从研究对象与研究方法等方面所做的大体区分，但二者多有互通，传统说解也是阐释的一种，现代阐释的核心还是说解文字的构形，所以在具体表述中，如果不特别强调其区别，我们也说传统阐释、现代说解，类似对文则异、散文则通。

《说解汉字一百五十讲》作为汉字阐释的普及读物，以"说解"为名，一方面是表明我们对优秀传统的继承，另一方面担心书名中出现"阐释"这样的陌生词语会影响普及。作为普及读物，《说解汉字一百五十讲》只是用通俗的语言把部分汉字研究的成果介绍给大家，不太显示学理，也不讲究论证，但背后有一套汉字学理论做基础，作者也自觉地运用这些理论进行汉字的说解。书中每一讲具体文字的说解之后，都有"理论延伸与思考"这个环节，期望在读者了解了具体阐释字例的基础上，能够进一步引导读者进行一些理论思考，对汉字的认识有进一步的提升。既然涉及理论，就必然运用自洽的话语系统，会出现不少术语。此外，由于《说解汉字一百五十讲》的体例，各讲涉及什么理论问题，就在各讲之后引导思考一点什么问题，好处是非常具体，容易理解，不足就是理论碎片化。当初曾经设想附录一个术语解释，因担心内容太过庞杂、篇幅太大而放弃。

《说解汉字一百五十讲》说解与人体、人体器官相关的汉字，这部分字可以简称"人体汉字"。为什么选择与人体相关的汉字？因为这部分字最历史悠久，数量众多，表意最丰富，传承性很强，与我们关系最密切，也最容易理解。《说文》540个部首中，按照许慎的理解有219个字形与人体有直接或间接关系，占三分之一强。从农业文明到信息时代，社会生活的很多方面都发生了翻天覆地的变化，但人类的相貌、动作、肢体语言却古今相承，即使有所变化也不难理解。不论是研读《说文》、学习古文字，还是阐释汉字，从人体相关的汉字入手都便利且有效。《说解汉字一百五十讲》说解了不少人体汉字，细心的读者可能会发现大致有个分类和说解的次第。以第九十七讲为界,前面是各种形体的人形,讲了各种人形构形所表达的文化意义,以及汉字中所表达的人从生到死的生命过程。由于书的体例,这种联系比较隐晦。第九十七讲之后,是各种表示人体器官的汉字,大致按从头到脚的次第说解,但没有讲完,有头有身有上肢,与手相关的也只说解了少部分,腿脚完全没有说解,如同残疾。

为了弥补以上不足,我萌生了把我所应用的汉字理论比较系统地介绍给大家,让阐释的基础知识稍稍系统一点,把人体汉字说解全部完成的"宏大"设想,期望从理论到实践,完成我对汉字阐释的全面认识。不仅让读者了解汉字的具体阐释,而且能够知道为什么这样阐释,继而能够应用这些理论与方法去尝试阐释汉字。但这需要更加深入的研究和更长久的建设。眼前需要完成一个入门性的汉字阐释著作,表达我进行汉字说解背后对汉字阐释的构想和所运用的古文字材料,引导读者对汉字阐释有更理性的理解,这就是这部《汉字理论与汉字阐释概要》的写作动机。

汉字理论部分我力图从汉字的实际出发,建设新的话语系统。一方面承认文字是记录语言的符号,在目前主流共话体系内表达和交流;另一方面努力挣脱"文字是记录语言的符号"的束缚,逐渐建立起新的话语和理论体系,从汉字的非符号性、编码方式、书写特征、社会功能等多个角度观察、理解、定义汉字。这部分内容经过长久的探索:课堂上讲过很多遍,不断深入和系统化,先后经过搭建框架、提炼术语、局部细化等过程。这次缩写成一个"概要",第一次以书面的形式比较完整地表达了我对汉字的理解,供大家批评指正。

汉字理论与汉字阐释彼此相依,相辅相成。理论从具体材料研究中来,汉字阐释就是最主要的途径。汉字最早的理论就是在古文字考释和文字阐释过程中逐渐归纳出来的。汉字阐释如果是学术探讨就必须有内在的学理和系统的理论指导。作为理论,汉字阐释理论是汉字理论的延伸;作为阐释实践，汉字理论是汉字阐释的话语基础；作为理论建设，阐释实践是理论的来源。

汉字阐释不论是学术研究还是文化普及，都需要具备一些前提，我认为最重要的是如下几个方面：

第一，认识足够量的汉字，包括当今的通用汉字、古书中的文献用字、各个时代的实际用字等等，越多越好。

第二，对核心概念"汉字阐释"有清晰的了解，能够从材料出发，运用可操作的研究方法。

第三，有文字学理论框架，具备自足自洽的话语系统。

第四，涵盖尽量多的历史文化知识和尽量广的学术视野。

我这里所说的"概要"主要是就写法上说的，不论是说理论还是例说字形，依旧是研究结果的陈述，对前辈时贤的研究成果择善而从，一般不加征引注释；书中有不少是作者的私见，也没有详细的论证，从目的到写法，都可视作《说解汉字一百五十讲》理论部分的系统化，但依旧是比较通俗的写法，与我在"汉字学"课堂所讲或发表的一些文章所论有所不同。①

本书尽量求"简"：一是作者对汉字阐释理论与汉字理论进行简要陈述；二是表达方式是以通俗的语言说明，力求简约易懂；三是理论部分的一些例证和人体汉字的说解都不详细展开，留下读者思考或进一步为他人讲解的空间。

对于想了解汉字文化、阅读汉字阐释的读者来说，最好也能逐渐具备相应的知识，明白学理，了解研究的方法，才能有所取舍和判断，形成自己真正的知识。

我在清华大学讲授"汉字与中国文化"课程，先后面对不同的需求，讲

---

① 参看李守奎：《论记号字在汉字学中的定位及其理论意义》，《汉字汉语研究》2023年第3期。

授过不同的内容。大类基础课类似通识教育，主要是对汉字文化的了解，并不强调学术研究与学术训练；人文强基计划的基础课就不能流于一般性的介绍，要讲学理、讲方法，强化学术训练；而面向社会公众进行汉字知识、汉字文化普及就需要把研究的结果用通俗易懂的方式传播。这是三件彼此联系，但又各不相同的事情，我都在试探着做，至今完成了下列四部书：

《汉字为什么这么美》，是散文形式的汉字学术随笔，是2020年度"农民喜爱的一百本书"之一。

《说解汉字一百五十讲》，是面向广大读者的汉字阐释普及读物。所谓"说解"，出典是"说文解字"的缩略，也可以当作现代一般的语文词语理解，就是说明解释，其实质就是"汉字阐释"的通俗化。该书先后获得陕西省首届"陕版好书"、2023年陕西省优秀科普作品、2023年度全国优秀科普作品等荣誉。

《汉字阐释十二讲》。汉字阐释是学术研究，就要有其学史、学理和可操作的研究方法，该书以此为目的进行撰写，但内容比较艰深，其中十讲作为学术论文在不同的刊物上发表过，阅读最好有教师引导，教师讲授过程中需要根据学生的具体情况加以调整。这部教材主要是为"强基计划"的"汉字与中国文化"课程准备的，虽然有很多不如意之处，但多是个人心得，自以为还可以送同行一哂。本书出版后，我陆续收到一些反馈，多有赞美好评，有的是礼貌客气，但也不完全是客气。该书入选2023年100种"上海好书"。

《汉字理论与汉字阐释概要》面向大众，以理论为主，虽然是"概要"，但理论部分比较"前沿"，是作者多年汉字研究的初步成果，包括三个部分：第一是汉字学理论概要，第二是汉字阐释的内容与方法，第三是从头到脚说汉字的整体框架。这三部分内容深入研究都可以独立成书，在这里以通俗的方式简要陈述，配合《说解汉字一百五十讲》介绍汉字阐释的理论背景，基本上能够达到目的。如果作为教材使用，可能比《汉字阐释十二讲》还便于让学生接受。就其内容而言，至少是"汉字学"基础理论课与"汉字与中国文化"之类通识课两门以上的含量，在应用时可以各有侧重。

所出这几部书目的各有不同，内容彼此相关，各有侧重，彼此照应，有些地方难免有重复之处，请读者见谅。

清华大学邺架轩读书沙龙为《说解汉字一百五十讲》一书举行了题为"如何走出汉字阐释的困境"为题的学者对谈，王立军教授谈了他对汉字阐释的深刻见解。承蒙王教授同意，本书将我们二人的对谈内容全部附录。谢谢王巍先生的精心组织，谢谢王立军教授的大力支持。

本书写作过程比较长，经过几次大的调整修改。初稿中第三部分的字形材料由侯瑞华协助完成。赵相荣检核了全稿材料的出处、统一了格式，初步整理了所附的术语，提出一些具体的修改意见。林康助教也对初定稿进行了全文校对。原拟以《汉字理论基础与汉字阐释简说》为题，书稿已经排版和编校，作者又提出要重新调整、增补和修改，出版社为此书编校了两次，付出了双倍的努力。书稿在最后一次大的调整之后，侯瑞华、赵相荣、林康、王鹏远又分别校读一遍，修改了作者的一些错误，更换了一些字形图片。

此书得到清华大学自主科研项目、古文字工程项目和教育部哲学社会科学研究重大专项项目的支持。

在此一并致谢！

目　录

001 **汉字学理论概要**

003 　一、表意字、表意字系统与表意字体系

009 　二、文字形体与汉字的表层结构

016 　三、汉字所记录的语言

023 　四、汉字的深层结构——编码理据

035 　五、汉字构形与汉字的类型

048 　六、表意的方式与表意字

059 　七、记号字为什么会成为现代汉字的主要类型

067 　八、汉字中的表音字

076 　九、形声字/意音字的兴盛与衰微

088 　十、书写装饰与汉字的艺术化

101 　十一、历时的演变与汉字发展的动力

110 　十二、汉字的字际关系

120 　十三、汉字的社会功能

130 　十四、从多个角度观察汉字的汉字学

137	**汉字阐释的内容与方法**
139	一、什么是汉字阐释
145	二、汉字阐释的内容——汉字的"六相"
152	三、汉字阐释的基础
156	四、汉字的文字学阐释
161	五、汉字的文化阐释
168	六、汉字阐释的方法
177	七、汉字阐释与汉字文化的普及
183	**从头到脚说汉字**
185	人体汉字阐释的设想
189	上篇：汉字中的人体
191	一、最简单的人体简笔画——直立与颠倒的人体
197	二、躺平的人
199	三、俯身与匍匐
201	四、曲体敛肢的女性
203	五、孕育的人——子与倒子
208	六、伸展四肢的人形及其变形
214	七、各种发型的人
217	八、突出头部的人形
222	九、侧开其口的人形

225	十、躯体部位
228	十一、突出上肢的人
230	十二、突出臀部蹲踞的人形
233	十三、跪坐的人形
238	十四、突出下肢的简笔画
241	下篇：汉字中的人体器官
243	一、首与面
245	二、发眉与须髯
248	三、五官
266	四、藏起来的躯干脏器
270	五、灵活的上肢
286	六、移动的脚趾
295	字形材料出处简称表
297	主要参考资料
299	附录一：《说文》与人体相关部首一览表
302	附录二：如何走出汉字阐释的困境？ ——李守奎、王立军对谈录

汉字学理论概要

因为讲授"汉字学"课程，汉字学理论一直是我努力的方向，汉字学理论在《说解汉字一百五十讲》中也有零零星星的表述。这部分"汉字学理论概要"是我在清华大学"汉字学"课程中所讲内容的概括，基本观点、话语系统、理论框架大致齐备，是我进行汉字阐释的理论依据，先拿出来供读者批评指正，后续再加努力，争取论证完备。

一、表意字、表意字系统与表意字体系

我们首先把汉字放在世界文字体系中来观察。汉字是表意字体系的典型代表。汉字是一个由多种编码方式形成的表意字系统。狭义的表意字是汉字系统中的基本类型之一。

（一）表意字体系

文字是记录语言书写的符号系统，这是所有文字的共性。从符号的角度确定文字的特征与性质，是现代文字学与传统文字学的分界。索绪尔根据符号特征的不同，把世界文字区分为两大体系：

（1）表意体系。一个词只用一个符号表示，而这个符号却与词赖以构成的声音无关。这个符号和整个词发生关系，因此也就间接地和它所表达的观念发生关系。这种体系的典范例子就是汉字。

（2）通常所说的表音体系。它的目的是要把词中一连串连续声音摹写出来。表音文字有时是音节的，有时是字母的，即以言语中不能再缩减的要素为基础。

此外，表意文字很容易变成混合的：某些表意字失去了它们原有的价值，终于变成了表示孤立的声音的符号。①

索绪尔把世界文字分为表意字、表音字两大体系，概括指出两个体系各自的特征，指出汉字是表意体系的典型例子，这与事实基本相符。

表意字体系下包括若干文字，例如古埃及文字、汉字、玛雅文字等等；表音字体系下也有各种文字，如英文、俄文、日文等等。每一种文字都自成系统，

---

① ［瑞士］费尔迪南·德·索绪尔：《普通语言学教程》，高名凯译，岑麒祥、叶蜚声校注，商务印书馆，1999年，第50—51页。

各不相同。表意字体系是世界文字的类型区别之一，汉字属于表意字体系。

索绪尔对表音文字体系进行了深入细致的研究，得出表音字的一些通则，但对表意字的表述很少，把从表音字那里概括出来的文字现象与规律提升为文字的通则，就有可能会出现以偏概全的问题。

任何文字都既记录语音，也记录语义，在具体的应用中，语言单位的语音和语义是不可分割的。

文字	表达方式	所记录的语言
head	［head］	｛head｝
花东 304	像人头	｛首｝

这里用了两个符号，［］是音标标示读音，｛｝是语言符号所记录的音义①。所有的文字都记录语言，既记录语言单位的音，也记录义，这是文字的共性。那表音字、表意字又是根据什么区分的？

英文 head 由四个字母构成，每个字母记录一个音素，字母与音素之间是纯粹的约定关系，这类字母是典型的符号。字母组合成语言单位的语音，语音承载语义。英语的字母记录的是语音，记录的单位是音素，字母组合记录语言的音义。

古汉字用一个像人头的图符记录语言中的"首"，这里有道理好说，现代汉字"歪"也有道理好说。汉字中的表意字与所记录语言之间不是完全任意的，可以再分析，有理据可以阐释。表意字不是纯粹的"符号"，具有符号与理据的二重性。

表意字字形通过表达意义记录语言，记录的语言单位是词或词素。从造字的角度说就是通过表达意义记录语言，从文字符号与语言符号的关系来看，就是非约定关系。

文字——非约定——意义——非约定——词素或词

汉字可以再分析，有理据，文字与所记录语言之间有理据可以阐释。表意字的理据就是文字形体与所记录语言单位音、义之间可解释的各种联系。

---

① 汉字记录单音节词或词素，文字与语言在书面形式上具有同一性，为了将二者区分开来，裘锡圭先生发明了以｛｝符号表示文字所记录的语言单位。例如"明"字记录了｛明｝这个词。

"文字是记录语言的符号系统",这是从目的与结果的角度对文字的界定,或者说是从功能的角度的定性。文字是对语言符号再编码的书写符号系统,这是从发生、创造原理的角度对文字的界定。表意、表音是从哪个角度对文字分类的呢?显然是从编码理据角度。"表"与"记录"是两码事儿,"表"是编码方式,"记录"是目的结果。表意字、表音字是从文字符号与语言符号意义之间联系的角度观察到的不同的编码方法,其结果一样,都能记录语言。例如所有的语言都有{来}{去}这两个词,如何记录呢?有多种途径:既可以通过表达意义记录,也可以通过表达语音记录,甚至可以用"←"表示来、"→"表示去,或者画个圈表示来、画个三角表示去,理论上说都是可能的。汉字中因为有"表意字",有别于西方的纯表音字,就以偏概全,用来指称汉字这个系统了。说汉字是表意字系统,并不是说这个系统中的文字都是表意字。这很像文学语言中的借代修辞,说"红鼻头走了进来"并不是这个人除了红鼻头什么都没长。

(二)汉字是个表意字系统

表意字仅仅是表意字系统中的一小部分。

不同的文字记录不同的语言,汉字以记录汉语为主,英文记录英语,日文记录日语,任何一种文字都是一个符号系统。

文字是记录语言的符号,有视觉可见的书写形体,有形体所记录的语言符号的音义,这是所有文字的共性。从用什么样的书写符号为语言符号进行再编码的角度观察,可以把文字分为不同的类型,常见的编码方式有记号、表意、表音和意音兼表。记号字就是纯粹的符号,形体与所记录的音义之间只有约定关系,现代汉字中很多都是这种关系,例如汉字中的"上""下"历来就是记号字,现代汉字中的"头"字与{头}的音义之间没有联系,不能解释,只有约定关系;英文中也有一些不规则读法是记号。记号字太多容易形成记忆障碍,人文创造追求理据性,所以世界上自然形成的自源文字中不存在一种纯粹的记号字系统。表意字就是字形所表达的意义与所记录的语言符号的意义之间有联系,或者说通过字形描写语言符号的意义达到记录其音义的目的,上文提到的甲骨文中的"首"字就是表意字的典型代表。表意字理据越充分字形就越复杂,语言中很多词义不论用多么复杂的形体都无法表达，所以世界上也不存在完全由表意字构成的文字系统。表音字直接记录语言符号的物质外壳语音，创造表音字需要对语音系统有充分的了解和归纳，任何自源的古老文字都不可能一开始就是表音系统。有些字造字时兼顾表意和表音，古文字中的"至"选择"矢"倒过来到达地面表意，之所以选择"矢"是因为兼可表音，这就是最初的意音字，传统上称作"形声字"。

各种表音系统中的文字基本上都是表音字，由于历史的演变，有一些不能准确表音的字就成了少量的记号字。表意系统中的文字不会全是表意字，因为只有表意字无法准确记录语言，记录每一种语言的表意字系统都是由多种表达形式构成的复杂系统。

汉字是自源的表意字系统，记录语言的方式或者说表达类型要复杂得多。逻辑上可以推演出的表达类型在汉字系统中都存在。一些基本类型作为构字单位彼此组合，可以形成更多的表达类型。以现代汉字为例进行共时分析：

文字符号	所表的理据	记录的语言	编码类型
凸	意	{凸}	独体表意字
的	音	{的士}	独体表音字
上	0	{上}	记号字
呆	意+意	{呆}	合体表意字
静	音+音	{静}	合体表音字
准	0+0	{准}	合体记号字
构	意+音	{构}	意音字
汉	意+0	{汉}	半表意半记号字
理	音+0	{理}	半表音半记号字

在表意字系统中，表意字只是其中的一种表达类型，这些表达类型所占的比例是不均衡的。例如音符加上音符构成的双音符字历来就很少，如古文字中的"師"，"自"与"帀"都能表达军队义的{师}，是两个表音字合在一起，都可以表示读音；又如《说文》中的"橆"，"無"是"舞"的初文，"亡"是锋芒的"芒"的初文，都可以假借为有无之{无}，不论是"無"上加"亡"，还是"亡"上加"無"都构成双音符字。当然，如果把它们理解为假借义表意也未尝不可。现代汉字中"耻"的两部分最初也都是表音的，裘锡圭先生对其

形成过程有详细论证。①

说"准"与"确"是记号字，是因为这两个字及其构成的每一部分与现代汉语语音系统、语义系统中的音与义都没有任何联系。如果溯源就是另外一个时代的构形了。

表意字在表意字系统中数量非常有限，但十分重要。早期汉字基础构成单位大部分是表意字。汉字中的各种表达类型后面还会有专门论述。

在汉字各个历史阶段，这些编码方式，或者说表达类型都存在，但各个历史阶段所占的比例大不相同。如果拿出一篇商代铜器铭文、一篇战国或秦汉文献、一段现代规范汉字写的文章，对各个时段的文字类型进行抽样分析调查，就会清晰地看到各个时段文字类型的巨大差异：第一时段以表意字和表音字为主，第二时段以意音字与记号字为主，第三时段以记号字与意音字为主。

总之，我们在使用"表意字"这个概念时要注意区分表意字体系、表意字系统和表意字类型。表意字体系是对世界文字进行区别所分的两大类型之一，世界文字分为表意字和表音字两大类型，汉字是表意字体系的典型。汉字自成系统，其内部有多种编码形式，表意字之外还可以区分出记号字、表音字、意音字等多种表达类型，共同构成汉字的表意字系统。表意字是汉字表意字系统内的一种类型，在较早的时代所占数量比较多，随着时代的发展，大都变成了记号字。

人们对汉字是不是表意字的争论，大都是在没有厘清概念的情况之下发生的，此"表意"非彼"表意"。厘清概念，在同一个概念体系或者用能够让人听得懂的话语体系表达，是学术研究与交流的前提。比如，"汉字是表意字"，如果是指表意字体系中的一员，与表音字对立的表意字系统就是正确的；如果说汉字都是表意字类型就是错误的。说者尽量用严密的表达，听者也尽量在语境中去理解一个缩略的表达。

能不能另外建立新的话语系统，避免同名异实，让术语更加准确？当然可以。但话语系统还要注意到传承与共话，所以我们依旧使用表意字、表音字的概念系统，只是做了必要的分辨和调整。

综上所述，我们把汉字放在世界文字体系中观察，可以说汉字是运用多种

---

① 裘锡圭：《文字学概要》（修订本），商务印书馆，2013年，第14页。

编码方式对语言符号再编码，记录语言、蕴含文化、具有多种功能的书写符号系统，是表意字体系的典型代表。

思考

1. 从符号的角度定义文字有什么价值？
2. 从编码理据的角度对文字加以分类的价值是什么？

术语

文字： 文字是对语言符号再编码的视觉符号，是记录语言的书写的符号系统。

汉字： 汉字是运用多种编码方式对语言符号再编码，记录语言、蕴含文化、具有多种功能的书写符号系统，是表意字体系的典型代表。

符号： 符号是标识物指代意义的约定，符号的基本特征是约定性。

表意字： 表意字是文字形体与所记录语言单位之间有意义上的联系，字形通过描写语言符号的意义记录语言，记录的语言单位是词或词素。

表音字： 表音就是直接表达语言符号的物质外壳语音。表音字是文字符号与所记录语言单位之间只有语音联系的文字类型。

记号字： 记号字是纯粹的符号，是形体与所记录语言的音义之间只有约定关系的文字类型。

表意字体系： 表意字体系是世界文字两大体系之一，由含有表意字的诸多文字构成的一大体系。汉字是表意字体系的典型代表。

表意字系统： 表意字体系中的任何一种文字都自成系统，其内部有多种编码形式。表意字之外还有记号字、表音字、形声字等多种表达类型，共同构成汉字的表意字系统。

文字编码理据： 用什么样的书写符号表达语言符号是文字对语言符号进行再编码的过程，文字形体与语言符号的音、义发生可阐释的联系，就是文字的构形理据。

表达类型： 根据文字对语言再编码的方式区分的文字类型，主要有记号、表意、表音、表意音等。

二、文字形体与汉字的表层结构

文字有别于语言。对于文字，我们首先直观感受到的是文字的形体。文字是书写的视觉符号，有可见的形体，是一套形体上彼此可以区别的符号系统。形体是文字的本体，形体有其结构和构成规则。

（一）表层结构的构成与区别特征

任何结构都是组成整体的各部分的搭配和安排，都有构成成分、组织方式和构成原理等核心要素。文字是记录语言的符号，首先表现在它是视觉可见的一套书写的形体符号系统。汉字不论有多少，需要从形体上彼此区别。由于形体结构是视觉可见的结构，我们又称之为表层结构。汉字的表层结构是由不同的构成成分套合而成的整体结构系统。结构的底层是最小书写单位——笔画，笔画组合成基础部件，基础部件组成复合部件，复合部件组成直接构字部件，直接构字部件组成字形，至此单字形成。由相同或相近的书写方式构成的字形共同特征就是字体，字体是文字的群体特征。

文字的表层结构是书写形成的可见的视觉形体结构，有其外在区别形式和生成系统。此处以现代汉字宋体"影"字为例，说一说"影"字字形的分析：笔画构成部件，部件构成字形，字形的共同书写特征构成字体。

字体	影	宋体
字形	1	影
直接构字部件	2	景 彡
复合构字部件	3	京 日 彡
基础构字部件	5	日 亠 口 小 彡
笔画	15	丨𠃍一一、一丨㇕一丿丶丿丿丿

在文字这个视觉符号的区别系统中，每个字形都有区别于其他字形的特征，有的是笔画不同，例如"千"与"干"；有的是部件不同，例如"男"与"勇"；有的是结构方式不同，例如"刀"与"力"、"含"与"吟"等等，文字形体之间彼此相区别的特征简称区别特征。

区别特征可多可少，但必须明确。"一"与"乙"依靠笔画的形状区别，"王""主""玉"三个字只有一个笔画的有无或位置差别，笔画的有无、形状、位置都可构成区别特征；"春""秦""奉""奏"等字上部部件相同，彼此区别依靠下部部件的不同；有的字具有两个以上的区别特征，例如"爨"，多达四个区别部件。区别特征越多，文字的区别度就越高，但字形就越繁复。

（二）书写的基础结构单位——笔画

文字书写从落笔到起笔是一个笔画，习惯上称作"笔"或"画"（"画"有时也写作"划"）。笔画既是文字书写的基础单位，也是文字表层结构的基本单位。共时系统中笔画的数量很少，现代汉字笔画粗分为横、竖、撇、点、折5种，细分有30种。① 结构单位越小，数量就越少，构形中重复率就越高。楷体汉字成千上万，都是由这几十个笔画构成，上文举例"影"字就是由点、横、撇、竖、横折5种笔画交替重复15笔构成。

学术界对"笔画"有不同的理解，我个人认为笔画是区别于绘画艺术的文字学术语，只要是文字，就是用笔画构成，只要是文字书写，书写的就是笔画。不同历史阶段，笔画有不同的特点。古文字与隶楷文字的区别处不是线条与笔画，而是不同阶段文字笔画的不同特征。（古文字与现代汉字都是汉字，其构成的基本单位不能有本质上的差异。）

古今汉字笔画主要有三种形体：点、线条、团块。古今汉字中，线条都是主体笔画，篆、隶、楷形状各不相同；团块形在小篆字体中就已经彻底消失了，后代只有在书法作品中还能偶尔见到。

笔画形状差异决定着字体面貌。例如"影"是现在通行的宋体，点都是上锐下圆，横画尾部有版刻留下的三角痕迹，书写文字所有的笔画写法一致，就形成了宋体的字体特征。

---

① 参见魏励主编：《汉字规范字典·汉字笔画名称表》，商务印书馆，2016年，第579页。

（三）文字的识别单位——部件

部件是由两个以上笔画构成，是具有整体区别功能且能够在上级结构单位中多次重复出现的构字单位。如果构字单位不具有重复性就可直接将其分解为笔画，只有具有重复性的构字单位才能将其视作部件。部件是在文字的创造、演变、规范过程中逐渐形成的，来源比较复杂。

（1）源自已有文字，例如"泉""浆"中的"水"。（"源""流"中的"氵"是"水"的变形）

（2）源自表意字的离析，例如甲骨文中的"伐"字：𢦏，字形中戈穿过人的颈部，是图画式表意。"伐"离析成"人"与"戈"两个部件。

（3）源自文字的演变与规范，例如"寸""儿""粪"。①

（4）源自文字的解析。《说文》中有些"字"，实际上是从文字中离析出来的构字部件，例如"冂""向"等，并不成字。现代汉字中不成字的部件更多，例如"春""秦""奉""奏"等字中的上部因多次重复出现成为部件"春字头"。《简化字总表》将构字量比较多的不成字的14个部件单列"简化偏旁"，这都是从文字中离析出来的构字部件。

最小的部件就是基础部件，例如"部"字中的"立""口""阝"，基础部件再分解就成了笔画。基础部件可以组成复合部件，例如"部"字中的"音"，"影"字中的"京"。

直接构字部件是习得汉字过程中可感受到的构成单位。如要问"影字怎么写？"可答"前面是景，后面是三撇"。

一个字的部件或多或少，独体字由一个部件构成，例如"由"；合体字由多个部件构成，例如"彝"字由"彑""米""糸""廾"4个部件构成。

部件是表层结构的构形单位，第一功能是区别形体符号。对于文字的应用层面来说，我们首先关注的是"字形"之间的区别。例如"部"与"分"两个字的部件之间没有任何联系，区别度很高，但一旦这种没有联系的符号数量太多，记忆的负担就会太重。不区别不行，区别到彼此都没有了联系也不行。

---

① 度量单位"寸"字截除自秦文字"尊"。《说文》卷八的"儿"，音义与"人"同，文字的演变见字形说解部分。"粪"或"糞"虽然可以分解出"米""田""共"或"米""共"，但都是表意字符的类化。

部件的另外一个功能是重复出现，形成字形之间的联系，例如"部"字由"音""阝"两个部件构成，这两个部件在其他文字中重复出现，如"韶""剖""陪""掊""郑""耶""郊""郎"……有限的部件彼此组合构成大量的文字，减轻了记忆负担。现代汉字基础部件有122个，可参看《汉字部首偏旁名称表》。①

（四）文字的书写单位——字形

字形的表层结构也就是部件的方位结构，《现代汉字学纲要》将其分为4大类13小类②，《现代汉语通用规范字典》公布的《汉字结构分类表》分为2大类12小类③。

独体		工、口、纟、木
合体	左右结构	结、构
	左中右结构	掰、辩
	上下结构	昊、符
	上中下结构	景、爨
	全包围结构	国、图
	半包围结构	匡、凶、左、包、这、斗
	框架结构	爽、噩

表层结构对文字形体的要求有四个方面：彼此区别便于识别、构成单位有限便于记忆、形体简单便于书写、结构匀称符合审美，四方面的需求制约着表层的结构及其发展方向。

第一，区别明确。符号与符号之间有区别，才能与一定的语言符号相约定，不仅要彼此区别，还要区别度明晰，容易识别，这是符号的特性。一旦形体相近容易混淆，文字系统就会做出调整，增加区别特征。

第二，结构单位明确。早期汉字中的表意字离析性不够，部件不易确定。

---

① 魏励主编：《汉字规范字典·汉字部首偏旁名称表》，第584—586页。
② 苏培成：《现代汉字学纲要》（第3版），商务印书馆，2014年，第98—99页。
③ 张书岩主编：《现代汉语通用规范字典》，上海辞书出版社，2014年，第792页。

《说文》中就把9000多个篆文的直接构字部件归纳为540个意符和少量只用作音符的构形部件。部件重复出现，套合构形，便于记忆。

第三，书写追求简便，表层结构向简单的方向发展。文字是书写的符号，是记录语言的工具，要求书写快捷，应用方便。从古文字到现代汉字的"车"字，我们可以清晰看到表层结构繁简的重大变化。

大盂鼎，集2837　　包山简267　　居延简280.4　　楷体

第四，从审美上表层结构追求匀称、饱满、美观。文字是视觉符号，使用范围非常广泛，追求形体之美，这是审美特性。对形体美的追求，形成了独特的艺术——书法。

（五）字形的群体特征——字体

字体是我们直观感受到的不同时代、不同场合、不同群体所使用的汉字形体上的整体差异。历代积累下来的字体名目繁多，花样翻新，使得每一个汉字千姿百态。例如秦书八体（大篆、小篆、刻符、虫书、摹印、署书、殳书、隶书）、王莽六书（古文、奇字、篆书、佐书、缪篆、鸟虫书）等等。现今大部分人大致能了解楷、行、隶、篆。

字体主要是由书写的笔画形状与部件差异、结构方式等因素形成的某一类字形面貌的整体特征。每一个时代都有一种主体字体，所以字体又表现出时代特征。繁体与简体比较特殊，主要区别是笔画的多少，形成的结构上的差异。字体是书法领域更加关注的对象。

（六）表层结构演变遵循的规律

符号体系、识字、书写与字形欣赏各方面的要求制约着表层结构的发展。表层结构的演变，遵循下列规律：

(1) 区别律: 为了突出区别特征, 字形上繁化。例如古文字中"十""七""甲""才"字形相近, 时有混淆, 到了西周晚期之后, 有时几乎无法区别。于是文字系统不断调整, 增加区别特征, 到了《说文》篆文, 这些字就完全区别开来了。

	十	七	甲	才
甲骨文	合 35260	合 9631	合 1079	合 24474
金文	乙鼎, 集 2607	多友鼎, 集 2835	多友鼎, 集 2835	秦公钟, 集 263
小篆				

(2) 熟识律: 为了识别, 把一些陌生的、孤立的文字或部件改变为熟悉的形体, 字形类化为熟识的部件。例如"鸡"与"凤"在甲骨文中都是依靠形体区别的象形表意字, 加上音符后, 象形表意字都类化为鸟, 写成"鷄"和"鳳"。区别特征增多, 依靠组合相区别, 对部件的区别度要求就降低了。

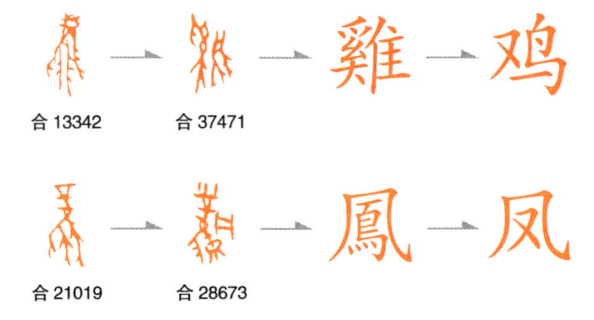

合 13342　合 37471　雞 → 鸡

合 21019　合 28673　鳳 → 凤

(3) 简易律: 为了书写的便利, 向简单的方向发展, 文字简化。

(4) 匀称律: 为了文字的美观, 文字增加装饰性成分, 字形繁化。

任何文字都有表层结构。表层结构关注的是汉字书写所形成的字形外貌, 一是要关注文字个体的区别特征, 表层结构理论适应所有汉字的分析, 记号字可以分析为部件和区别特征; 二是要关注文字符号区别系统, 很多表层结构的变化受系统的制约。汉字的表层结构与语言的构成有一定的相似性, 都是层层套用的装置。

思考

下面是各个时代不同字体的"元"字,可以试着分析笔画特征与字体之间的关系。

商代金文①	西周金文	秦篆	隶书	楷书	宋体
狽元作父戊卣 集 5278	师酉簋 集 4288	秦二世元年诏版 铭图 18953	张家山·奏谳书 99	唐开成石经	元

术语

表层结构:文字的表层结构是书写形成的可见的视觉形体结构,有其外在形式和生成系统。

区别特征:文字是视觉符号的区别系统,在系统中每个字形都有区别于其他字形的形式特征,如笔画不同、部件不同、结构方式不同等等,文字形体之间彼此相区别的特征简称区别特征。不具备区别文字功能的书写差异,不是区别特征。

笔画:是文字书写与文字构成的基础单位。书写过程中从落笔到起笔是一个笔画。

部件:部件是由两个以上笔画构成,具有整体区别功能且能够在上级结构单位中多次重复出现的构字单位。部件是表层结构的构形单位。

基础部件:最小的部件就是基础部件,基础部件再分解就成了笔画。

复合部件:基础部件可以组成复合部件。复杂的层级结构中有多重复合部件。

构字部件:构字部件是直接构字单位,是习得汉字过程中感受到的构成单位。

字形:文字的应用单位。字形的表层结构也就是部件的方位结构。

字体:字体主要是由书写的笔画形状与部件差异、结构方式等因素形成的某一类字形面貌的整体特征;由相同或相近的书写方式构成的字形共同特征就是字体,字体是群体特征。字体是我们直观感受到的不同时代、不同场合、不同群体所使用汉字形体上的整体差异。

表层结构规律:表层结构遵循区别律、熟识律、简易律、匀称律构成和演变。

---

①也可能是西周早期。

三、汉字所记录的语言

文字是记录语言的符号，文字所记录的语言是语言学研究的对象；文字记录了什么语言，如何记录语言，则是文字学关注的重要内容。对于识字来说，会写出一个字却不知其音义，依旧是没有正确识字；对于出土文献古文字考释来说，不能正确释读一个字的音义，依旧是不识字或疑难字。文字研究离不开语言，文字所记录的语言永远是学习与研究的核心。

我们已经习惯汉字是表意字的典型代表之类的说法，而表意文字是从编码理据的角度对文字的分类，存在很多问题，最重要的三点：一是表意字的"意"难于把握；二是"表意"与"记录语言"容易混淆；三是任何一个文字系统不可能全是表意字。布龙菲尔德认识到表意文字这个概念存在的问题——既然文字是记录语言的，根据所记录语言的单位对文字分类更为简明：

> 用一个符号代表口语里的每个词，这样的文字体系就是所谓的表意文字（ideographic writing），这是一个很容易引起误会的名称。文字的重要特点恰恰就是，字并不代表实际世界的特征（"观念"），而是代表写字人的语言的特征；所以不如叫作表词文字或言词文字（word-writing 或 logographic writing）。①

文字能够确定的是文字的形体和文字所记录的语言，文字的最大价值也在于此，文字应用所关注的也在于此。所以从文字所记录的语言成分的角度对文字加以分类。明确其特征是可行的，也是必要的。

从记录语言成分的角度对文字分类的前提是对语言有精确的认识和细致的

---

① [美]布龙菲尔德：《语言论》，袁家骅、赵世开、甘世福译，钱晋华校，商务印书馆，1980年，第360页。

描写。表音字是在对语言构成单位充分分析的基础上产生，音素文字能够把语音的最小单位从自然语言中离析出来，归纳为音位系统，设定字母记录音位。音位是语言符号的音，语音承载语义，音义组合成最小的语言符号词素，词素组合成词，分词连写组合成短语、句子、篇章。这一套语言单位及其构成机制很早就被清晰揭示出来。我们以"systems（系统）"为例：

	语言
篇章	……
句子	words are sign systems
词	systems
词素	system s
音位（音素）	′sistəmz

表音文字记录语言

汉语同样有相对应的单位：

	语言
篇章	……
句子	文字是符号系统
词	系统
词素	系、统
音位（音素）	［ɕi］ ［tʰuŋ］

表意文字记录语言

  语言是音义结合的符号系统，语言由不同构成单位由小到大分层装置。篇章由句子组合而成，篇章与句子之间可以再区分，例如词组、小句等；无限的句子由一定数量的词组合而成；词是最小的语言应用单位，由有限的词素构成；词素是最小的音义相结合的符号，是构词单位。最小的音义单位被进一步分析，就是音位系统与意义的分离。语言的音位绝大多数都是百位数以内。大部分表音文字系统都是表达音素的文字。

  汉语被称为孤立语，缺少词的形态变化。在很长时间内，书面语是被学习与研究关注的主体。古代汉语以单音节词为主，一个汉字一个音节，字与词一致性很高，遮蔽了文字与语言之间的区别、与所记录的语言单位之间的区别；以字统领词与词素，所谓形、音、义一体，缺少对语言单位的进一步分析，上图中表意文字或词文字对词素以下的语言单位［ɕi］　［tʰuŋ］等不直接表达。如果去掉文字的屏障，人类语言的构成机制具有一致性。

语言是一种由小到大不同单位分层装置的系统，理论上说文字符号可能表达每一种单位，"表词文字"是从文字记录的语言单位的角度观察到的结果，只是其中的一种，把它放在文字所记录单位的系统中，可以看清其位置。

"记录"的语言单位	功能	文字的分类	数量（位）	性质区别
篇章	提示	语篇文字	无数	前文字
句子				提示语言的视觉图形
词	记录	词文字	万？	文字
词素		词素文字	千	记录语言的文字
		音节文字	百	
音位（音素）		音素文字	十	

根据文字符号所记录的语言单位可以判断文字的性质，给文字分类和命名。上列表中，左侧是语言单位，语言单位从小到大自下而上依次排列。文字记录哪一级单位，首先决定了记录的准确度，从而决定了广义文字与狭义文字的界限。

广义的文字与狭义的文字

由于记录的语言单位不同，所以记录的效果也大相径庭。根据书写形体符号对语言单位笼统提示与准确记录功能的不同，学界习惯上把"文字"分为两大类：广义的文字与狭义的文字，或者叫作严格意义上的文字与非严格意义上的文字。如果所"记录"的语言大于词，文字符号与语言符号就不能准确对应，就不能准确记录语言，因为其本身就是非线性结构，就更不能依靠这些"文字"复原线性组合的每一个语言应用单位。例如我们熟知的印第安奥基布娃（Ojibwa）的情书[①]：

印第安奥基布娃（Ojibwa）的情书

[①] 这一例证曾被广泛引用，如曹伯韩《中国文字的演变》，叶蜚声、徐通锵《语言学纲要》（修订版）等。

奥基布娃的情书为平面图画结构，非线性排列，与语言符号之间没有明确的对应关系，不能重复使用，充其量只能起到提示话题的作用，释读的人可以做详略程度不同的叙述，传达的信息相当于语篇。这些图一旦离开具体的生活场景与文化背景就无法解读，与后代的文字也没有直接的关系。现代交通标识等也能起到类似这种作用。如果把这样的提示信息的图画也称作"记录语言"，文字与图画就没有了界限。

𢦏觚，集 6716

这是一个"金文"，图形的意义能够看懂，是一个人手持斧钺砍掉另外一个人的头，行为主体、工具、受体在同一个平面，非线性结构。如果所记录的不是一个语言符号，不与某些意义相约定，所表达的意义会有很多的可能性：

行为的主体，执掌斧钺的王、士或其他

战士用钺砍了敌人的头

刽子手用钺砍下囚犯的头

囚犯的头被刽子手砍掉了

用钺砍头

砍头

杀戮

死亡……

它记录的是哪一级语言单位？确切的意义是什么？无法从文字系统或语言的线性结构中确定。狭义的文字学认为它们不是文字，广义的文字学认为它们是文字。这种争论的背后牵涉文字的起源、文明的起源等宏观历史问题。所谓图画文字，从与语言单位的对应关系来看是用简约的图形提示句子或篇章的语义，与文字的符号约定性相悖逆，无法确定其"记录"的语言单位的音和义，只能作为文化符号解读，无法作为记录语言的文字研究。如果把"记录"限制为"准确记录语言"，只起提示作用的那些图形、符号等可以视作"前文字"。我们在汉字学与汉字阐释中所说的文字或汉字，都是指狭义的文字，即记录词与词以下语言单位的文字。

前文字提示信息，大致对应不同的句子或语篇的内容，可以用不同的语言描述。文字记录语言，记录的语言单位是词或小于词，这些语言单位具有离析性和重复性，可以从大的结构中离析，可以在其他语言结构中重复应用，所记录的语言单位线性组合，与语言的结构一致。总之，形体符号及其组合与所记录的语言之间有明确的对应性才能叫作"记录"，能够记录语言的就是狭义的文字。与前文字相比，记录语言的文字具有如下性质：

离析性，所记录语言单位词或词素边界清晰，彼此可以分离。

重复性，同一文字符号重复使用，单位越小，重复使用的频率就越高。

线条性，文字符号依照语言的线性结构排列。

一致性，文字所记录的语言与语言具有高度一致性。

目前发现最早的能够准确记录语言的汉字是商代的甲骨文，字与词对应，线性排列，能够准确记录语言。而纳西东巴文属于前文字与文字并用的文字系统，有些文字符号已经能够准确记录词，但还不能完整记录语言的线性结构。汉字有漫长的形成过程，不可能一诞生就是成熟的、准确记录语言的文字系统，应当有纳西文字那样前文字与文字混用阶段，再往前追溯就是使用各种刻划符号与表意符号的前文字阶段。虽然目前发现的材料还不足以证实这一文字起源的历程，这些推断还处于"默证"阶段，但认为汉字起源于甲骨文，显然是有问题的。

文字记录语言，首先要求能够准确记录语言，另一方面还要看能否更精确简便地记录语言。一般来说文字记录的语言单位越大，与语言的密合程度越低，使用的符号就越复杂、越多。记录的语言单位越小，使用符号越少，记录就越精确。所记录的语言单位的大小与文字的数量成正比。

音位是从语言中离析归纳的非自然单位，一般来说各种语言都是几十个，词素文字上千，词文字会更多。

单纯从文字记录语言的角度来看，文字发展的总体趋势是从表意向表音的方向演进，向着简便、精确的方向发展，我们不能不承认表音文字的优势，这是汉字改革重要的理论依据。但是文字为社会服务，不仅仅是单纯为了记录语言。汉字记录汉语有表音文字不可取代的其他社会功能和优势，这个就不是在"文字是记录语言的符号"这个框架下可以解释得了的了。①

汉字具有记录各层语言单位的功能，古代文献语言中主要记录的是词；现在主要记录的是词素，一个字就是一个音义单位，字、词（或词素）具有同一性，形式上难以区分。有学者认为汉字是"词－音节文字"，学术界也有很多争论。当一个问题众说纷纭，客观描写比主观定性重要得多。就汉字记录的语言符号来说，有词和词素，古代汉语主要以记录词为主，现代汉语主要以记录词素为主。汉字所记录的语音单位主体是音节，如果把宋人三十六字母、现在还标注的注音字母算上，有的汉字也记录音位。汉字记录语言的单位是多样的，可以记录完整的语言符号词，可以记录词素，也可以只记录音节，甚至可以记录音位。例如"泰戈尔来中国"中，"泰""戈""尔"三个字只记录了三个音节，"来"记录的是一个词，"中"与"国"是两个词素。汉字可以准确记录语言，可以记录各级语言单位是事实。从总体上看，绝大多数汉字与语言符号的音义相对应，表音文字与语言符号的语音相对应，这是从所记录语言单位角度表现出的最大不同。

从所记录语言单位的角度给文字分类和定性，绕开了表意字的复杂性，更直接反映出文字与语言之间的关系，但也只是观察文字的一个角度而已，可以说是文字的最重要特征，但并不是文字的全部。

思考

从文字所记录语言单位的角度衍生出文字的三大问题：

1. 什么是文字？书写的形体符号记录语言的哪一级单位才算文字？不能与

---

① 参看后文"汉字学理论概要"第十四篇"从多个角度观察汉字的汉字学"。

语言符号相对应的形体符号是不是文字?

2.根据记录语言的单位进行文字的体系分类，确定文字的性质是否可行?

3.文字"演进"的逻辑是否成立? 受什么条件制约?

术语

词素：词素是最小的音义相结合的符号，是构词单位。

前文字：提示语言的视觉图形，又称"广义的文字"。这种图形在文字产生之后，依然可以发挥作用。前文字提示信息，大致对应不同的句子或语篇的内容，可以用不同的语言描述。

提示语言：与语言符号之间没有明确的对应关系，所"记录"的语言大于词，不能准确记录语言，不能依靠这些"文字"按线性组合复原每一个语言应用单位，仅仅是提示话题范围或意义指向。

记录语言：记录的语言单位是词或小于词，语言单位具有离析性，可以在其他语言结构中重复应用，所记录的语言单位线性组合，与语言的结构一致。形体符号及其组合与所记录的语言之间有明确的对应性才能叫作"记录"。

狭义的文字：能够记录语言的文字。

词文字：记录语言单位主要是词的文字。

音节文字：记录语言单位是语言音节系统的表音文字。

音素文字：音素是从音质角度划分出来的最小的显性语音单位。音素文字是在把语音的最小单位从自然语言中离析出来的基础上归纳为音位系统，为其设定的记录符号，习惯上称作"字母"或"字母文字"。

四、汉字的深层结构——编码理据

从功能的角度我们可以观察文字记录了语言,从汉字生成的角度,还可以观察文字如何记录语言,如何创造视觉符号去表达看不见的音义符号,或者说如何用形体符号给语言符号进行再编码。这就涉及深层编码理据:文字形体与所记录语言符号的音义发生联系。传统汉字学就是从这里发端,取得了辉煌成就。

(一)深层结构

从文字符号与语言符号音义之间的联系构拟文字符号的编码理据是视觉看不到的深层结构,又称内部结构。表层结构是符号视觉的"形",所有的文字都有;深层结构是符号编码的"理",只有字形与所记录的语言单位的音义有联系的一部分文字才有。

文字符号编码过程中,所创造的形体符号与语言符号音义之间有关系或没关系。其中有关系的具有可阐释的内部形式,这种关系可以有语音联系、意义联系、音义联系;与音义没有联系的记号字只有表层的区别功能。字形与所记录语言之间是约定关系,没有理据或无法探究理据,只能在表层结构中区别和分析,所以记号字就可以排除在深层结构之外。如果我们把"没有关系"也当作一种"关系",记号字也是一种编码类型,也可以讨论"理据",但这样做没有实际意义,会模糊"理据"的内涵。

深层结构有两种"思维":一是造字者的思维,依据一定的原则造字;二是阐释者对造字思维的推演,通过对字形的解析理解造字的思维。[①] 共时的深层描写与历时的深层追溯目的不同、方法不同、结果也不同。

[①] 阐释者主观故意的思想表达可以从文字学中移除,放到思想史或文化学中讨论。

深层结构分析有两个基点：①字形，文字构字单位、组织形式与所表达的信息；②文字所记录语言符号的音和义。

脱离文字所记录的语言就没有文字的深层结构可言。例如现代汉字"爨"字：

爨——{爨（cuàn）}烧火煮饭

这里有表层结构字形与所记录的语言，前者视觉可见，后者听觉可知。为什么要用这个字形记录 {爨} 这个词？或者说造字时为什么用"爨"这个字形去表达 {爨} 这个词？现代汉字中只有其中的"火"能够比较直接地联想到与烧火做饭之间的联系。

汉字的深层结构需要历时溯源，许慎根据篆文对其阐释：

爨，齐谓之炊爨。臼象持甑，冂为灶口，廾推林内火。（《说文》）

"爨"记录的音义是确定的。《左传·宣公十五年》："易子而食，析骸以爨。"杜预注："爨，炊也。"许慎解释"爨"字形上部是双手持甑，下部是双手把林、火推入灶门，这个阐释基本上是正确的。

根据古文字材料继续向前追溯，鬲是起源很早的炊具，古文字中是象形字。

召仲鬲，集 672

鬲还有一种加上"臼"的繁体：

郳始鬲，集 596

根据这些信息，基本可以确定《说文》中"爨"的上部是繁体"鬲"的省形，下部是双手把木柴推入三足之间点火煮饭。至此，"爨"表达 {爨} 的理据得到比较全面的解释。

深层结构有如下几个方面的特点：

第一，需要溯源至历史深处，尽量寻找接近造字时代的字形与用法。

第二，字形所表达的信息（主要是意义）需要结合历史文化解读。

第三，词的特征义很多，字形所表达的意义仅仅是与词的某些特征义之间的联系，也可以用另外的字形表达其他特征义与词发生联系，表意理据不具有必然性和唯一性。

第四，字形所表达的意义与字形所记录的语言意义之间的联系是造字者的编码思维，具有难以验证的特性。

第五，编码理据阐释不可避免地带有阐释者的主观成分。

如果对这些不确定性不加以限定，深层结构的阐释就带有任意性，与学术研究相背离。

通过对文字深层结构的解读，可以看到其所反映的当时的社会生活，可以追溯古人造字时的思维过程，可以加强文字释读的可信度，可以产生深入了解的兴趣。

汉字深层结构的研究历程很长，传统文字学主要是对深层结构的说解，例如许慎的《说文》。

探索深层结构需要有一定的条件和步骤：第一，确定表层结构与所记录的语言；第二，解析字形所表达的音义信息；第三，阐释字形所表达的音义信息与所记录的语言符号音、义之间的联系。

比如上面所说的"爨"字。第一步，溯源确定字形，可知上部是繁体的"鬲"的省形与"林""廾""火"构成的上中下平面结构；第二步根据鬲的形制、功能等可知这是一幅远古时期的烧火做饭图，进而确定每一个字符的功能，例如其中的"林"与"林"字的音义都没有关系，是形符——两块木柴；第三步确定这个字形所表达的意象与所记录的{爨}的意义吻合，与读音没有关系，这就是一个平面图画式表意字。

（二）汉字深层结构的单位——字符

1. 字符与字符的构成

表层结构讲了构字部件的来源与构成，是从符号形体构成的角度对字形的分析。深层结构是讨论部件在所构成文字中表达意或音的功能，也就是部件构成字形的理据。我们把与所记录的语言符号有联系的部件称作"字符"，具有表意功能的叫作意符，具有表音功能的叫作音符。（笔画是构成部件的书写单位，决定表层结构的基本面貌，但与文字所记录的音义之间没有直接关系，深层结构不涉及笔画。）

字符全部是部件，但部件中有一部分不是字符，例如"春"字有上下两个部件，但只有"日"与"春"的意义之间有联系，是字符。

早期的字符大都来源于文字，例如"女"与"子"都是文字，转换成字符构成"好"。

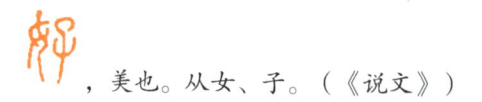

𗿀，美也。从女、子。（《说文》）

深层结构的单位由小到大分别是基础字符、复合字符、构字字符。

2. 基础字符

最小的表意或表音字符就是基础字符，又称字素，字素进一步分解就会丧失表音或表意的功能，如"熊""罷"中的"能"，虽然可以分解成"厶""月""匕""匕"4个部件，但这些仅是一个个基础部件，不具有表音、意的功能。基础构字字符是在历史发展过程中逐渐形成的，一个共时文字系统的基础字符可以通过分解字形获得。以"孀"字为例，可将其层层分解：

形声字	意符与音符	意符与音符	基础字符
孀	女 霜	雨 相	木 目

其中的"女""雨""木""目"在复合字符或文字中具有表达音或意的功能，再分解就没有了表达音或意的功能。

一般来说，字符与字符之间应当具有离析性，但在古文字中，形符图画式表意结构离析性不够，需要灵活处理，不能过分拘泥，如"秉""兼""聿"三字：

秉　　兼　　建

如果不把"又"离析出来，这些字的深层结构就没有办法分析，只能算作整体象形。

在造字过程中，汉字字符是不断累增而成的，是动态的发展过程，这在"汉字构形与汉字的类型""历时的演变与汉字发展的动力"两篇中还会讲到。

理论上说，每一个封闭的文字系统都能分解出定量的基础字符，基础字符的功能主要是构成字符。但基础字符不宜分得太细碎，尤其是早期表意字，如甲骨文中的󰀀，从构成成分可以分析出缺腿的正面人形和手持的锯，都是非成字部件，二者紧密结合，是图画式表意。因为分析出来的每一部分都不具有重复性，视作独体"象形"更加合理。现代汉字中，"骥""爆"从字符的角度只能分为两个；"冀"分为"北""田""共"是表层部件拆分，与深层结构无关。"罿""楤"也都是象形字，从功能上说，没有必要进一步分解。

合 861

3. 复合字符与构字字符

复合字符由基础字符构成，其功能是构成上一级字符或文字。

复合字符由多个字符构成，如"孀"字中的"霜"由"雨"与"相"构成。复合字符也有层级，例如"孀"字中的音符包括"霜""相""木、目"三级。

构字字符是构成文字的直接功能单位，完整表述就是"直接构字字符"，在文字构形中具有直接的表达功能，是深层结构中最大的功能单位。例如"薅"字中的"蓐"与"女（好省声）"，"疆"中的"土"与"畺"，"颖"字中的"禾"与"顷"，"孀"字中的"女"与"霜"，等等。直接构字字符分为意符和音符两大类，在一个共时的文字系统中，音符与意符可以穷尽统计。

4. 字符的功能

字符的功能就是在构形中表意或者表音，表意的是意符，表音的是音符。

意符可以分为三类：形符、义符和示符，三者都与所记录的语言单位的意义有联系。

（1）形符：依靠字符的形体、方位与形符间的结构方式等表意

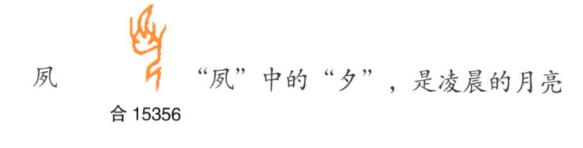

凤　"凤"中的"夕"，是凌晨的月亮
合 15356

畕　"畕"中的"三"不是数字，是孤立的形符，是"田"与"田"
集 4009　　之间的界画

刖
合 861　　合 6007

形符可以独立成字，也可以彼此组合成字。早期表意字形符很多，有的具有孤立性，例如甲骨文的"刖"字。对于这类限定在个别字形中特殊的"字符"，需要区别对待。离析出太多的孤立字符，会使构形单位复杂化。

（2）义符：依靠字符所记录的语言意义表意

如"杨""柳""桌""椅"等字中的"木"，"木"的字形已经不能"象形"，与所记录的语义之间失去联系，但"木"作为文字符号与其所记录的语言符号音义之间已经密切结合，转化为构字单位后，或利用其义表意，或利用其音表音。字符"木"所记录的语义与"杨""柳""桌""椅"的意义发生联系，所记录的语音与"沐"发生联系。

"孬"字中的字符"不""好"意义组合与｛孬｝发生联系。

（3）示符：与意符相结合，指示部位，表达相关的意义，具有示意功能

股　　肱　　本　　末
合 13670　合 21565　小篆　小篆

这类字很少，容易和区别符号混淆。

表音的是音符。汉字音符的基本特征有三：

第一，没有专门的音符，都是借音符。从来源上说都是借表意字或形声字为音符。

第二，是文字个体的表音符号，不是语音系统的固定音符。

第三，同一个音可以选择不同的音符，音符的形体与数量都不固定。

音符大都可以单独成字。在构字组合中可以部分省略，成为省声字，例如"蛋"是"蜑"的省声字。具体内容见《形声字/意音字的兴盛与衰微》一节。

（三）深层结构的结构方式

从不同的角度分析，字符构成文字有多种方式，例如独体式与合体式，平面式、层级式、综合式，象形式、会意式、会义式、借音式、意音式，等等。

1. 从构成文字字符的数量上区分，可以分为独体式和合体式

（1）独体式：由一个基础字符构成的文字，《说文》称之为"文"

前面说过，基础字符分解后失去表达音或义的功能。表层结构中"京"可以分解为三个部件，但深层结构中只是一个字符，在"鲸""凉"等字中表音。

独体式有独体表意和独体表音两类。

独体表意字："人鸟豕马""心目手止""屮木山水"等等。这类字数量不多，但使用频率很高，构形功能很强。

独体表音字：假借字全部是独体表音字。《史记·项羽本纪》："旦日不可不蚤自来谢项王。""蚤"由"虫"和"叉"两个字符构成，从虫，叉声，是一种寄生虫，但作为表音字记录的是{早}，不能分析，是整体记录语音，是独体表音字。

汉字中的表音字与表音体系中的表音字的差别就在于汉字表音字没有自身的结构，它是借用表意字或形声字的读音，它的字形结构是被借字的结构。从这个角度来说，把汉字中的表音字叫作"假借字"名副其实。因为汉字中的假借字是不造字的"用字"，所以就很容易被排斥在汉字的构形之外。若此，形声字中的音符从何而来就成了问题，文字准确记录语言的功能也成了问题，所以假借字就是独体表音字。

独体字是汉字深层结构的基础，大部分会转化为字符参与构字。

（2）合体式：由两个以上字符构成的文字，《说文》称之为"字"

"结""构"二字都由两个字符构成，"寇"由三个字符构成。

2. 字符组合的四种结构方式

深层结构主要有平面图画式和层级式两种，少量的是这两种结构方式的糅合。

（1）形符组合平面图画式结构——会意式

构字字符在同一个平面上，类似图画，由各个部件在同一个平面组合表意，如"集""解""寇""铸"之古文字。

集	解	寇	铸
小集母乙觯，集6450	中山王鼎，集2840	曶鼎，集2838	作册大方鼎，集2760

平面图画式中字符的位置、方向、交接或分离等都具有表达功能：

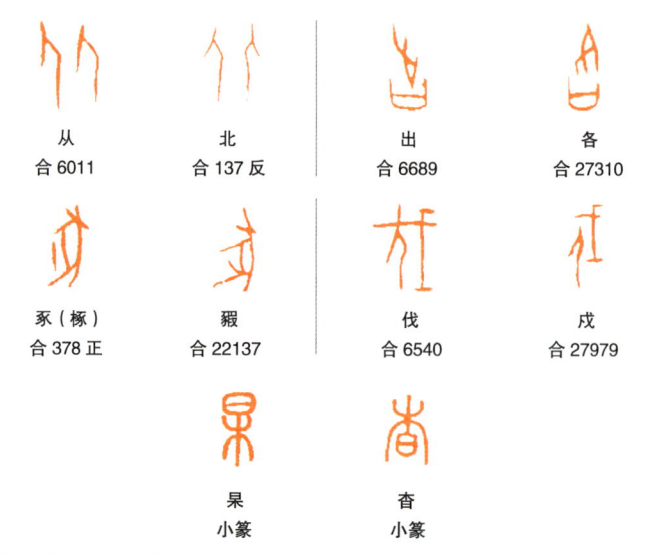

从	北	出	各
合6011	合137反	合6689	合27310

豖（椓）	叡	伐	戍
合378正	合22137	合6540	合27979

杲	杳
小篆	小篆

这种会意字形符组合成平面式结构可以领会其意，字符的方位、方向、离合等不是任意的，具有表意功能。

平面结构所有的字符都在同一个层面上，依靠形符的形状与组织表意。平面结构中的字符都是形符。

（2）字符连读表意结构——会义式

例如"歪""孬""甭""嫑"等。

（3）层级结构式

鸿 ← 鸟
江 ← 氵
    工

意音字是层级结构，构字字符一般是两个，二分之后再到下一层。这是汉字的主体。

(4) 个别综合式及其他特殊方式

层级结构与平面结构套合在一起。

$$疆 \begin{matrix} \rightarrow 土 \\ \rightarrow 畺 \end{matrix} \begin{matrix} \rightarrow 弓 \\ \rightarrow 畺 \end{matrix}$$

从"疆"到"土、畺"，再到"弓、畺"是层级结构，"畺"是平面结构，这两种结构套合在一起。

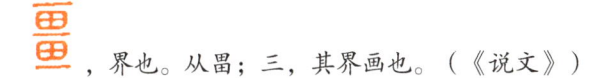

畺，界也。从畕；三，其界画也。（《说文》）

（四）深层结构的生成与类型

深层结构的生成过程主要有两种：一次性形成的平面图画式和层累生成的层级式。意符、音符两类字符组合可能的构字方式如下：

独体表意	日、月
独体表音	勿、我
意符 + 示符	刃①
意符 + 意符	寇
意符 + 音符	鳳
音符 + 音符	叚、夒②
音符 + 意符	謂

动态地看，这六种不同的类型形成的过程并不相同，例如"鳳"字就是意符加音符，先有象形的凤鸟形，再加音符"凡"；"謂"字就是音符加意符，先有借音字"胃"，再加意符"言"。

静态地看，根据文字和字符的功能，这六种类型可以进一步归纳为三种：表意字（独体表意、合体表意字）、表音字（独体表音、合体表音字）、意音字（意符加音符）。

这是从深层理据的角度划分出的汉字的三种基本类型。汉字深层结构主

---

① 示符只与意符组合。

② 夒是合音，也是会义，是兼类。

要探讨文字依据一定的理据构成字形，通过字形与记录的语言音义之间的关系分析字形表达语言的方式。

从字素到深层构字方式，是单字的生成过程。

构成方式：平面图画式

爨 ┤ 臼 / 鬲之省形 / 林 / 廾 / 火

汉字深层结构生成与类型一

构成方式：意音层级式

孀

构字字符：女、霜
复合字符：雨、相
基础字符：女、雨、目、木

汉字深层结构生成与类型二

文字始创时期，人们创造了一些独体表意字，这些表意字一字多用，兼做表音字使用。它们一方面作为文字记录语言，另一方面作为构成文字的字素组合成文字。在历史发展过程中，某些字不断增加字符，层累形成汉字的深层结构。比如"攀"字，层层剥离，可以找出"攀"与"龰"的深层音义关系。

〔图〕，引也。从反廾。凡龰之属皆从龰。〔图〕，龰或从手从樊。（《说文》）

攀 ← 手 / 樊 ← 林 / 龰 → 龰

一方面，由小到大的结构单位逐层组合形成各种不同的文字形式，从生成过程看，是字符由少到多的渐进过程；另一方面，最初的"初文"被层层掩埋，需要通过多种渠道才能挖掘出来。汉字繁复的结构大都是层层累增而成。

深层结构的字符主要由文字转化，必须具有音义才能在构形中表达音或意，这与表层结构部件不同。

任何文字都有表层结构，表意字体系中的部分文字具有深层结构。深层结构模糊，理据丧失变成了记号字，这些字就只剩下表层结构。

（五）深层结构的研究价值

其一，早期汉字深层结构比较明显，构形中蕴含着上古的文化信息，历史文化价值突出，是汉字阐释的主要内容。

其二，深层结构是古文字考释过程中重要的一环。由于字形与所表的意义联系比较紧密，所以根据字形考释古文字是基本方法之一。对于有理据的表意字，解读理据结构可以增加文字考释的可信度。

其三，对于文献识读来说，确定文字类型或确定字形音符可以突破字形束缚，因声求义。

其四，深层结构对识字教学有一定的辅助作用，但不能夸大。理据有助于记忆，古今皆同。部分深层结构明显的现代汉字对于汉字的识读有一定的辅助作用，例如"结构明晰"四个字，解析深层结构对于识字无疑是有益的。但像"准确"这样的现代汉字通过讲解理据帮助识字，对于初学者有害无益。有的甚至会形成干扰，例如"宾""进"音符的误导等。

汉字的"理据"可以有不同的理解：

构形理据：文字形成过程中的编码依据，与文字形成同时产生。

阐释理据：阐释者所理解的理据，可能与构形理据相合，可能偏离，可能杜撰。

助记忆理据：可以任意想象。例如"排"中的"非"像排骨等等。

由于汉字学所说的理据是构形理据，汉字阐释过程中就不能不兼顾对阐释理据的取舍。面对汉字演变的去理据化与深层结构的模糊与淡化，对于应用来说，要遵循文字演变的规律，不必刻意求深；对于汉字研究或对兴趣来说，可以对深层深入挖掘。

现代汉字深层结构大部分被遮蔽消失。有的完全变成记号，例如"全""变""成"等；有的因为所记录语言意义的改变，意符不能表意，例如"特""权"等；有的因为语音系统的改变，音符不能表音，例如"助""代"等。与此同时，部分现代汉字的深层结构依旧明显，汉字的深层结构编码理据依旧是汉字学研究的重要方面。

思考

1. 为什么传统汉字研究以编码理据为主要研究对象？
2. 如何避免汉字深层结构阐释的任意性？

术语

深层结构：从文字符号与语言符号音义之间的联系构拟文字符号的编码理据，是视觉看不到的深层结构，又称内部结构。

字符：与所记录的语言符号的音或义有联系的构形单位。

基础字符：具有表意或表音功能的最小构形单位，又称字素。

复合字符：由基础字符组合而成的上级字符。

直接构字字符：在构形中有直接表音、意功能的字符，也是识字习得过程中直接观察到的字符。

意符：与所记录的语言符号意义之间有联系的字符，包括形符、义符、示符三类。

形符：依靠形体、方位与形符间的结构关系表意。

义符：依靠字符所记录的语言意义表意。

示符：指示表意字的部位，具有示意功能。

音符：与所记录语言符号语音之间有联系的符号。

平面图画式：构字形符在同一个平面上，类似图画，由各个形符在同一个平面组合，依靠形符的形状、方位与部件间的组织方式等表意。

层级递增式：在表意字或表音字上不断累增音符或意符，形成不同层级的意、音关系。意音字可以追溯层累形成的过程，也可以解析其层级结构。

深层结构类型：通过字符与所记录语言音义之间的关系区分字形表达语言的类型。主要有表意字、表音字、意音字三种类型。

五、汉字构形与汉字的类型

汉字作为对语言符号再编码的视觉符号，不仅要造出符合表层结构规律的字形，还要有符合深层结构规律的字理，构形就是经过编码和再编码形成形体结构与理据结构的过程。汉字编码可以有音义理据，也可以是无理据的约定。

表层结构有表层结构的构成与发展规律，深层结构有深层结构的构成与发展规律，每一个字的形成都是表层结构规律与深层结构规律互相影响、互相牵制、共同作用的结果。把表层结构与深层结构结合起来观察汉字的构成与发展，就是汉字的构形研究。每一个文字都处在形成演变过程的某一个点上，都呈现可见的形体与所记录的语言，构成每个字形体的原理、过程、规律，可以描写和解释；对于文字系统来说，文字的构成与演变也可以描写和解释：这种描写解释汉字构成的理论就是汉字构形学。汉字构形学是研究汉字的构成方式、演变规律和构成系统的学科，这个学科还在建设中。汉字构形是汉字阐释的主要内容，也是进一步进行文化阐释的基础。

汉字"构形"包括汉字的构成方式、结构类型、构成过程和所构成的文字系统，构形研究主要解决个体构成过程与系统类型两方面的问题。

（一）表层结构与深层结构的矛盾与文字的构形

汉字的表层结构与深层结构就如同建筑的外貌和设计原理。工程师根据目的和理念设计建筑结构，建成的建筑视觉可见的是其外在的结构与面貌，还有看不到的内在的设计原理。使用者享用住房，大都不考虑设计的原理；如果房屋建筑不合乎使用者的意愿，使用者还会根据自己的意愿改变其原来的结构与面貌，不断翻修改建。汉字研究从一开始就重视它的设计理念——深层结构，主要的力量都用在研究构字理据上，但文字的使用者重视的是它是否使用方便，并不断侵蚀、改变着原来的结构，使原来的理据消失。

在历史的长河中，每一个汉字都是设计者与使用者共同创造的结果。一方面，设计者力求内涵丰富，理据明晰，表达准确；另一方面，使用者随意简化，使很多文字的表层结构不断变化，理据消失，深层结构瓦解，记号字越来越多。但记号字太多就增加了记忆的负担，文字又增加字符，重构理据，造出更多的新字，结果是文字数量越来越多，彼此关系越来越复杂。

"丘""犬"等独体字已完全记号化[①]，"独""特""能"等合体字因为字形、语音、语义的变迁，也都记号化。

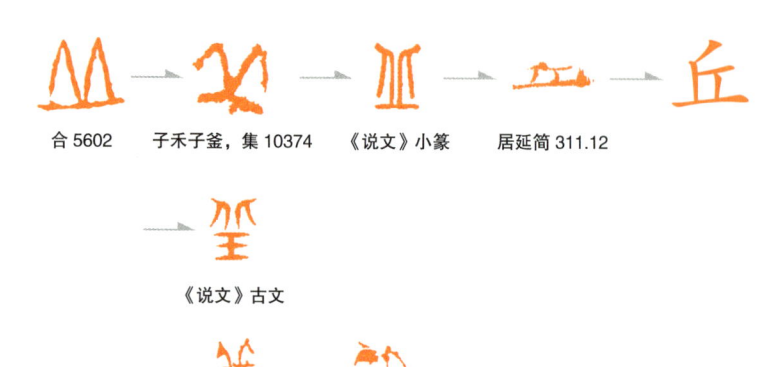

合 5602　　子禾子釜，集 10374　　《说文》小篆　　居延简 311.12

《说文》古文

鄂君启节，集 12110　　三体石经

汉字表层结构为了追求方正美观，破坏理据的表达，也干扰了应用者对深层结构的理解，例如"雜"字。我们通过溯源古文字知道其深层理据，如"颖"与"页"没有直接关系，"腾"与"月"、"贼"与"贝"等音义都毫无关系。

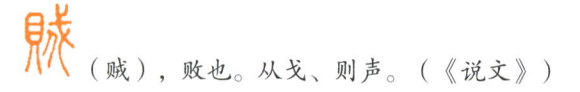

（贼），败也。从戈、则声。（《说文》）

汉字构形有四大变化：

一是表层结构不断简化，深层理据逐渐弱化或消失。

二是深层结构与表层结构的矛盾得到调整，最主要的途径是增加意符或音符意音化。

三是通过文字分化，使其记录语言日益精确。

---

① 记号化就是字符的部件化。

四是不同时期文字系统的内部构成发生重大变化。

表层结构与深层结构的矛盾与变化是如何形成的？如何影响文字的构成？汉字的演变就是在汉字表层结构需求与深层结构需求的矛盾中展开：为了书写简便，记录某个词的文字不断简化、合并、淘汰、类化；为了理据明晰，记录某个词的文字不断繁化、分化。

文字构形要解决的问题之一是这个字成为这个字的文字学依据，也就是探讨每个字的结构与形成过程。每个字的形成过程也就是对语言的再编码过程，都遵循着不断平衡表层结构与深层结构矛盾的规律。

（二）汉字的构形系统与结构类型

对于汉字结构或构形，大部分学者关注的是汉字的深层结构类型，即从文字记录语言方式的角度探讨汉字的构成理据，对汉字表层结构因素在文字构成过程中的作用关注不够。

1. 汉字构形

"构形"这一概念分歧很大。但"构形"这个词可以表达文字构成的形体特征和形成过程，我赞成"构形学"是文字"构成原则和演变规律的一切研究"的观点，可以将静态的分析和动态的演变结合起来。

我认为，构形就是表层结构和深层结构共同作用形成不同类型的文字，构形学研究每一个字成为此形的过程、道理和规律，在此基础上归纳出文字构成的系统。

构形类型

装饰字 记号字	表意字、表音字、意音字
字形表层结构	深层结构方式
复合部件	构字字符
基础部件	基础字符
笔画	

汉字构形生成图

下层是构形笔画系统，中间是构形单位层层组合生成文字的过程，上层是根据文字的构形方式区分的文字构形类型。

表层结构中由区别部件和装饰部件构成形体彼此区别合乎观赏习惯的符号系统。有一部分文字具有深层结构，由意符和音符构成表意、表音、意音三种类型；另外有一部分只有表层结构，由区别部件构成记号字。

深层结构依托表层结构，彼此作用，所构成的不同类型也可以彼此转换。表层部件与深层字符彼此存在以下关系：

（1）叠合：表层部件与深层字符一致，例如"基"与"础"中，"其""土""石""出"既是表层部件，又是深层字符。时代越早，相合的比例越高。

（2）分离：在演变过程中，深层结构隐去，只剩下表层结构，例如"表""层""失""去"等，共时的字形及其构形单位与所记录的音义失去联系。①

（3）矛盾：表层结构与深层结构矛盾，例如"贼""多"等。②

（4）结合：一半深层结构字符，一半表层结构部件，例如"急""胜"等。

（5）增加：字形上增加装饰部件，例如甲骨文中的"示"、战国文字中的"天"等。

2. 构形单位

构形单位包括表层部件与深层字符，根据其功能又可分为两类四种。

（1）部件类

区别部件：单纯起字形区别作用的构形单位，可以简称"别件"，是纯粹的符号，也就是习惯中的"记号"。

装饰部件：对字形仅有装饰功能的构形单位，所以简称"饰件"。被装饰部件装饰的字就是装饰字，所有的文字都可能被装饰，包括装饰字自身，例如古文字中的"示"字。

（2）字符类

意符：具有表意功能的构形单位。

音符：具有表音功能的构形单位。

---

① "层"虽然可以离析出部件"尸"和"云"，但其音、义与所记录的｛层｝之间没有联系。
② "贼"详见第36页。"多"，甲骨文系统中双肉重叠，小篆系统中双夕重叠。

除了饰件外，各种构形单位都具有区别功能，音符和意符兼具字形区别功能与理据表达功能，二者并不矛盾。

饰件与装饰字是独特的一类，这里需要重点分析。

饰件只能依附于字形或字符，不能独立，只能依附其他文字类型发挥作用。

帝　　合 14204　　合 34147

（帝），谛也。王天下之号也。从上、朿声。　，古文帝。（《说文》）

用　　追簋盖，集 4222　　越王州勾剑，集 11622　　楚王孙渔戈，集 11153

"帝"上部的"一"与"用"上下的鸟形都是装饰性笔画或部件，游离于字形之外，可有可无，不形成区别字形的对立关系。

饰件——^{装饰}——字形

饰件不仅与文字所记录的音和义没有联系，也不具备区别不同文字符号的功能，从符号记录语言与符号之间区别的角度看都是羡余成分，有学者称之为"羡符"。"羡符"在表层结构中不是多余的，起到使字形更加匀称饱满的作用，因此我们称之为"饰件"。

装饰部件一般只对字形进行装饰，大都不与部件发生直接联系，但由于有些字形在成为部件之前就被装饰，例如楚文字中的"竹"字与"等""筮"等字中的部件"竹"；或者装饰部件经常出现在某个部件中，例如秦文字中的"又"经常加饰件短横，部件也呈现出被装饰的状态来。

竹　　　　等　　　　筮　　　　等
包山简 150　包山简 132　清华六·郑武夫人规孺子 2　睡虎地·效律 60

饰件与别件（记号）可以转换，如"月"与"夕"、"兀"与"元"等。

五、汉字构形与汉字的类型

用没有饰件、装饰字的理论阐释文字，饰件大都被曲解为意符。

理论上说，饰件可以装饰任何类型的文字，实际上它有内部制约机制。饰符与装饰字是文字中的独特一类，主要存在于古文字阶段，可以首先和其他类型分开。

除去饰件，构形单位就剩下意符、音符和别件（记号），彼此组合构成其他构形类型。

3. 构形类型

意符、音符、别件（记号）三种不同性质的字符可以独立成字，也可以彼此组合，加上装饰字，逻辑上讲，可以有 13 种组合方式：

字符与构件	类型	例证
独体意符	表意字	英 2542
意符 + 意符	表意字	合 28345
意符 + 音符	意音字	合 31677
意符 + 记号	半表意半记号字	新蔡简乙二 11
独体音符	表音字	隹｜惟
音符 + 音符	表音字	师
音符 + 意符	音意字	箕
音符 + 记号	半表音半记号字	华
独体记号	记号字	斗
记号 + 记号	记号字	党
记号 + 意符	半记号半表意字	汉
记号 + 音符	半记号半表音字	历
饰件 + 文字	装饰字	合 36182

如果不考虑"+"号前后的历时关系，也不考虑构成字形的字符数量，汉

字可以归纳为 7 种类型：

类型	字符与构件
表意字	独体意符、意符 + 意符
表音字	独体音符、音符 + 音符
意音字	意符 + 音符、音符 + 意符
记号字	独体记号、记号 + 记号
半表意半记号	意符 + 记号、记号 + 意符
半表音半记号字	音符 + 记号、记号 + 音符
装饰字	饰件 + 表意字 / 记号字 / 意音字……

苏培成根据现代汉字归纳出的"新六书"，去掉我们所说的装饰字，虽然名称与我们的不同，实际上彼此很接近。这是汉字类型的通例，逻辑的推论与实际的归纳是一致的，古今汉字都是如此构成，只是在不同的发展阶段，各种类型所占的比重不同。各个时代俗体字或艺术体中都可能出现装饰字，在正体字中被规范，因为规范字中不允许存在，所以就很容易被忽略。

以战国楚文字和现代汉字为例：

类型	字符与构件	例证
表意字	独体表意字，合体表意字	水 包山简 213　涉 楚帛书甲 3.24
表音字	独体	舊—久
记号字	独体记号字，合体记号字	丘 包山简 90　寿 包山简 26
意音字	意 + 音、音 + 义	江 敬事天王钟, 集 79　浴 郭店简·老子乙 11
半表意半记号字	义 + 别、别 + 义	流 上博二·从政甲 19　鄂 包山 157
装饰字	饰 + 字	天 郭店简·老子甲 24

此外，需要指出字符多重功能和文字兼类的现象，即一个字符可以兼有两

种功能，一个字可以属于不同的类型。

戴	龇	置
合 17992	合 1339	合 1989

"甾""豕""之"在字形中表意，兼表音。

4. 汉字构形的静态分析与动态分析

（1）汉字构形的静态分析

可以对共时的文字系统中的文字进行静态分析，例如对现代汉字通用字的构形分析可以穷尽笔画类型、部件数量、字符数量，明确各种构形类型所占的比例，其分析程序是：

第一，对于装饰字，首先分离饰件。

第二，有深层结构的确定其字符，依据字符的功能分析，确定其构形类型。字符与所构成文字音义之间的联系当是当时语言中实际存在的联系。

第三，没有深层结构的归入记号字。记号字可以分析区别部件。

（2）汉字构形的动态分析

文字构形包括每一个文字形成的过程和结果，动态构形既有发展到各个节点上的构形类型，也包括构形系统的彼此制约。

一个字形的形成过程，不仅受书写需求与表达需求的制约，也受符号系统的制约。例如"鳳""朋""俑""鵬"，静态分析，表层、深层都很容易判定，但每个字形成的过程不是孤立发生的，而是彼此制约。商周"鳳""朋""俑"各有专义，《说文》中已经发生了重大调整。

鳳，神鸟也。……从鸟凡声。𦐊，古文凤，象形。凤飞，群鸟从以万数，故以为朋党字。𦒍，亦古文凤。① （《说文》）

---

① 陈昌治刻本古文所从鸟讹变比较严重，小徐本作𩾌。

按照许慎的理解,"鳳"字头包括三个异体:一是从鸟凡声的"鳳",二是用作朋党的"朋",三是另外一个古文"鵬"。这三个字在后来的演变过程中分化为不同的三个字。从来源上看情况更复杂,在演变过程中字形与所记录的语言都不断重新调整,包括下列过程:

(1)"凤"与"鹏"同字分化

分化过程简单描述如下:

合 14294 → 合 30265 → 《说文》小篆 → 鳳 → 凤

第一,形符增加音符"凡"。

第二,区别方式改变,形符类化为义符,形体差异失去区别的意义,形符变成义符"鸟"。

第三,现代简化字"凤"彻底记号化。

"鹏"的分化过程简单描述如下:

合 34036 → 合 14294 → 《说文》古文 → 《说文》古文 → 鹏

第一,字形讹变。

第二,增加意符"鸟"。

第三,异体分化。

(2)"朋 1"与"凤"误加合并

《诗·小雅·菁菁者莪》"既见君子,锡我百朋"中的"朋"是成串的贝,来源古老,甲骨文中这一字形很常见,我们称之为朋 1。《说文》"朋"字失收,误将"朋 1"与"凤"两个字合并。

合并过程简单描述如下:

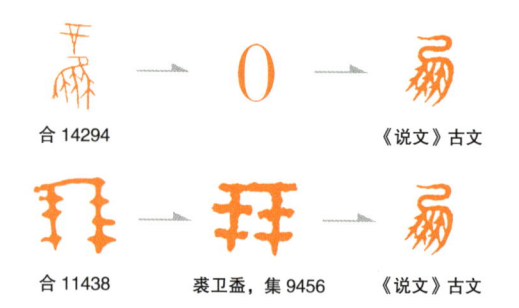

合 14294　　　　　　　　《说文》古文

合 11438　　裘卫盉，集 9456　　《说文》古文

第一，简化讹变。

第二，混讹同形。

"凤"与"朋""鹏"在《说文》中是同一个字，但在文献中有所区别，很可能是文本转写导致的。

（3）出现朋友之"佣"

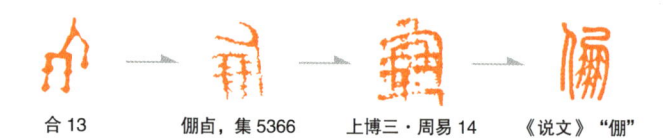

合 13　　佣卣，集 5366　　上博三·周易 14　　《说文》"佣"

先秦出土文献中的"佣"大都是朋友之"朋"的专字，隶书转写古文字的过程中，大都被转写为"朋"。《说文》虽然保存了字形，但从"佣，辅也。从人朋声。读若陪位"的解释看，可能已经不甚了了。

第一，增加意符兼音符，"伏"的象形初文"勹"，[①]"朋"並母蒸部，"伏"並母职部。

第二，移位改换为义符"人"，成为从人，朋声的意音字。

（4）佣合并入朋

佣卣，集 5366　　《说文》古文　　尹宙碑

这个演变过程参看黄文杰《说朋》、李家浩《〈说文〉篆文有汉代小学家篡改和虚造的字形》。[②]

[①] 与"包"字所从的"勹"不是同一个字符。

[②] 黄文杰：《说朋》，见中国古文字研究会编：《古文字研究》第 22 辑，中华书局，2000 年，第 278—282 页。李家浩：《〈说文〉篆文有汉代小学家篡改和虚造的字形》，收入其著《安徽大学汉语言文字研究丛书·李家浩卷》，安徽大学出版社，2013 年，第 366—369 页。

由于受材料的限制，很多问题不能一概而论，例如《说文》古文，可能有三个来源：凤、朋、佣。

每一个字形都是在演变的链条上完成构形。构形不仅仅是深层理据在发挥作用，表层结构对简易与区别的追求也同样发挥作用。

文字的构形过程不是孤立的，不是设计完成的，是在应用中由众人合力逐渐实现的。需要注意下面几点：

（1）在系统中讨论构形的差异与变化

"十""七""甲"的变化，就是表层结构区别度的增加。

（2）构形是外部形体与内部理据、构成原则与演变规律的全部

构形是构成文字的表层外形与深层关系的总称，是字形的结构面貌、结构关系、形成过程和构成的文字学依据。从造字的角度说，构形就是凝结在字形中的思维方式与使用习惯。从阐释学的角度就是这个字为什么成为这个形体的文字学依据。

（3）构形是一个动态的过程，必须从文字应用动态中观察

前面列举了"凤"字的变化。文字演变链条上各个时代的不同字形，都是各种合力的结果，都有其构形规律。简化字也是一种新的构形、新的造字，需要用构形规律去解释。

（三）汉字构形的类型与"基本类型"

汉字的构形单位有表层区分的别件（记号）与饰件，有深层的音符和意符，彼此组合。如果考虑汉字的形成过程，汉字四种构形单位彼此组合，可以构成13种构形类型，归纳为四大类型：

第一，有理据的构形，由意符和音符构成，包括表意字、表音字、意音字。

第二，无理据的构形，由区别部件构成，包括记号字。

第三，理据有无参半的构形，由意符或音符与区别部件构成，包括半表意半记号字、半表音半记号字。

第四，附加装饰的构形，由饰件与字形构成装饰字。

这四类构形中，只有第一种研究很充分。13种类型如果不考虑形成过程，

可以合并为七类；如果从在文字系统中的重要性来说，可以归纳为表意、记号、表音、意音四类；如果只考虑意符和音符构成的文字，就是我们习惯的"六书"或"三书"，甚至只考虑和音符的关系则分为有音符和无音符"二书"。

汉字类型的划分不同，各有各的标准、各有各的目的，"十三书""七书""六书""四书""三书""二书"等等，貌似区别很大，实际上是为了不同的目的用不同话语系统的表达，都可以表现汉字构形的某一个方面。分得细密，下位类型或例外就少一些；分得笼统，下位类型和不能纳入系统的例外就多一些。

汉字的基本类型是在汉字系统中始终存在，且在某个发展阶段占据主导地位的构形类型。表意字、表音字、意音字、记号字在汉字系统中始终存在，在不同的历史时期都占据过主导地位，是汉字的基本类型。

汉字构形单位有意符、音符、别件（记号）、饰件，构形类型有表意字、表音字、意音字、记号字、半表意半记号字、半表音半记号字和装饰字七类，其中，表意字、表音字、意音字、记号字是四种基本类型。

思考

1. 结构与构形的联系与区别是什么？
2. 选择几个古文字和现代汉字，静态分析其从笔画到构形类型的生成过程。
3. 选择一两个来源古老的汉字，动态分析其构形的演变与字际关系的形成。

术语

汉字构形学：研究汉字的构成方式、演变规律和构成系统的学科。

构形：构形就是表层结构和深层结构共同作用形成不同类型的文字。构形是外部形体与内部关系、构成原则与演变规律的全部。构形是构成文字的表层外形与深层关系的总称，是字形的结构面貌、结构关系、形成过程和构成的文字学依据。

构形单位：构成不同文字类型的功能单位，包括表层部件与深层字符，根据其功能又可分为两类四种。部件类包括别件和饰件，字符类包括意符和音符。

构形类型：汉字的构形单位有表层区分的别件（记号）与饰件，有深层的音符和意符，彼此组合，如果考虑汉字的形成过程，汉字四种构形单位彼此组合，可以构成十三种构形类型，归纳为四大类型。

基本类型：是在汉字系统中始终存在，且在某个发展阶段占据主导地位的构形类型。表意字、表音字、意音字、记号字在汉字系统中始终存在，在不同的历史时期都占据过主导地位，是汉字的基本类型。

静态的构形分析：对共时的文字系统中的文字进行静态分析。

动态的构形分析：对应用中的每一个文字形成的过程的分析，既有发展到各个节点上的构形类型分析，也包括构形系统的彼此制约，字际关系的形成。

六、表意的方式与表意字

表意字是汉字基本类型之一，是汉字系统形成的基础。

（一）表意字的"意"与所记录语言的"义"

表意字的构形单位及其组合所呈现的意义与所记录的语言的意义有联系。从编码的角度说，表意就是根据所记录语言的意义创造文字符号；从结果上看，表意字就是文字形体表达的意义与所记录的语言意义之间有联系的文字。例如下面的古文字中的"车""輦""涉""休"等字。

{车}：輈、横、軛、舆、轴、轮、辖俱全的车形
大盂鼎，集 2837

{輦}：两个人在軛下，人拉的车
輦卣，集 5189

𣥺——{涉}：双脚在水的两侧，表示徒步涉水
合 28339

休——{庥}：歪脖树的树荫庇护休息的人，金文中常见"对扬王休"
花东 53

表意字中形体所呈现的"意"或"义"与所记录语言的"意义"不可能等同，仅仅是有某种联系，例如太阳有很多特征，如圆形、光亮、温暖或炽热等等，圆只是其中之一，这种联系不是必然的，可以有多种选择。比如让我们为"休息"这个词造一个表意字，全班同学可能会造得各不相同：坐在椅子上，躺在沙发上，睡在床上，赏美景、打游戏，等等，但城市里长大的孩子很少能想到画一棵歪脖树在树荫下休息。表意字一旦失去和语言之间的联系以及编码造字时的文化背景，则无法解读。歪脖树下的人究竟是被大树庇护还是背靠大树休息，这也不是表意字本身能够表明的，而是根据所记录的语言来确定。甲骨文字工具书的附录中有很多字，从构形上看应该是表意字，但都是不识字。例如《新甲骨文编》附录0622—0652都是各种形态的鸟：

合 28425　　合 21844　　合 24369　　怀 1398

这些古文字所表的意是明确的，都是不同形状的鸟，但记录语言中的什么词不能确定，也就是不知其确定的音义，所以都是不识字。

（二）表意字的构成单位

表意字由意符构成，意符是形体或意义与文字所记录的语言意义之间有联系的字符，分为形符、义符和示符三类。这部分内容在《汉字的深层结构》一节中已经讲过，这里略作提示。

形符：依靠形体、方位与形符间的结构关系表意。

形符可以独立成字，也可以彼此组合成字，形符构成的字如平面图画。早期表意字形符很多，有的具有孤立性，例如甲骨文的"刖"字。

义符：由文字转化，依靠字符所记录的语言意义表意。用文字转化字符的"义"表达表意字或意音字的"意"就是"义符"。

示符：指示表意字的部位，具有示意功能。例如我们所熟悉的"刃"，以及甲骨文中的"亡"。

亡
合 19399 正

"亡"是锋芒的"芒"的本字,在锋刃处加示符。

这类字很少,容易和区别符号混淆。

(三)表意字的分类

不同的目的、不同的标准会有不同的分类,根据意符的性质与构形方式,表意字可以分为四类:独体表意字、会形字、会义字、指示字。

1. 独体表意字

独体表意字由一个单纯形符构成,在构形中是汉字基础字符的主要来源,可以视为汉字的字源。其中一些常用字,构形能力强,具有稳定性,如"耳""目""自""口"、"山""水""中""木"、"鸟""鹿""鱼""虫"等等,千百年来一脉相承,是汉字的"基因",是构形的基础。

形符表意的方法很多,如形的正与倒、正与斜等,例如"大"是正立的人形。

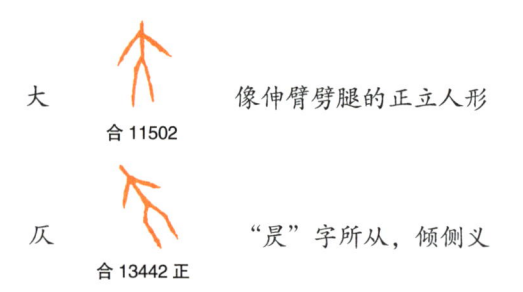

大	合 11502	像伸臂劈腿的正立人形
仄	合 13442 正	"昃"字所从,倾侧义
屰	屯 4138	倒过来的"大","逆"的本字,倒逆

有些字介于独体与合体之间,例如"果"和"粟"。

| 果 | 果簋,集 3474 | 完整一体 |
| 粟 | 合 36902 合 5477 正 | 甲骨文不可拆分,现代汉字可以拆分[①] |

---

① 或释作"栗"。

这些字离析性很弱，虽然可以拆分出两部分，但上部都是不成字部件，没有重现率，拆分出来是孤立的记号。从构形单位来说，不拆分与拆分都是多出一个基础字符，所以没必要拆分，视作整体象形更合理，也更简便。独体与合体之间的界限可以规定。

古文字中的独体表意字数量也很有限。独体表意字在隶变之后，大都记号化了。隶变以后的汉字，很少再产生独体表意字，只有"凹""凸"等，数量极少。

变形表意字也是独体字。

孑孓：蚊子的幼虫，"子"是人的幼形，把"子"字变形表意。

甩：把不用的弃掉，"用"字变形表甩意，"丢"也是类似的表意方式。

按照所表意义的自然分类，独体表意字大致可以分为下列类别：人体与人体部位、动物、植物、天文、地理、建筑、器物、综合等。表示行为的词很多是综合的，例如"涉"既有地理"水"，又有人体部位左右"止"，自然分类也是相对的。

独体表意字的功能主要有三：

第一，象形表意，记录词，是为某个语言符号再编码，也就是本字。

第二，假借表音，借用其读音作为表音符号，去记录另外一个与其本义无关的词。传统上叫作假借字，因为不是为语音专门造的，是借已有的文字，去掉语义留下语音。假借字是从来源说的，其实质就是表音字，以形体表语音，语音记录语义。汉字中的音符很多，但基础音符的主体还是这些最初的独体表意字。

第三，构形基础单位，作为字符可以做意符、音符。即使在理据丧失后成为记号，依旧可以作为义符或音符。在不同的文字理论中，有字母、字根、字素、基础构字部件等不同的称谓。

会合不同意符表意就是复合表意字，包括会形字、会义字和指示字。

2. 会形字

形符与形符彼此组合，构成平面图画式结构就是会形字。如果细加分辨，会形字也有很多区别特征和构形方式，总体上看都是依靠形体表意，例如甲骨文中的"视"与"见（'觀'的本字）"都与目有关，站立可以视远，跪坐可以表达敬意，所以两个字就有了下面的表意结构。

视　合 5806　　英 1784

见　合 9267　　合 20391

（郘公典盘，《文物》1998 年第 9 期）水从双手中间流过，下面是盛水器，这是洗手义的"盥"

合 1021　双手持猎具，捕捉冲过来的野猪，这是勇敢的"敢"

合 697 正　以戈打老虎，这是暴虎冯河的"暴"的本字

这些表意字都像一幅幅图画，每一个构成部分的形状、方向、位置等都表达一定的意义。会形字经常运用下列表达方式。

（1）字符的正与倒

陟　合 15379　　降　合 6497

（2）字符的离与合

戍　合 27979　　伐　合 6540　　豖　合 378　　毅　合 22137

雍（宫）　　　邻　　　　　车　　　　断辀之车
合 4878　　 合 15351　 合 584　　 合 584

（3）字符的多少与单复

形符重复表意是常见的表意方法，有独体与重复别义和独体与重复同义两种情况。

木　　　　　林　　　　　森
合 30299　 合 34544　 合 11323

屮　　　　　艸　　　　　卉
郭店简·六德 12　清华二·系年 57"芋"所从　上博二·子羔 5

"木"单复别义，"屮"单复不别义。

如果愿意还可以归纳出更多的方式来。

会形字在西周中晚期开始大量消失，战国时期基本上都已经记号化，作为造字方法基本上消亡，偶尔还有个别的表形字：

涧，山夹水也。从水间声（《说文》）

包山简 10

形符来源于独体表意字，通过字符形体与所记录语义之间的联系去区别和记录，能力是有限的。独体表意字的记号化也就宣告形符构形的终结。

形符表意有很大的局限性，很快就被文字系统放弃了。后来出现"凸""凹"等个别形符表意字，被视为不合系统的"字妖"。在现代汉字中，早期表形字基本上都记号化、类化或被其他类型替换了。

3. 会义字

义符与义符组合就是"会义字"。会义是会合字符的意义来表达所记录的词的意义的某些特征。甲骨文中就有少量的"会义字"。

赤
合 28195　　会合大与火的意义，会赤意。大火的颜色是"赤"

幽　　幽
合 14951　合 33606　　兹与幺音义同，构形中常表达小的意义，幺火就是小火，小火光线幽暗，与"赤"构意相同，大火的颜色是赤，小火的光线就是幽

义符表意在早期古文字中很少，形符消失之后，义符表意逐渐成为主流，但运用义符所造的表意字依旧很有限。"凭""劣""憨""尖""尘""孬""歪""甭""嫠""覓""叄""楞""体""众""槑""籴""泪""擤""卡""弄""蛰""蚕""甦""翌""叠"等古今加在一起也只有几十个，有些还是方言用字或生僻字。

义符也可以利用字符间的位置关系表意，一定程度上具有形符的特征，例如"灭""掰""嬲""嫩""籴"。

把传统文字学中的"会意字"分为会形字与会义字是必要的，其字符性质、表意方式和字形结构都有明显的不同。

4. 指示字：意符与示符组合

指示字是在表意字的某一部位加上指示符号表意，指示特定位置表示与该位置相关的意义，数量不多，称其为指示字名副其实。示符与记号不同，前者有示意功能，后者是纯粹的区别功能。示符数量有限，可以穷尽研究，下面是常见的一些示符。

项　　（屯463）：……卯卜，戍项兇御……大吉。

项　　（英97正）：疒（疾）项，御于匕（妣）己眔匕（妣）庚。

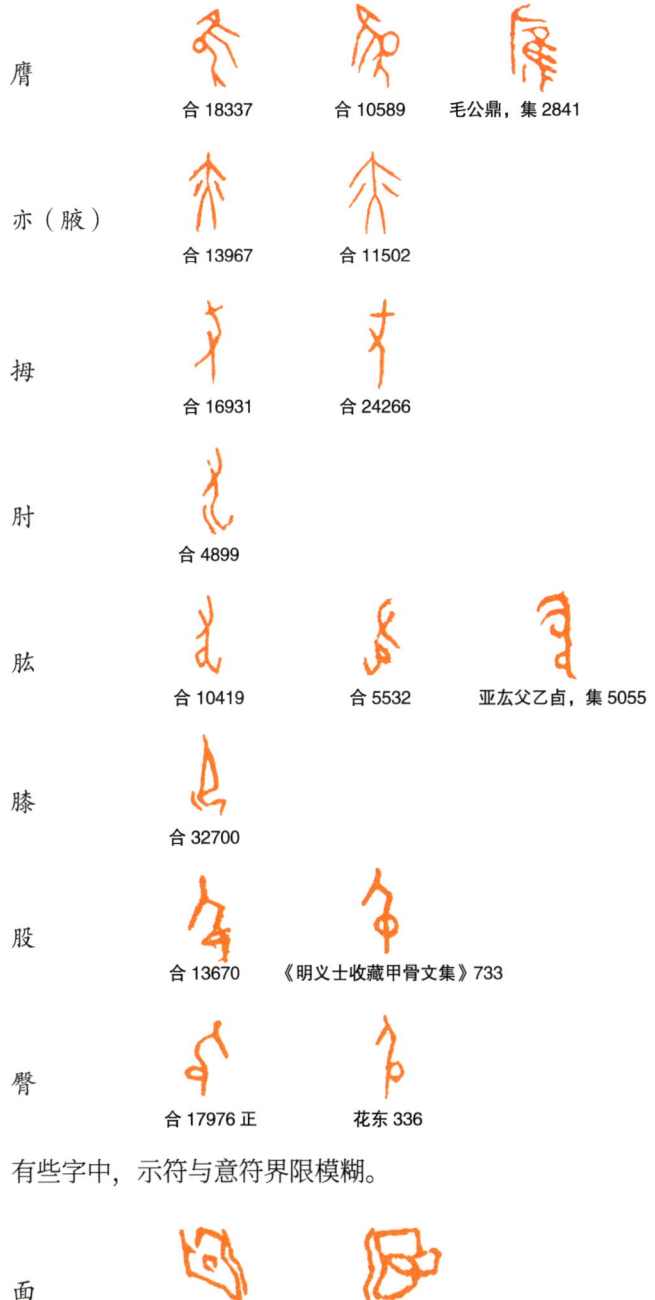

膺　　　合 18337　　合 10589　　毛公鼎，集 2841

亦（腋）　合 13967　　合 11502

拇　　　合 16931　　合 24266

肘　　　合 4899

肱　　　合 10419　　合 5532　　亚丞父乙卣，集 5055

膝　　　合 32700

股　　　合 13670　　《明义士收藏甲骨文集》733

臀　　　合 17976 正　　花东 336

有些字中，示符与意符界限模糊。

面　　　花东 113　　花东 226

婴（瘿）　合 190 正　　合 5460 反

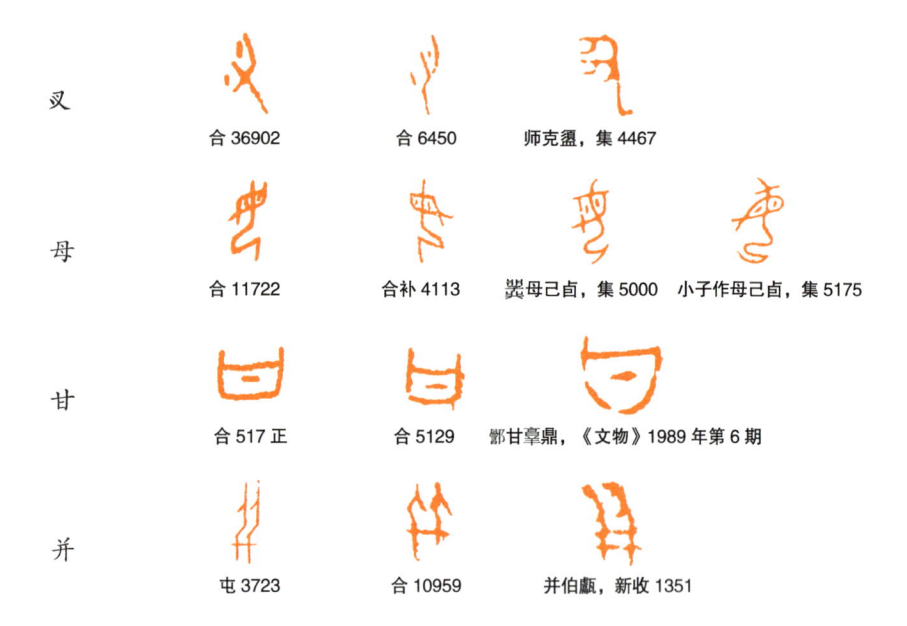

叉　　合 36902　　　合 6450　　　师克盨，集 4467

母　　合 11722　　　合补 4113　　　𡭴母己卣，集 5000　　小子作母己卣，集 5175

甘　　合 517 正　　　合 5129　　　鄂甘辜鼎，《文物》1989 年第 6 期

并　　屯 3723　　　合 10959　　　并伯甗，新收 1351

人文创造允许兼类存在，汉字的构形分析中也有很多兼类现象，上列这些文字中究竟是示符或意符，没有必要认定非此即彼，争执不休。

有些示符标示在植物、器物的某部位。

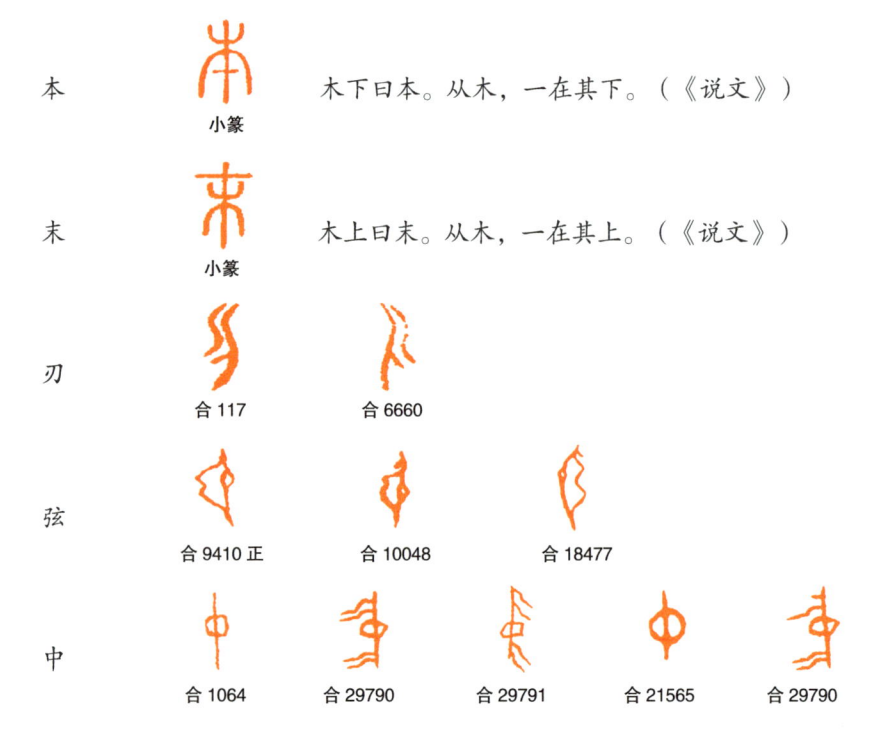

本　　小篆　　木下曰本。从木，一在其下。（《说文》）

末　　小篆　　木上曰末。从木，一在其上。（《说文》）

刃　　合 117　　　合 6660

弦　　合 9410 正　　　合 10048　　　合 18477

中　　合 1064　　　合 29790　　　合 29791　　　合 21565　　　合 29790

标　菜
郭店简·语丛四 11

部分表意字选择兼表语音的意符，构成早期意音字，是表意字与意音字的兼类。例如我们所讲过的"至""卿"等。会意兼形声数量不少，《说文》以"亦声"标示：

祐　（祐），宗庙主也。《周礼》有郊、宗、石室。一曰大夫以石为主。从示从石，石亦声。

表意兼表音字涉及意音字（形声字）的起源，参看后文"汉字学理论概要"第十二篇《汉字的字际关系》。

早期表意字的一形多用现象，例如"夫"与"大"、"月"与"夕"、"沙"与"小"、"跪"与"坐"、"堕（隳）"与"堕"与"随"等等，一个形体与几个读音不完全相同的词在意义上都发生联系，是一字多本义。这种现象在编码造字时就已经存在，现代汉字中多音字也没有完全杜绝。一定数量的多音字不会造成文字记录语言的太大障碍，现代汉字依然有不少多音字。

（四）表意字的重要性与局限性

表意字直承前文字中的图画符号，起源早，大都传承性很强，是汉字构形的基础。基础字符绝大多数是从表意字转化而来，成为汉字构形的"字母"。

表意字蕴含的古代社会文化与古人思维方式丰富，可以提供所记录语言之外的信息。

表意字形体可以表达意义，与所记录语言之间不是纯粹的约定关系，符号性弱，理据性强，与表音字的纯符号特征形成明确的对立特征，可以成为具有这种类型文字系统的代称。

表意字的不足也很明显：

其一，形体繁复。表意越充分，形体越复杂。

其二，区别特征有限。很多形近的物体无法用象形表现；很多抽象的语义难以用表意的方式曲径通幽，一旦太过迂曲，与记号无异；很多虚词根本无法用表意字表达。

其三，从根本上说，表意字与文字的符号性相悖，在发展过程中逐渐记号化、意音化，现代汉字系统中表意字已经很少了。

思考

1. 汉字中的表意字所占比例很少，为什么还叫作表意系统文字？
2. 表意字所表达的意义与所记录的语言的意义有什么联系与区别？

术语

独体表意字：独体表意字由一个单纯形符构成，在构形中是汉字基础字符的主体，可以视为汉字的字源，其中一些常用字，构性能力强，具有稳定性。

复合表意字：会合意符表意，包括会形字、会义字和指示字。

会形字：形符与形符彼此组合，构成平面图画式结构就是会形字，也有很多表达方式，总体上看都是依靠形体表意。

会义字：义符与义符组合就是"会义字"。会义是会合字符的意义来表达所记录的某些语义特征。

指示字：指示字是在表意字的某一部位加上指示符号表意，指示特定位置表示与该位置相关的意义。

七、记号字为什么会成为现代汉字的主要类型

记号强调的就是文字的符号性、能指与所指之间的约定性。文字形体与所记录语言之间没有联系或失去联系，只剩下约定关系就是记号。如果认为文字的本质是符号，记号字是汉字中更加纯粹的符号，更符合文字的本质。我对记号字曾有比较系统的论述，① 这里择要略说。

（一）记号字的来源

记号字最早是由唐兰先生明确提出来的，是形体符号与所记录的语言符号的音义之间没有联系的文字类型。例如甲骨文中下面的两个字：

马　　　　　甲
合 19813 正　　合 1079

"马"的字形与马形体之间有相似性，而"十"形与｛甲｝之间没有联系或不知其联系。前者就是大家熟知的表意字，后者就是记号字。

记号字有两个来源：一是造字的时候就是记号字，例如十天干中的"甲""乙""丙""丁""戊""己""庚""辛""壬""癸"，除了"戊""庚""辛"之外，其他可能都源自远古刻划符号，文字系统中这类用约定的编码方式造的记号字很少；第二个来源是文字简化、类化丧失理据而来的，占记号字的绝大多数。例如现代汉字的"马"，如果是象形字，那一定是有一双穿透历史的眼睛。"马"字在共时的系统中已经成了一个孤立的音义符号——记号。

---

① 李守奎：《论记号字在汉字学中的定位及其理论意义》，《汉字汉语研究》2023 年第 3 期。

举
《说文》小篆

敢
合 10702 正

允
《说文》小篆

允
合 12869

在今天古文字材料与研究都非常充分的条件下，大部分记号字经过历史溯源，可以追寻到编码理据，例如"举"字只要追溯到《说文》篆文就可以看清"从手，與声"。有些需要追溯到甲骨文才能破解，例如"敢"字是双手持着猎具对着冲过来的野猪。此外，因为我们远离造字的时代，对那时的社会习俗、文化心理知道得很少，无法理解，只好承认有些字对于我们来说是个记号字，例如"允"字，许慎说"允，信也。从儿㠯声"，段玉裁就不相信；甲骨文作 ，证明上面确实不是"㠯"，但是什么？编码理据是什么？我们无法确知。与其七七八八地乱猜，还不如守着"知之为知之，不知为不知"的旧训，把它暂归记号字中。

汉字为什么抛弃理据性变成记号字呢？文字的本质是符号，记号字符合文字的本质特征。

记号字主要有如下特征：

1. 任意性

字形与其所记录的音义之间是约定关系。记号字是典型的符号，记号字的深层结构不可知或不必知。其表层结构可以拆分，所得部件只有区别形体的功能，没有表音或表意功能。例如"易"字虽然可以分解为"日""勿"两个部件，但与其所记录的｛易｝这个词的音义之间很早就失去联系，成为了记号。

2. 便利性

记号字大都是为了使用方便，经过简化和类化等过程产生。例如"爲—为""權—权"，字形简单，书写便利。

文字的理据是逐步丧失的，当一个字的形体复杂但理据不明时，简化就更有充分的理由，例如"为"即使是繁体字和小篆，也无法显示出本义和构形理据；现代"权"的意义、读音与"木"和"藋"都没有联系，简化成记号，丝毫不影响记录语言的功能，但书写更加方便。从创造时追求理据到使用过程中放弃理据，其动力就是便利性的需求。

3. 区别性

文字是利用形体彼此间的区别构成的一套视觉符号系统。可以量化的文字之间的区别特征就是区别度。

(1) 笔画的不同：戊、戌、戍。

(2) 两个部件以上的字最少一个部件不同：即、既。

(3) 所有部件都不相同：导、层。

记号字有时比表意字区别度更高，例如甲骨文中的"犬"与"豖"是表意字，形体相近，时有相混；到了战国时期演变为记号，区分非常明确。共时系统中的规范字系统会明确记号字之间的区别特征，形近字尽量增加区别度。

4. 能指性

就文字的本质而言，文字是记录语言的符号。就文字的应用来说，书写关注表层结构，阅读写作关注的是文字整体与语言之间的对应关系，很少介入汉字分析。

不论是原创记号字，还是记号化的记号字，都能够准确记录语言。汉字字符记号化和相当一部分文字记号化以后，汉字依旧能够满足记录语言的需求。汉字不因演变为记号而降低了它的记录语言的功能。

（二）记号字的优势与不足

记号字的优势总的来说是结构简单。记号记录语言不受音义理据的限制，具有超越具体语言的功能。

就文字的应用情况来看，简单的符号具有更大的功能。汉字在商周时期已经大量记号化，是形体符号与词的约定。文字符号的去理据化，使得文字从繁难神秘的祭祀中解放出来，成为世俗社会传递信息的工具，成为中国文化的凝聚力之一。

拉丁字母是记录语音的符号。字母记录语音，是形体符号与语音之间的约定，字母组合记录词的读音。就字母来说，用什么字母记录什么音，纯粹是记号，完全是约定。a与"[a]之间是约定，现代汉语拼音方案中e与[ɤ]及[/e]、ə/之间也是约定。正因为如此，拉丁字母可以作为各种语言的表音文字，可以和不同的语音系统中的音位约定。汉语拼音也用拉丁字母作为标音工具。阿拉伯数字1、2、3等全球通用，在不同语言中意义一致，可以换读成不同的读音。

超语言性达到极致，成为不同文字系统的补充。

汉字向记号字的方向发展符合社会对文字的需求，也符合文字演变的规律。

文字理论对记号字的排斥，是基于人文创造的理据性和人文探索的学术性。在人们的观念中，阐释系统中的"约定"是最无能的解释，约定就是没有道理好讲或讲不出道理。学术就是一定要讲出一番道理，讲不出来就可以忽略不计了。而事实上，人类正是运用"约定"的符号，构建起我们的语言系统和文字系统，这是最有效率的表达——计算机语言的成立就是充分利用了符号的约定性。

从另外一个角度看，记号字的局限也十分明显：记号字是没有理据的文字，这与人文创造追求理据性相悖逆，记号也不便记忆，记号字丧失了文化内涵。

对于汉字来说，表意、表音都是就汉字的构形理据说的。这种表达功能为历史学、文化学、音韵学等提供材料，对古文字的识读起到一定的辅助作用。例如"戀""爨""龘"等字很复杂，掌握了一定量的常用字后，理解这些字的构形和理据，就很容易记忆。现代汉字"戊""戌""戍""成"等都是记号字，形很简单，但记忆不易，"茂""越""蔑"等字也很容易写错。

意音字的大量产生与表意字的记号化密切相关。意音字是对记号字不足的有效补救。

（三）记号字是汉字构形基本类型之一

记号字符合基本类型的所有特征：

第一，来源古老，有些来自原始刻画，是汉字源头之一。

第二，从始至终存在于汉字系统中。

第三，在现代汉字中，是主体构形类型。

另外，记号字由于更符合文字的符号本质属性，在发展过程中，所占比重越来越大。记号字是汉字的基本类型之一。

（四）记号字理论的缺失会产生严重的后果

记号字是汉字基本类型之一，记号字理论的缺失或者淡化，会导致一系列后果。

1. 对古文字考释的影响

针对甲骨文中的 字，①孙诒让、王襄、郭沫若等众说纷纭（参看于省吾②），唐兰《殷虚文字记·释良狼》有更加系统的考释③，其结论都不可信，根本原因就是对已经记号化了的文字还在据形说义。直到裘锡圭找到其原初构形，根据所记录语言的音义进行考释，该字形的考释才有了突破。④

早期古文字考释中很多错误就是对文字记号化认识的不足所导致的，直到今天其流弊也没有完全肃清。

2. 对汉字阐释的影响

《说文解字》是最早系统阐释汉字的经典之作，取得了重大成就，但由于缺少记号字的理论认识，导致其文字阐释发生系统性的错误。

小篆中的表意字已经完成了记号化的过程，许慎只关注到汉字构形中字符的表意和表音功能。对于已经记号化的文字，许慎也通过变化了的表层结构构建深层理据，把记号字普遍当作表意字。

通过溯源，突破记号字表层结构，可以推知其深层结构。但通过记号字的表层结构分析深层结构，分析的不是文字本身的结构，这是阐释者的臆想。例如《说文》开篇一部和上部 9 个字：

	一	元	天	丕	吏	上	帝	旁	下
古文字	合 14671	狄元作父戊卣 集 5278	大盂鼎 集 2837	蘴侯少子簋 集 4152	合 5539	合 14258	合 217	合 33198	合 6487
	独体表意	独体表意	独体表意	半表音半记号	半表音半记号	记号	记号	半表音半记号	记号
小篆									
六书	？	会意	会意	形声	会意兼形声	指事	形声	阙	指事
四书	表意	记号	记号	半表音半记号	半记号	记号	记号	半表音半记号	记号

---

① 参看刘钊等编纂：《新甲骨文编》（增订本），福建人民出版社，2014 年，第 315—317 页。
② 于省吾主编：《甲骨文字诂林》，中华书局，1996 年，第 2798—2807 页。
③ 唐兰：《殷虚文字记》，中华书局，1981 年，第 54—57 页。
④ 裘锡圭：《裘锡圭学术文集》，复旦大学出版社，2012 年，第 391—403 页。

这九个字或是来源于记号，或是记号化程度很深的记号字，许慎将其全部作为表意字或带有表意成分的字加以阐释。前文已经说过，《说文》的阐释涉及我们所说的记号。一是"指事"，二是无法阐释的阙疑。许慎对指事的理解，我们已经分析过，是表意字的一类。对"旁"字的阐释，"阙"即承认其中的一部分就是我们所说的记号。但从总体上看，对大部分记号字来说，从其表层结构推测深层结构，与事实不符。把大量记号化的文字作为表意字重构理据是文化累增，与文字自身的构形方式相去甚远。

王国维《释天》将"天"一个字的不同形体分属六书中的三书：

故𠂇、𠂆为象形字，𠀑为指事字，篆文之从一大者为会意字。文字因其作法之不同，而所属之六书亦异，知此可与言小学矣。①

王国维所用材料有了突破，但文字理论还停留在六书。王氏期望对不同的字形都能有合理的阐释，但只能通过变化六书来调停。过分强调汉字的表意性，不论怎么变，都还在表意。我们不能把文字的应用者都当成文字学家，每写一笔一画都有理据。

汉字的应用者变化字形，汉字的整理者可能根据自己的理解，包括对文字理据的理解规范汉字，汉字的阐释者则附会理据。汉字阐释中理据的重构可能会距离汉字的真相越来越远。

"天"字的变化是六书理论解释不了的：𠂇是表意兼意音字，𠀑是装饰字，天是记号字。

对于记号字的汉字阐释需要回归本相。战国以后的任何一段共时文字，可以只做表层结构描写，剥离掉附会在表层结构上的"文化"。如果探讨汉字文化，可以以表层结构为线索，追溯早期材料中文字的深层结构。

目前的"汉字阐释""汉字文化"之所以被学术研究淡化，把记号字当作表意字滥说而造成不良影响是其重要原因。

3. 对汉字理论的影响

大量记号字被排除在"基本类型"之外，一旦离开文字"本来的构造"，变化了的文字就难以分析，尤其是距离"本来构造"很远的现代汉字几乎不能

---

① 王国维：《观堂集林》，中华书局，1961年，第283页。

分析，人们不得不把文字学与现代汉字学割裂开来，这样的文字学、汉字学对于文字应用来说就成了无用之学。

从汉字系统形成的时候起直到今天，记号字一直存在，而且越来越多。唐兰很早就指出形声字的"声符在目前大都不能代表他们的读法"，并举声符"隹"为例，有"隹、惟、虽……准、进、奮"等三四十个不同的读音。[①] 这种现象应当有相应的理论能够解释。

汉字学应当追求贯通古今，对各种文字类型、各种现象都能加以解释的目标，这需要古文字学、《说文》学、俗文字学、现代汉字学等各学科联合起来，协同建设。

4. 对汉字教学的影响

了解现代汉字的特征和记号字的地位，就不会在汉字教学中刻意传授"表意字"的知识，简单易懂的适当讲解可能引发人们学习的兴趣，但复杂难明的越讲越难。

汉字应用关注的是表层结构，深层结构可以忽略。记号字就是表层结构与区别特征。例如"略"字，使用者只要知道"略"由"田"和"各"两部分构成，知道其音义，会读、会写、会用就完成了识字任务，就可以正确使用这个字。至于这个"略"为什么写成"田"和"各"，可以忽略，不予关注。这就像人的起名过程与姓名的使用一样，起名时有家谱排序、阴阳八卦、字面含义、期望祝愿等等"理据"，在使用中这些理据都会被抛弃，只剩下一个代替某个人的"记号"。文字的应用价值，主要是其符号价值而不是理据价值。追求符号的简单明确，抛弃繁琐的理据，忽略其深层结构是文字发展的必然，汉字教学自然应把握这一原则，过度解读反而会增加识字的难度。

对于汉字阐释来说，一是记号字切忌强解硬说，我们要承认记号字的存在与重要性，淡化了记号字，射覆猜谜式的阐释洪流会冲毁学术的堤坝而任意泛滥。二是记号字的溯源应坚持历时性原则，要尽力追溯到最原始的形体和原初的意义。

---

① 唐兰：《中国文字学》，上海古籍出版社，2005年，第88页。

思考

1. 记号与符号有什么异同？
2. 记号字为什么是汉字的基本类型之一？
3. 记号字理论缺失或者淡化会有什么不良后果？

术语

记号字：记号字是形体符号与所记录的语言符号的音义之间没有联系的文字类型。

区别度：文字是利用形体彼此间的区别构成一套视觉符号系统，可以量化的文字之间的区别特征就是区别度。

八、汉字中的表音字

表音字是汉字系统中的基本类型之一。我们可以从下面几个方面了解汉字中的表音字：①汉字中的表音字与表音字系统中的表音字有什么不同？②充分认识汉字中的表音字的重要性；③汉字中的表音字的类型；④表音字的衰落。

（一）汉字中的表音字的特点

从记录语言的方式来说，表音字系统的表音字、表意字系统中的表音字都是形体符号"表音"，也就是说性质相同，但有很多不同的特点。

1. 汉字中的表音字大部分是"假借"

表音字系统中的表音字是为语言中的语音系统设计的符号，或为语音系统的音节设计符号，或为语音系统的音位设计符号。这些符号是表音专用的，即使有其来源，原有的功能也会被彻底剔除，成为纯粹的表音符号。

表意字系统中的表音字是借用已有的文字作为某个语言符号的读音记录某一个词。例如"莫须有"的意思是也许有，三个字中"莫"是为｛暮｝这个词造的字，"须"是为胡须的｛须｝造的字，但在文字应用中，分别记录了否定词"莫"和副词"须"，也就是说语言中意义比较虚的"莫"与"须"不好造字，就借用已有文字的读音加以表达，两个字都是被借去读音记录另外一个词，但并没有成为专门的表音符号，其他功能依旧可以保留。从这个角度说，传统文字学称之为"假借"是非常合适的。

造字	表意	假借
莫	｛暮｝	｛莫｝莫非
须	｛鬚｝	｛须｝必须

汉字中的假借字可以从如下四个方面把握：首先从符号的编码方式与功能来说就是表音字，形体表音，语音记录语义。第二从符号的来源说，是借用已有的文字作为表音符号，记录另外语音相同或相近的词。第三汉字中的表音字不限于假借字，假借字是汉字表音字中的一类，是主要部分。第四假借字是在应用过程中的一字多用，同一个形体记录两个或两个以上的词，是一种重要的字际关系。

2. 表意字系统中的表音字数量无定

语音系统中的音位数量一般都在百位之内，有些语言的音节也很少，音素文字或音节文字表音符号与语音系统相对应，因此表音系统的表音字数量一般都很少。表意字系统中的表音字是单字借用，语言中的意义是无限的，表意字无定，表意字系统中的表音字不加规范也就无定。

3. 表意字系统中的表音字及音符准确度低

表意字中的表音字最初除了借用同音字之外，也可以借用相近的读音代替，并不完全同音。另外，汉字中的表音字来源复杂，古今、方言等混杂，不是同一个语音系统，彼此也会有差异。不同步的历史演变，使文字的表音功能越来越弱，有些音符的表音功能彻底丧失，例如"卿"可以假借为"乡"，"艺"在上古可读为"设""迩"等。随着语音的演变，二者之间的读音失去了联系，成为阅读古书的障碍。

4. 与记号字合流

有些字从来源、理据上说是表音字，但随着语音系统的改变，借用关系会逐渐模糊、消失，很多变成了孤立的记号，与记号字合流，成为硬性的记号。假借字是汉字表音字的主体，当本字记号化之后，相应的假借关系也消失。

5. 汉字中的表音字有多种结构类型

汉字中的表音字除了假借字外，还有合体表音字、半表音字、变体表音字等其他类型，详见下文。

（二）表音字在汉字系统中的位置与研究价值

1. 表音字与准确记录语言文字的系统的诞生

文字大部分起源于图画，就形体而言，图画与表意字之间没有明确的界限。

象祖辛鼎，集 1512

铭文中的"象"很形象，一眼就知道是什么。就其性质而论，是图画？文字画？还是文字？因为它脱离语言的线性结构，是否是记录语言的符号难以判断。

我们凭什么可以确定一个图形记录了语言？假借字是重要的标志之一。"且"不论最初画的是什么，不论是为哪一个词造的字，在这里被假借作"祖"的读音，指称先祖；"辛"不论最初以什么物件为依据，这里是作为天干字用作先祖的名称。可以肯定的是，"且"与"辛"在这里记录的是语言中的词。

而前面我们说过提示语言的前文字与准确记录语言的文字的区别，产生这种区别的主要原因之一是表音字的有无。文字能够准确记录语言，就必须和语言的应用单位相吻合，与语言的线性结构相吻合，也就是说需要记录可以读出来的全部语言成分，按照语言结构的次序排列。例如古人想说"我吃饭了，还没喝水"，说出来的可能是"吾食矣，尚未饮"，其中的"食"与"饮"这样的实词可以用表意的方式造字，其他代词、副词、语气词都无法用表意的方法表达，最初就是大量借用其他同音字表达。如果没有表音字，文字就不能准确记录语言，就没有准确记录语言的文字系统的诞生。如果没有表音字，很大一部分形声字中的音符就失去了源头。表音字与准确记录语言的文字系统共生，是表意系统文字的必备类型。

2. 表音字与汉字构形

自源文字都是从表意字系统开始，这是共识。目前还没有证据可以证明任何一种古老的自源文字一开始就创造出表音字系统。

汉字的第一部文字学著作《说文解字》离析出 540 个表意构字单位，却没有归纳出表音单位。六书理论中有假借的位置，但在字书中无法将其标出，只有零星的表示，因为假借字无法进行构形分析，数量不定，只存在于用字过程中。汉字研究重形、重义而轻音是一种传统，但缺少表音字的汉字构形有悖于事实与学理，现代汉字理论将假借字纳入汉字的基本类型十分必要。

3. 表音字与古籍整理

对表音字的忽视会对文献释读造成不利影响。清代从语音的角度研究文字，才取得突破，造就了一代学问，例如《春秋穀梁传·隐公五年》："苞人民、殴牛马曰侵，斩树木、坏宫室曰伐。"其中的"苞人民"旧注不解，王氏父子以语音为突破口，因声求义，"苞"读为"俘"，才解决了问题，[①] 这实质上就是去除古籍中的表音字字形的遮蔽，回归表音属性，从而正确释读。

4. 表音字的广泛应用与出土文献释读

先秦出土文献中表音字大量应用，例如《郭店简·缁衣》第一章33字，隶定如下：

夫子曰好媺女好兹衣亞亞女亞遳白则民臧攽而
坓不屯寺員惡坓文王萬邦乍孚

如果按照每个字的本形本义或者我们熟悉的常用文献意义去读，根本没有

---

① 〔清〕王引之撰，虞思征、马涛、徐炜君校点：《经义述闻》，上海古籍出版社，2018年，第1506—1507页。

办法理解，因为这其中有大量的假借表音字。不懂古音，不能分辨表音字，根本无法整理出土文献，也无法理解"表意字系统"。

对于汉字中的表音字，学者给予的地位很不相同。以是否有表音为标准给汉字分类的是黄天树的"二书说"，该说充分重视汉字中的表音字和构形中的表音功能。

汉字研究，尤其是古文字研究，必须加强语音角度的研究，多从语音角度思考直接可以解决文字记录语言的问题，较之从表意角度思考一些文化问题更加重要。所以，对表音字必须充分重视。

（三）表音字的构形——音符与表音字类型

表音字由音符构成，但汉字在应用中并没有专为表音字系统中的音节或音素制定符号，而是借音符，直接把已有的文字借来作为音符记录另外一个词或构字。汉字中有很多同音词，选择哪个字做音符不一定，汉字中的表音字可以分为独体表音字、合体表音字、变体表音字和半表音字。

1. 独体表音字

独体表音字是由一个音符构成的表音字，包括假借字与通假字两种类型。某一个词本无其字，假借其他字记录，六书称其为假借，例如第二人称代词{汝}早期假借"女"，到了秦汉又普遍假借汝水之"汝"，"女"与"汝"记录第二人称都是假借字。假借主要就构形本义与文字所记录的音义的关系而论。

"女"与"汝"都可以表达第二人称代词，彼此可以通用，这种关系称作通假字。文字因为语音相同或相近而通用的文字现象，不存在谁借谁的问题，概念比较宽泛，我们把各种音符表词类型都称之为"通假字"。

假借字与通假字有时很难区分，不必对立，过度纠缠，它们从本质上讲都是表音字。

2. 合体表音字

合体表音字包括双音符字和合音字两种类型。双音符字是两个字符都表示读音。

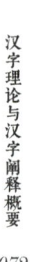

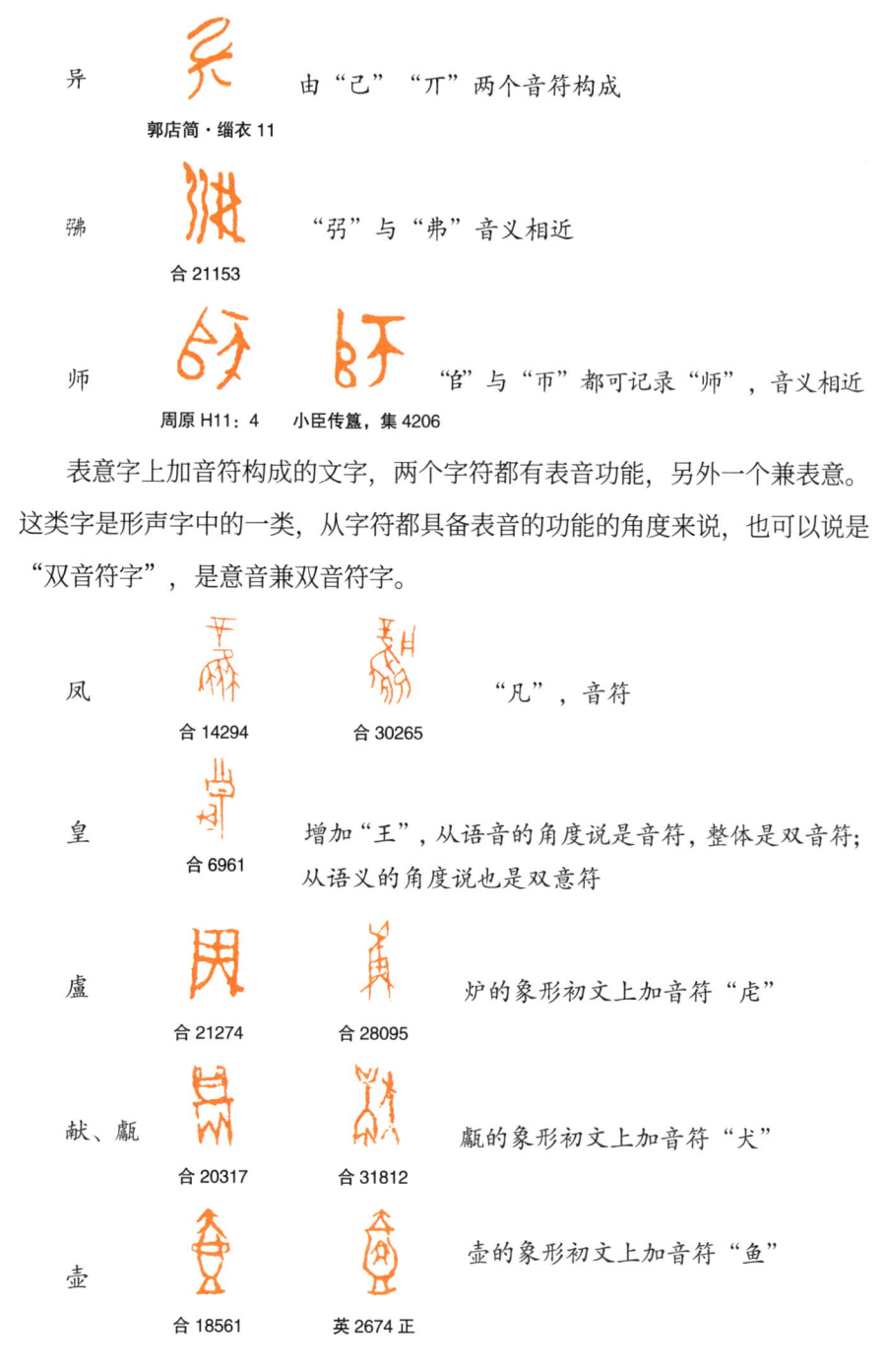

字	字形	说明
司	王孙遗者钟，集 261　　郭店简·五行 18	由"台""司"两个音符构成
异	郭店简·缁衣 11	由"己""丌"两个音符构成
弼	合 21153	"弜"与"弗"音义相近
师	周原 H11∶4　　小臣传簋，集 4206	"自"与"帀"都可记录"师"，音义相近

表意字上加音符构成的文字，两个字符都有表音功能，另外一个兼表意。这类字是形声字中的一类，从字符都具备表音的功能的角度来说，也可以说是"双音符字"，是意音兼双音符字。

字	字形	说明
凤	合 14294　　合 30265	"凡"，音符
皇	合 6961	增加"王"，从语音的角度说是音符，整体是双音符；从语义的角度说也是双意符
盧	合 21274　　合 28095	炉的象形初文上加音符"虎"
献、甗	合 20317　　合 31812	甗的象形初文上加音符"犬"
壶	合 18561　　英 2674 正	壶的象形初文上加音符"鱼"

表意字上加音符构成的意音字，两个字符都具有表音的功能，也可以说是"双音符"。形符类化为义符之后，就成为纯粹的意音字了。

合音字是两个音符拼读成一个读音，类似反切，合两个字的音为一音，例如"甭"中的"不用"合音为 béng；嫑中的"不要"合音为 báo，在有的方言里合音为 biáo；晋方言中合音词很普遍，比如"做啥"读为 zuá，但没有相应的文字；地名中的合音更加普遍。

3. 变体表音字

例如秦汉文字中"夫"变形为"无"，后代用"乒乓"表示与"兵"相近的读音。这种类型的字数量很少。

4. 半表音字

半表音字中有半表音半表意和半表音半记号字，它们共同的特点就是文字构形中有一半是音符表音。意音字中的"音"就是音符表示语音，从表音的角度可以称之为"半表音字"，由于意音字是汉字最重要的基本类型之一，就没必要在表音字中讨论。半表音半记号字大都是形声字中的意符记号化导致的，意符记号化的文字数量很少。因为半表音半记号字的另外一半是记号，也可以在记号字类型中讨论。

汉字中的表音字以假借字为主，但"假借字"不能概括所有的表音字。

（四）汉字表音字的衰落

1. 表音字的记号化

表意字系统中表音字与表意字的发展趋势相同，都合流为记号字。

借音字是汉字表音字的主体，当本字记号化，本义消失之后，借与被借的关系已经无从确定，例如"离开文字记录语言的语境，借音字无从识别"这个语句中，这些字中哪个是表意字？哪个是表音字？如果共时分析，则无法区别，与本字对应的"假借字"已经失去了存在的意义。如"夫"假借为{无}，变形分化出"无"，从来源上说，存在同音或音近假借的关系，从分化的过程来说，"无"是从"夫"分化出的变形表音字，一旦分化完成，与"夫"的形、音、义划清界限，也就不存在假借或变形的关系了。

2. 表音字的意音化

借音表词必然一词多用，对记录语言的明确性产生负面影响，积累到一定程度其能产性就必须降低。

语言中的新词不断产生，记录原则发生了变化，不再是整字借用，而是把文字转化成字符，组合造字，表音字意音化——在表音字上加上意符。意音字具有能产性强、区别度高、认知度易等优势，逐渐占据绝对优势，例如假借字"胃"加意符变成"謂"。表音字的意音化是意音字最重要的来源。

在文字规范化之后，假借表音字被视作"别字"，被杜绝使用。

3. 现代汉字中的表音字

历史上的表音字大都记号化，与记号字合流。现代汉字中的表音字实际上基本局限在音译外来词——汉字只记录一个音节，如巴士、的士、华盛顿、特朗普。

网络用语出现与规范用字相对应的借音字，有的随生随灭，有的使用比较持久、广泛，其发展方向值得关注。

汉字中的表音字因为大都是借音字，单独拿出一个文字来，除了少量的合体表音字、变形表音字之外，无法知道其是否是表音字。汉字记号化、规范化之后，历史上的表音字与表意字的边界已经消失；汉字形声化之后，表音字大量消失；汉字规范化之后，文字应用杜绝新表音字的产生。由于这些原因，汉字中表音字很容易被忽视，但从文字构成系统和历史文献的识读来看，汉字中的表音字有着十分重要的理论价值与应用价值。

思考

1. 表意字系统中的表音字与表音字系统中的表音字有什么异同？
2. 先秦出土文献中表音字的分布已经远远超过表意字等其他类型，是否可以认定是"表音字系统"？
3. 汉字中的"表音字"与"假借字"有什么不同？

术语

表意字系统中的表音字：表意字系统中的表音字包括假借字、双音符字、合音字、变形表音字等，其主体是借用已有文字的读音作为某个语言符号的读音记录某一个词，是单字借用。

假借字：借用一个字的读音，表达与其编码本义无关的某一个词，六书理论称其为假借。假借主要就构形本义与文字所记录的音义的关系而论。

通假字：因为语音相同或相近而通用的文字现象。概念比较宽泛，我们把各种音符表词类型都称之为"通假字"。

双音符字：两个字符都表示读音。

意音兼双音符字：表意字上加音符构成的文字，两个字符都有表音功能，由表意字转化来的形符兼表意。这类字是形声字中的一类，从字符都具备表音的功能的角度来说，也可以说是"双音符字"，是意音兼双音符字。

合音字：合音字是两个音符拼读成一个读音，类似反切，合两个字的音为一音。

变形表音字：文字分化的一种方式，文字变形表达另外一个语音相同或相近的词。

九、形声字/意音字的兴盛与衰微

汉字的发展没有走向拼音化的表音文字系统，而是向意音化的方向发展，除了符合汉语单音节特点，符合书面共同语、社会需求等原因外，意音字的优势也是重要的条件。

（一）"形声字"的研究

我们所说的"意音字"与传统的"形声字"异名同实。《说文》六书理论对"形声字"的界定最明确，研究也很充分，概括为如下几个方面：

1. 概括义界

"以事为名，取譬相成。"

2. 给出例证

"江、河是也。"

3. 解析构形

形声字的构形明确，一半是"形"，表意，《说文》称之为"从某"；一半是"声"，表音，《说文》称之为"某声"，例如"元，从一，兀声""禧，从示，喜声"。《说文》以形为主，全书"据形系连"，开启了以意义为核心的汉字研究。

4. 穷尽篆文中的形声字

据朱骏声统计，《说文》9300多字，有8057是形声字。[1]

---

[1] 朱骏声统计包括兼类的形声字是8057字，单纯的形声字是7697字。原文为："八千五十七字，内兼指事者六字，兼象形者五字，兼象形会意者十二字，兼会意者三百三十七字。"又"右形声列七千六百九十七字"。见〔清〕朱骏声《说文通训定声》，中华书局，2016年，第24页。

形声字的特殊构形：

亦声兼类：

吏，治人者也。从一从史，史亦声。（《说文》）

多声字：

𩐁，坠也。从韭，次、皆声。䪫，或从齐。（《说文》）

多形：

寶，珍也。从宀从王从贝，缶声。（《说文》）

省声：

珊，珊瑚，色赤，生于海，或生于山。从玉，删省声。（《说文》）

省形：

曐，万物之精，上为列星。从晶，生声。星，曐或省。（《说文》）

许慎对具体文字的说解归类可能有问题，但所提出的这些类型大都存在。① "六书"中，争议最小的就是形声。表意部分称作"形"，表音部分称作"声"，全书根据"形"来排列，即所谓"据形系连"。许慎在研究形声字的过程中，也发现了上述特殊构形。

从构形上看，形声字似乎是最容易理解的，但深入研究也会发现很多问题。很多学者在文字学著作或形声字专论中对形声字进行了系统的归纳与阐释，研究已经很深入全面。这里试着用我们所建立的话语系统和研究方法对形声字中的一些问题加以解释或补充。

---

① 溯源分析，多形与多声大都不是一次性完成，而是在意音字上再加音符或义符层累构成。

（二）形声字与意音字的名称

我们用"意音字"替换"形声字"纯粹是为了话语系统的一致，避免歧义，理由如下：

其一，文字构形的类型划分所依据的是编码方式，具体地说就是字符的性质与文字的构形。如果我们把字符称作意符和音符，由意符和音符构成的半表意、半表音类型，叫作"意音字"名副其实。

其二，称作"形声字"是对传统的继承；称作"意音字"，是话语系统的变革。就意音字这种文字类型而论，其内涵与外延与"形声字"没有什么不同。之所以变革，是因为在现在的一些语言文字理论中，"形"与"声"各有专指。

其三，文字学中"形"可以指字形，与所记录的音义相对应；"形"也可以指构形单位形符，是意符的下位类型，绝大部分形声字中没有形符。这两种"形"与"形声字"中的"形"都没有办法对应。

其四，在音韵学中声、韵、调等对应，"声"专指声母。与字形对应的是"音"，如段玉裁所言："凡文字有义、有形、有音。"

其五，"形声字"命名时还没有这种区别，当概念体系中"形"与"声"都有了专指时，称作"意音字"，会有若干便利：话语系统一致，也更周密一些，避免一些歧义，对文字类型的定义更简便。

意音字是由意符和音符组合而成的表意字的基本类型之一。由于意音字与形声字是异名同实，所以在不同的场合不妨使用不同的名称。

（三）意音字的产生过程

最早的形声字来自多重理据的兼类字，早期表意字中有大量的表音现象。

艾（刈）　　　　　　"乂"与"艾"
合 31267

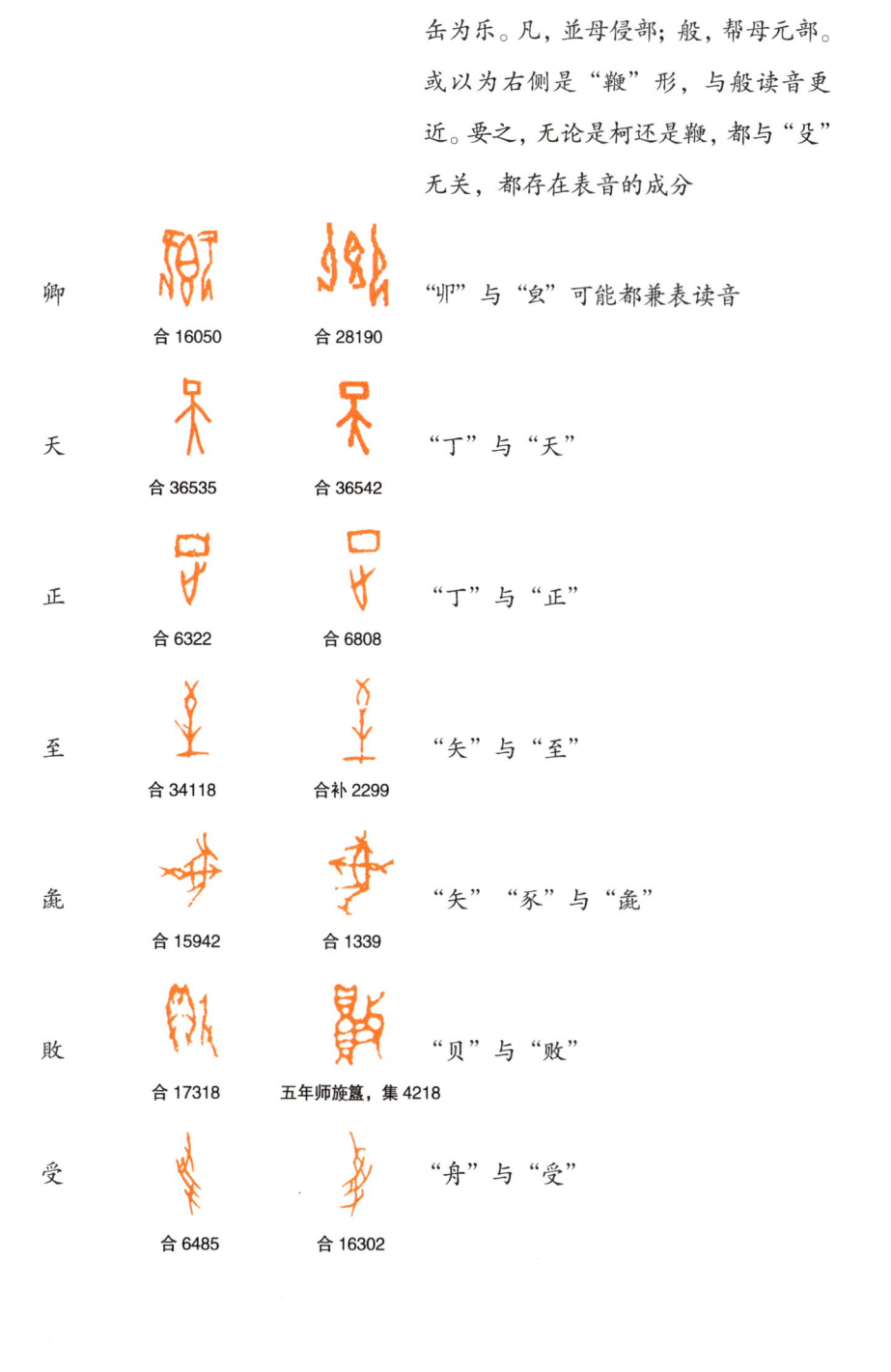

字	字形1	字形2	说明
般	合 152 正	合 9064	甲骨文"般"从"凡",右侧非"殳",非"攴",持柯形。击盘为乐,犹击缶为乐。凡,並母侵部;般,帮母元部。或以为右侧是"鞭"形,与般读音更近。要之,无论是柯还是鞭,都与"殳"无关,都存在表音的成分
卿	合 16050	合 28190	"卯"与"昌"可能都兼表读音
天	合 36535	合 36542	"丁"与"天"
正	合 6322	合 6808	"丁"与"正"
至	合 34118	合补 2299	"矢"与"至"
彘	合 15942	合 1339	"矢""豕"与"彘"
败	合 17318	五年师旋簋,集 4218	"贝"与"败"
受	合 6485	合 16302	"舟"与"受"

九、形声字／意音字的兴盛与衰微

079

朕	合 5016	花东 119	针，章母侵部；朕，定母侵部
闗	陈纯釜，集 10371		"卯"声
	睡虎地·法律答问 140		"联"声
	鄂君启节，集 12113		"串"声，"串"兼表意
閒	默钟，集 260		"月"与"间"
葬	合 17171	《说文》小篆	爿（牀）、茻。"床"与"葬"
屎	合 9572	合 5624	"沙"与"屎"
雀	合 8008	村中南 343	"小"与"雀"
麋	合 10358	合 10372	"眉"与"麋"

蔑　合 6610 正　　合 20449　　"眉"与"蔑"

为了追求造字理据的充分，一部分表意字在选择意符时有意选择读音相同或相近的字符，构成的文字成为兼类，既是表意字也是意音字，很可能最初的意音字就是这样产生的。意音字与记号字、表意字一样，都是原创编码类型之一。

意音字大量产生主要是为了分解一字多用，更加准确记录语言。意音字主要有下列产生的途径。

1. 在已有文字上加注意符

（1）为明确假借义而加的意符

胃—謂、师子—狮子

（2）为明确引申义而加的意符（为分化相关义）：

取—娶、受—授

（3）为明确本义而加的意符

爿—牀、莫—暮、然—燃、网—冈—網、亩—禀—廩

加注意符是意音字产生的主要途径，能产性最高。

2. 表意字上加注音符

凤　合 29234　合 30265　在"凤"字的象形表意字上加注音符"凡"

鸡　合 18341　合 18342　合 29031　在"鸡"字的象形表意字上加注音符"奚"

表意字转化为意符后，文字的区别特征增加，字符表意的作用降低，大都类化为通用意符。

3. 变形音化——把表意字的一部分改换成音符

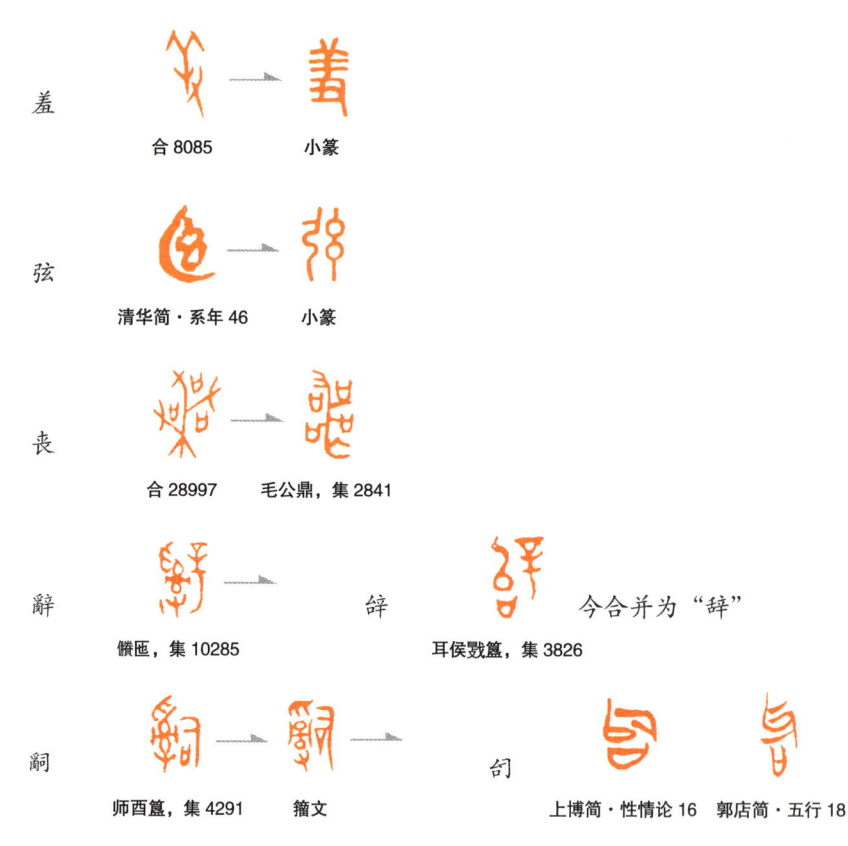

羞　合8085 → 小篆

弦　清华简·系年46 → 小篆

丧　合28997 → 毛公鼎，集2841

辭　饎匜，集10285 → 辞　耳侯戟盨，集3826　今合并为"辞"

嗣　师酉簋，集4291 → 籀文 → 司　上博简·性情论16　郭店简·五行18

"辭"与"嗣"现通用字中合并为"辞"。

4. 截除音化——把表意字中的一部分截除下来作为音符

毓　合27192

, 不顺忽出也。从到子。《易》曰："突如其来如。"不孝子突出，不容于内也。, 或从到古文子，即《易》突字。（《说文》）

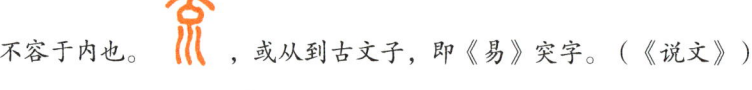

㐬 ｜ 流　琉　旒

《说文》中的"省声"就是这种截除音化现象。

5. 改换偏旁

振—赈

参看裘锡圭先生的《文字学概要》相关部分。①

（四）意音字的构形

根据形旁和声旁的位置，意音字的结构有下列八种（左右、上下、内外、一角）：

形声字	意音字	字例
左形右声	左意右音	防
右形左声	右意左音	祁、胡
上形下声	上意下音	芹菜、宇宙，孟
下形上声	下意上音	盂、禁
声占一角	音占一角	旗、病
形占一角	意占一角	载、修、颖、疆
形外声内	意外音内	阁、衷
声外形内	音外意内	问、哀、辩

苏培成《现代汉字学纲要》与裘锡圭《文字学概要》的分类基本相同。

意音字表层结构的变化不影响深层结构关系，例如"群—羣""鹅—鵞""徒—辻"，只是单纯的异体关系。

由于意音字大多数是加注意符或音符构成，所以意音字的结构绝大多数是层级结构，是层层套合而成，所以阐释也可以层层分解，这在前面构形一讲中已经讲过。如果音符只有单纯的表音功能，意符只有单纯的表意功能，那构形就很简单，大部分表现为左形右声。

意符兼具表音功能或音符兼具表意功能就会出现构形类型的兼类。造表意字时有意选择具有表音功能的意符，例如"至"；为明确引申义而加的意符（为分化相关义），例如"取—娶""解—懈"；为明确本义而加的意符构成的意

---

① 裘锡圭：《文字学概要》（修订本），商务印书馆，2013年，第164—165页。

音字，母字变成了音符，例如"爿—牀""莫—暮"；音近义通同源字之间意义的联系，例如"张—涨—胀—帐"等，音符都可以表达某一共同的意义；等等。这些现象的共同特点是音符具有表意功能。古人很早就发现了这种现象，《说文》称之为"亦声"，宋人概括为"右文说"。从意音字的发展过程来看，这些现象都可以得到合理的解释。

（五）表意字与表音字的记号化与意音字为主的文字系统

早期表意字系统中有表意字、记号字、表音字和一定量的意音字，文字向哪个方向发展？汉字走了一条与西方完全不同的道路。

表意字的局限性导致其在文字系统中被逐渐淡化。单纯的表意字不可能发展成为一种独立的文字系统；记号字的特征是无理据，与造字的追求理据相悖逆，编码造字很少造记号字，但文字的应用会导致记号化；借音字的本质与表音字相同，一步步简化，去除重复，就可能产生音节表音字系统。但汉字没有向表音的方向发展，而是走上了意音化的道路，原因有很多方面。

汉语是孤立语，没有词尾变化，古汉语以单音节词为主，字与词彼此对应，这种没有曲折变化或粘着成分的孤立状态适合汉字表达。

汉语的语音系统复杂，音节很多。

时期	声母	韵母	音节
上古	?	（30 韵部）	
中古	35	142	3800 多
现代	21	39	1313（不计声调 408）

以中古为例，应用系统中的常用字一般也就三四千，如果为三千八百多个小韵造音节文字，不仅不简化，还会更复杂，音节表音字系统产生的几率很小。

意音字记录汉语有其明显的优势，有限字符可以组合成足够应用的文字。其优势表现在如下几个方面：

1. 经济性/能产性

有限的字符构成数量足够使用的文字。300 个意符、300 个音符可以组合出多少形声字？大家可以计算一下。现实应用的文字一般在 3000 到 5000 之间，有 500 个字符组合成意音字，可以生成足够量的应用文字。

过犹不及，能产性太强也有弊端，为一个词造了太多的字，例如"糖""餹""糃""餳""糛""糮"都是{糖}。

2. 记录语言的精确度——能记性

任何词或词素都可以记录，不论是实词还是虚词。

啊、呀、你、他

表意的精确化，引申义分化出同源词，例如"张"分化出"涨、账、帐"，前面说过的"乡"分化出"饗""嚮""響""曏"等等。

3. 区别度（字形的区别）

两个字符组合在一起就是一个独特的字形，区别度很高可以有效区别同义词和同音词。

4. 理据性

在表意字、表音字普遍记号化之后，汉字的理据性集中体现在意音字上。理论上说，意音字与语言的音与义都有联系，理据最为充分。

5. 易于辨识，熟识度

音符与意符大都选择常用字转化而来，便于识别。

6. 规范与美观

字形工整，两部分组合对形成结构匀称的方块字有利。少数意符占一角、音符占一角的结构类型，也是为了满足方块字的美观。

西周中期之后，汉字就逐渐成为以意音字为主的表意文字系统。

社会需求是汉字发展为意音字的重要原因，可以概括为表意字（系统）的凝聚力与表音字的离心力。

（六）意音字的记号化与意音字的判断标准

意音字的意符和音符受到破坏，有的消失，例如"年"与"奉"。

年　　[图] 　　从禾，千声，变成"年"，完全记号化
　　戴叔朕鼎，集 2692

奉　　[图]　　从廾，丰声，变成"奉"，完全记号化
　　散氏盘，集 10176

下列文字中的音符或意符都受到了破坏。

贼　蛋　查　志　寺　履　变　准

语音的演变使音符丧失表音功能，例如：

[图]
特
石鼓文·车工

在石鼓文的时代，意符"牛"可以表意，音符"寺"可以表音，是典型的意音字。在现代汉字系统中，"特"的音、义与字形都失去联系，"语""使""统"也都是这种情况。

意音字的记号化就是意符不能表意，音符不能表音。

意音字的判断标准同样存在共时与历时的不同：

意音字记号化之后，历时溯源可知是意音字，例如"共時的標準"5个字追溯到繁体字和小篆，全部是意音字。

如果按照共时标准，按照某一个时代的音义系统为标准来判断是否为意音字，现代汉字"共时的标准"5个字显然全部不是意音字。

意音字对上古音研究非常重要，但要小心"假意音"字的干扰。意音字的详细内容，请参看《文字学概要》"形声字"部分。①

---

① 裘锡圭：《文字学概要》（修订本），商务印书馆，2013年，第 148—173 页。

思考

1. 意音字有如此多的优势，为什么会记号化？比较意音字与记号字的优势、劣势。

2. 分析下列形声字的结构。常见的是左形右声，左声右形或声居一角容易被误解。

硕 题 碧 寶 颖 腾 疆 徒 冏 學 岛 黨 辦 雜（雜） 贼

3. 下列文字都可以做意符和音符构字：

意符和音符：

水（氵） 山 鱼 木

意符和音符：

人（亻） 口 手 足

计算一下理论上可以组合出多少个意音字？调查一下实际上组合成了多少意音字？

术语

形声字：传统文字学术语，形是文字中的表意部分，声是文字中的表音部分。《说文》以"从某"表示意符；以"某声"表示音符。

意音字：由意符和音符组合而成的表意字基本类型之一。意音字与形声字是异名同实。

变形音化：把表意字的一部分改换成音符。

截除音化：把表意字中的一部分截除下来作为音符。

右文说：意音字中音符可以表达意义的现象，《说文》称之为"亦声"，宋人概括为"右文说"。

共时意音字标准：一个时代的文字系统与语言的音义系统相对封闭稳定，根据该时代的实际语音语义系统与同一个时代文字系统中的文字的联系，确定音符与意符是否还具有表音、表意功能以确定是否是意音字。历史上的意符、音符一旦失去了表意、表音功能，意音字就变成了记号字。

十、书写装饰与汉字的艺术化

汉字是书写的视觉形体,受视觉需求的制约。在书写过程中自觉或不自觉地追求简便,字形不断简化,导致文字字体向行草和简化字的方向发展,构形系统向记号字的方向发展。在书写过程中自觉不自觉地追求视觉效果,追求形体之美,文字的构形被装饰,表层结构不断调整,出现装饰字这种特殊的类型。汉字不仅是书写的符号,也是书写的艺术。书写装饰也是观察汉字的一种不可或缺的角度。

(一)汉字构形中的装饰

追求文字形体之美,是汉字构形演变的重要动力;汉字是书写的视觉形体,很早就具有很强的装饰性。有些商代的铜器铭文就带有明显的装饰特征,例如戈车[①]卣:

戈軎盖　　戈軎器
铭图 13207

比较器与盖上的铭文,内容一致,文字深层结构一致,形体不完全相同,器铭中的双手"廾"带有更明显的装饰性。

在发展过程中,这种装饰性逐渐增强,春秋中期,楚国首先出现了装饰性

[①] 人名用字是一个字,并不是"戈车"。戈形的中部有圈,与"中"构意形似。

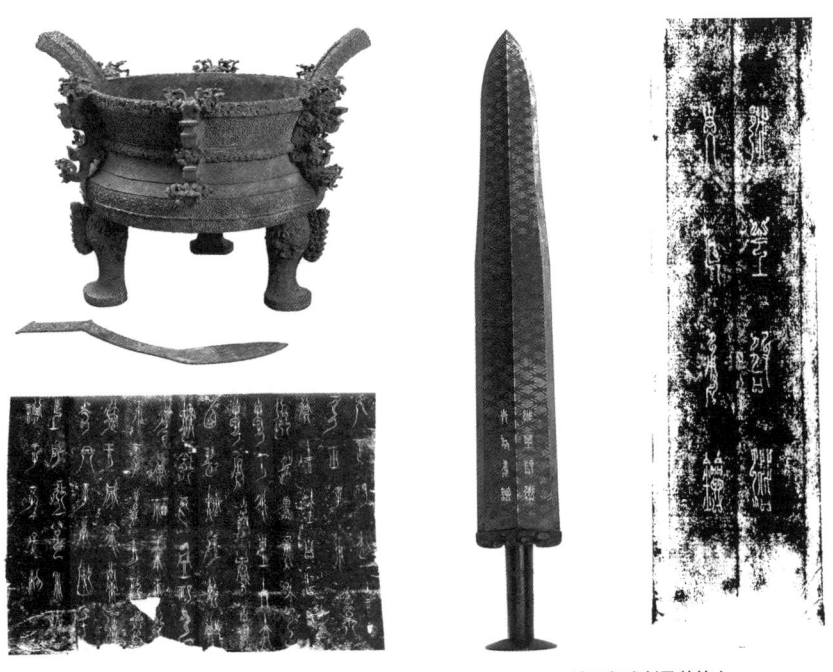

王子午鼎器及其铭文　　　　　　　越王勾践剑及其铭文

很强的鸟虫书体，这种字体在吴、越地区广泛流传：战国时期，在曾侯乙编钟、中山王鼎与壶等器物上，长篇铭文铸于器表，字形美术化，有的还错金，装饰性极强，这是对汉字之美的自觉与应用。

当文字逐渐远离记录语言的实用功能，专注字形字体之美，就逐渐滋生出书法艺术。

（二）汉字构形中的装饰部件与装饰字

汉字的表层结构由不同的部件构成，大部分具有区别功能。文字在书写过程中为了文字结构匀称饱满而添加的部件是装饰部件，加上装饰部件的文字就是装饰字。装饰字是在已有结构上加上的非表音、非表意、非区别的构形成分。装饰字只是饰件在表层结构参与构形，是文字构形中独特的一类。就像建筑物一样，有楼房、平房等不同的结构类型，这些房有毛坯房、简单装修、精致装修房的区别。汉字也有装饰与不装饰的区别。

文字装饰被规范字制约，范围不很广泛，也不影响被装饰字的主体结构和记录语言的功能，所以长期以来没有受到重视。六书理论中没有其位置，所以《说文》中所有的饰件都被当作表意成分，例如篆文"元""吏""帝""旁""示"等字上部的短横，与数字"一"都没有关系，最初就是加饰笔构成异形，有的后来异体分化变成区别符号。刘钊在《古文字构形学》中最早从构形理论上对装饰部件与装饰字给予论述，意义重大。

装饰字由装饰部件与被装饰字构成，装饰部件简称饰件，就像建筑物墙体上的墙皮，并不能独立成为结构的主体部分，只能依附在结构主体上。

下列三个字中的装饰部件很容易判定：

祀（示）　合9185　　合15489　　合37851

帝　　　　合21077　　合36171

保　　　　保父丁觯，近出659　　默簋，集4317　　陈侯因𬣞敦，集4649

饰件是只有装饰功能的构件，因为没有字位区别和表音、表意功能，所以又称作"羡符"——多余的构字成分。从深层结构表音、表意的功能来说，确实是羡余部分，但在表层结构中有装饰功能，自有其构成规律，必须充分重视。

例如现代汉字中"今""含""吟"是三个不同的字，"口"不仅是意符，而且位置也构成区别特征，但在楚文字中，这三个形体记录的是同一个词{今}：

今　　（上博四·曹沫之阵2）：今邦弥小而钟愈大。

今　　（上博四·曹沫之阵4）：今天下之君子既可知已。

含　　（上博三·中弓25）：含之君子使人。

（上博四·柬大王泊旱 9）：含夕不穀。

吟　[《上博七·郑子家丧（甲本）2]：于吟而后。

[《上博七·郑子家丧（甲本）6]：吟晋人将救子家。

"口"的有无与位置，在记录语言时都不构成对立与区别，可以归纳为两个字位同一个字。它们只有字形上的区别，"口"是饰件。至于加上"口"字形是否美观，不能根据我们自己的审美标准判断，要尊重古人的审美习惯："口"作为构形饰件，使得字形饱满，经常出现。装饰字可以在各类文字上加饰件。

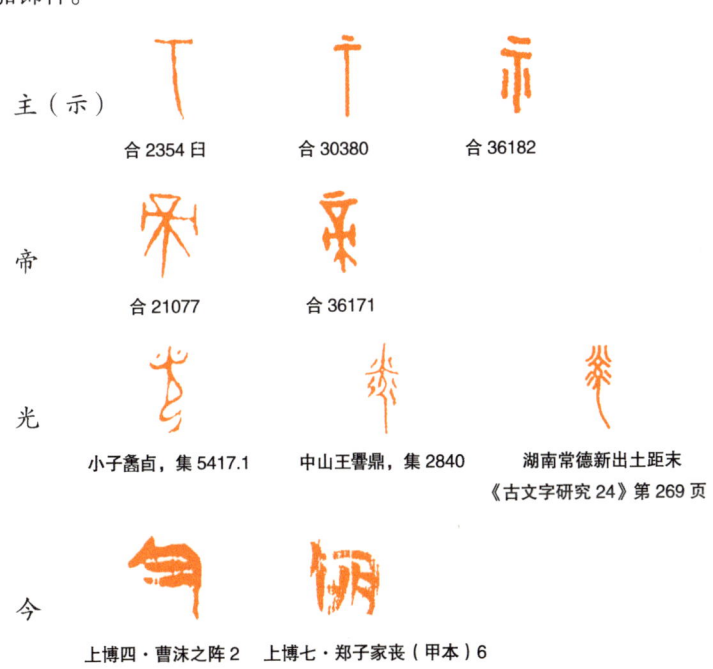

主（示）
合 2354 日　　合 30380　　合 36182

帝
合 21077　　合 36171

光
小子𠭯卣，集 5417.1　　中山王䜊鼎，集 2840　　湖南常德新出土距末《古文字研究 24》第 269 页

今
上博四·曹沫之阵 2　　上博七·郑子家丧（甲本）6

用 
德鼎，集 2405 　　王子午鼎，集 2811 　　用戈，集 10819 　　蔡□戈，集 11136

但形声字上加饰件的情况比较少见。

十、书写装饰与汉字的艺术化

寺  

郭店简·缁衣 26　　包山简 209

目前所见的字中，用法与“寺”同，读为“时”或“诗”等，“口”很可能是饰件。装饰字的特殊性可以概括为如下几点：

第一，装饰字不能独立，是在表意字、记号字、形声字等字形上增加装饰部件，被装饰部分是主体。装饰字与被装饰字构成异形字关系，属于同一字位。

第二，装饰字完全是表层结构，与深层结构表音、表意都没有关系。

第三，装饰字表层结构之下，还有被装饰部分的深层结构，所以装饰字只需要区分饰件与装饰字两部分。

第四，装饰字在古文字中存在较多，文字规范之后，就自然消失了。

第五，饰件的性质有时会发生改变。装饰字形成文字异体，异体字分化，饰件就转化为区别符号。出土古文字中“元”“兀”一字，“元”上的短横是饰件；《说文》中“元”“兀”异字，“元”上的短横成了区别部件。

（三）饰件的甄别

理论上说，饰件甄别的标准很明确，不具有表音、表意和字形区别的构形单位就是饰件，但在具体操作中需要甄别判断。例如“口”在文字构形中既是意符、音符、区别部件，又是装饰部件，如何甄别，需要有可操作的方法。

1. 装饰与不装饰构成互补关系，只有装饰功能

这是判别饰符的首要标准。其他可以视作补充标准。例如“口”在构字中有不同的功能：

表音　扣叩

表意　吃喝

区别　哔叽

装饰　商周

商				
	合 32968	合 33128	作册般甗，集 944	隙尊，集 5986

周					
	合 6825	合 4884	周免爵，集 8155	周原 H11:82	叔簋，集 4133.2

"商"与"周"都有从口与不从口的异体，而且符合半包围结构空缺处加口装饰的规律。

2. 符合装饰的规律

饰件产生于没有正字法约束的古文字时期或后代的俗体字中，但规范的文字系统不允许增加饰件，否则被认为是"错字"。古文字时期哪些字形需要装饰？有哪些饰件？文字发展中饰符如何留存与淘汰？这些都不是完全任意的，都有一定规律可循。例如"字形顶部横上加短横装饰"是一条装饰规律。《说文》卷一的十四部中有"一""二（上）""示""三""王""玉""珏""气"八个部首古文字字形的上部是横，但并不是所有的字上面都可以加上饰笔。能装饰的有以下几种：

	甲骨文	西周金文	战国文字	秦汉文字
元	合 13837	狄元作父戊鼎，集 5278.2	清华二·系年 60	
	合 7242	师酉簋，集 4288.1	清华一·金縢 3	睡虎地·编年 5
天	屯 643	颂鼎，集 2829	清华二·系年 2	银雀山二 1515
	合 22054	洹子孟姜壶，集 9729	清华一·尹诰 1	马王堆·天下至道谈 6.2
丕	合 6834 正	史墙盘，集 10175	郭店简·忠信之道 3	熹平石经 280
		宋公差戈，集 11289	包山简 38	

（续表）

	甲骨文	西周金文	战国文字	秦汉文字
帝	合 21077	焂作周公簋，集 4241	上博二·子羔 1	
	合 36171	寡子卣，集 5392.2	九店简 M56·38	银雀山二 2019
旁	合 6666	梁十九年亡智鼎 集 2746	上博八·有皇将起 6	睡虎地·秦律十八种 120
		邓子旁鄾甗 铭图续 0281	清华一·楚居 6	张家山·二年律令 117
下	合 32615	哀成叔鼎，集 2782	清华二·系年 89	睡虎地·封诊式 88
				北大简·老子 40
			清华二·系年 97	
祀（示）	合 9185	王七祀壶盖，集 9551		睡虎地·日书乙种 40
	合 15489	吕伯簋，集 3979.1	清华一·程寤 1	张家山·二年律令 467
录	合 28124	乖伯簋，集 4331	上博一·孔子诗论 9	
	《安阳殷墟殷代大墓及车马坑》M1	四十二年逨鼎乙，《文物》2003 年第 6 期	新蔡简甲三 4	
畐	合 30065	士父钟，集 147		睡虎地·日书乙种 195
		国差𦉢，集 10361	清华一·楚居 8	

不能增加"一"装饰的有"二""二""三""王""珏""气"。标准有两个：

第一，不影响文字的区别度。"一""二（上）""二（下）""三"的上部加上"一"就成了另外一个字。

第二，字形结构的匀称美观。"天""王""气"等字横画已经很多，再加上一横会令人眼花缭乱。而"示""帝""旁"等加上短横字形相对饱满。

"口"作为饰件，也有一定的装饰规律。

哪些形体可以做饰件，饰件加在什么位置上，哪些饰件可以保留都有一定规律，需要我们充分发掘。

3. 大频率统计

从统计的角度说，人文现象的孤例或者频率很低的例证虽然可以作为某种现象的反证，但不能改变对整体的判断。当楚文字中大量的"含""吟"都记录｛今｝时，我们基本上就可以判断"口"的性质是饰件，即使出现个别的其他用法，也不足以表示就已经分化成了那个字。"時"中的"口"是意符就是"诗"的异体，是饰符就是"寺"的异体，对这种情况的甄别，频率统计结果是重要的参考。

（四）饰件功能的演变

1. 饰件的消失与淡化

饰件最初只有装饰功能，有的异形合并，被淘汰，例如"天"与"下"二字：

天　颂鼎，集 2829　　洹子孟姜壶，集 9729

下　清华二·系年 89　　清华二·系年 97

有的被装饰字消失，饰件成为正字的一部分，因为没有比较，装饰功能淡化，例如下列文字中的饰件"一"与"口"：

帝　合 21077　　合 36171

旁　梁十九年亡智鼎，集 2746　　邓子旁鄭甗，铭图续 0281

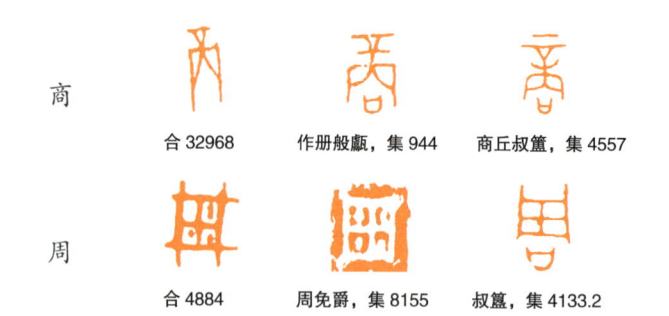

商　　合 32968　　作册般甗，集 944　　商丘叔簋，集 4557

周　　合 4884　　周免爵，集 8155　　叔簋，集 4133.2

2. 饰件的分化功能

装饰字与被装饰字构成异体。异体分化是文字演变的一条重要途径，文字一经分化，饰件就变成了区别部件，例如"兀"与"元"中的短横、"酉"与"酋"中的"八"、"示"与"主"中的"八"等等。

3. 饰件被截除下来，成为文字

"丌"是《说文》部首，丌部七字（丌、辺、典、巽、畀、巽、奠）大部分都是在字形底部横加饰笔"八"逐渐形成。

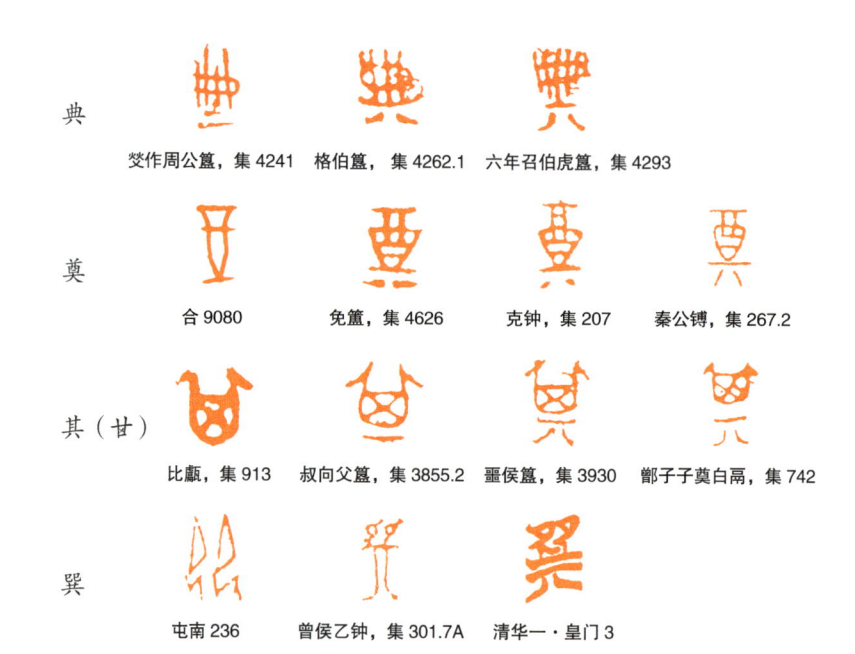

典　　燮作周公簋，集 4241　　格伯簋，集 4262.1　　六年召伯虎簋，集 4293

奠　　合 9080　　免簋，集 4626　　克钟，集 207　　秦公镈，集 267.2

其（甘）　　比甗，集 913　　叔向父簋，集 3855.2　　噩侯簋，集 3930　　鄯子子奠白鬲，集 742

巽　　屯南 236　　曾侯乙钟，集 301.7A　　清华一·皇门 3

"丌"是饰件或饰件与文字的其他笔画组合而成，战国时期从"其"字截除下来，成为"其"的简化字，上部加饰笔成为"丌"，《集韵》："其古作丌。"

"内"部七字（内、禽、离、萬、禹、鵹、离）中，"内"也是笔画与饰件组合，是截除下来的构字部件。

内 ，兽足蹂地也。象形，九声。《尔疋》曰："狐狸貛貉醜，其足蹞，其迹厹。"凡厹之属皆从厹。 ，篆文从足柔声。（《说文》）

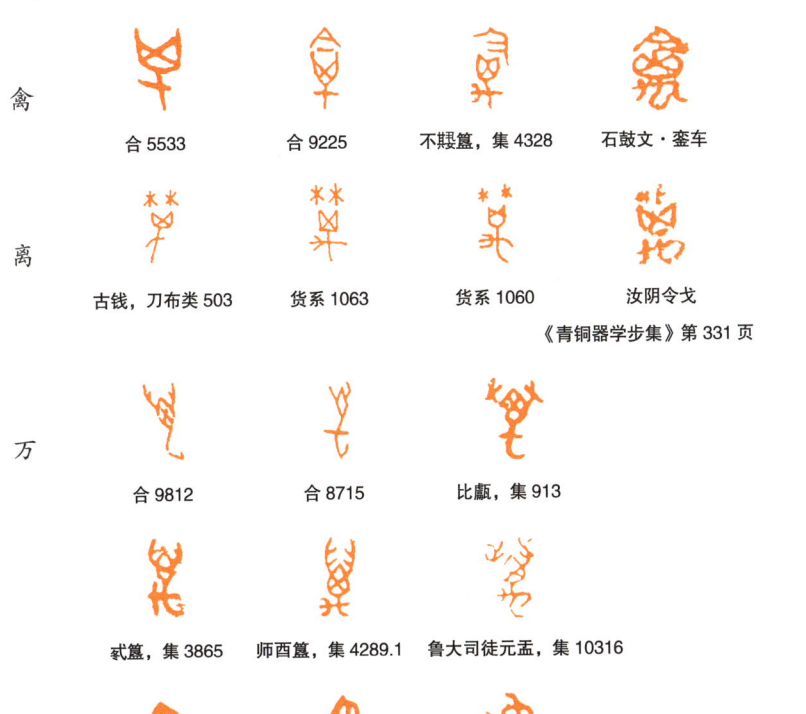

禽
合 5533　　合 9225　　不嬰簋，集 4328　　石鼓文·銮车

离
古钱，刀布类 503　　货系 1063　　货系 1060　　汝阴令戈
《青铜器学步集》第 331 页

万
合 9812　　合 8715　　比甗，集 913

师酉簋，集 4289.1　　鲁大司徒元盂，集 10316
弌簋，集 3865

禹
娳祖辛禹鼎，集 2112　　祖辛禹甗，集 9806　　秦公簋，集 4315.1

另外，部首"向"中的"口"也是源自饰件。

对于古文字考释来说，必须排除饰件的干扰。比如古文字"方"字上面加饰件被误认为是"尧"，"平"字上加饰件被误认为是"甬"，等等。

（五）文字学体系中饰符应有的"重要性"

对于汉字阐释而言，饰件与装饰字理论不可或缺。从历史发展的角度看，《说文》第一卷第一部 5 个字的阐释无一字符合实际，都从表意的角度牵强附会，原因就是装饰字理论的缺失。

对于汉字字体来说，更要充分重视饰件在文字结构中的正面作用。汉字不仅仅是记录语言的符号，也是艺术表达的形式。书法艺术的形成有多种力量推动，书写与观赏都会追求字形的饱满与匀称。视觉上对美的追求，对汉字构形产生重要影响，也是汉字学与书法艺术沟通的桥梁。

"文字是语言符号再编码的书写的视觉符号系统"或"文字是书写的记录语言的符号系统"，无论是从发生的角度或是从功能的角度定义汉字，其共同点是从"书写"的角度定义文字，但汉字学理论中从书写的角度观察汉字，研究汉字还很薄弱。装饰部件与装饰字是构形理论的一部分，目前研究也不够充分，还有很多问题有待进一步深入。

思考

1. 如何从书写的角度观察和研究汉字？
2. 装饰字作为汉字构形中的一种独特类型有什么意义？
3. "八"是常见饰件，也是意符、区别部件，后代还常做音符，例如"扒""叭"等。下列文字中的"八"都是什么功能？

　　（1）益

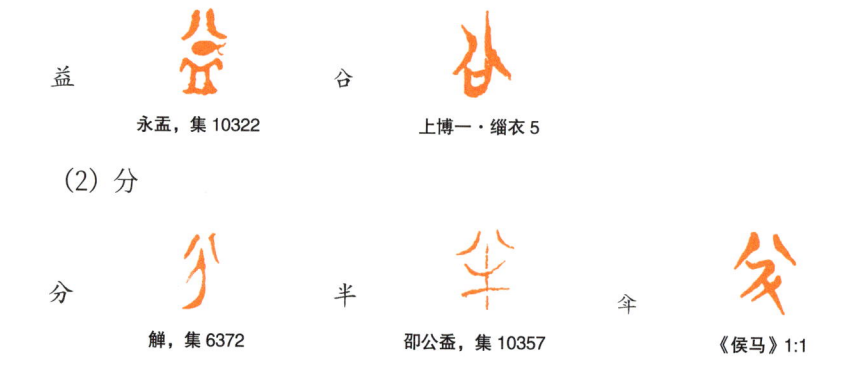

益　　　　　　　　　　　合
永盂，集 10322　　　　上博一·缁衣 5

　　（2）分

分　　　　　　半　　　　　　午
觯，集 6372　　邵公盂，集 10357　　《侯马》1:1

(3) 曾、尚

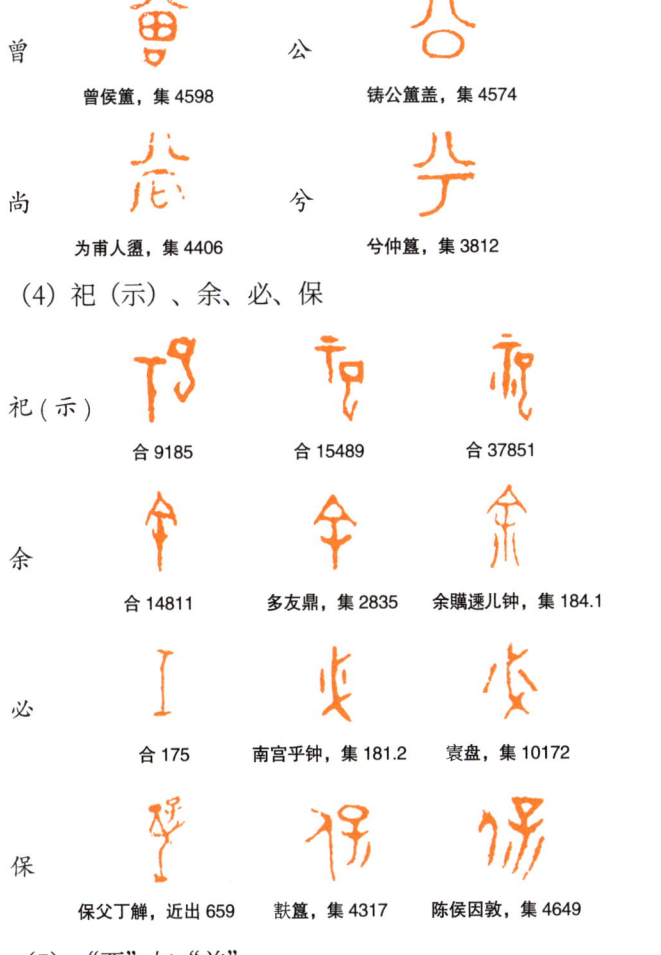

曾　曾侯簠，集 4598　　公　铸公簠盖，集 4574

尚　为甫人盨，集 4406　　兮　兮仲簠，集 3812

(4) 祀（示）、余、必、保

祀（示）　合 9185　　合 15489　　合 37851

余　合 14811　　多友鼎，集 2835　　余贎乘儿钟，集 184.1

必　合 175　　南宫乎钟，集 181.2　　裒盘，集 10172

保　保父丁觯，近出 659　　㲃簋，集 4317　　陈侯因敦，集 4649

(5) "酉"与"酋"

金文中的"尊"：

小臣儿卣，集 5351　　十三年瘐壶，集 9723　　㫖父乙盉，集 9421　　应公鼎，集 2553

酉的古音是喻母幽部；酒是精母幽部；酋是从母幽部。古文字中"酉"就是"酒"。

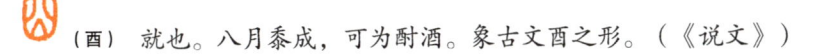

（酉）就也。八月黍成，可为酎酒。象古文酉之形。（《说文》）

（酋）绎酒也。从酉，水半见于上。（《说文》）

商周时期"酉"与"酋"是什么关系？"八"是什么功能？

（6）古文字中的方与旁

（史墙盘，集10175）：渊哲康王，万尹亿疆。

（《古玺汇编》3648）：百万。

（清华九·成人8）：今民多不秉德，以淫于不宾。

（曾侯乙178）：宾公之駜为右服。

术语

非结构主体性：不能独立成为结构的一部分，只能依附在结构主体上，一旦离开结构主体就失去其功能。

装饰字：在各类文字上增加装饰性构字部件，使得字形更加匀称美观，这类被装饰的字称之为装饰字。

正字：正字是指文字系统中规范的形体。

错字：与规范文字的形体、用法不同的用字。规范系统中，不允许增加饰件，否则被认为是"错字"。

十一、历时的演变与汉字发展的动力

汉字的演变发展是汉字学避不开的重要领域，汉字的什么在演变发展，如何演变发展，如何描写这种演变发展？我们在汉字构形一节中已经有所触及。

文字是人类创造的满足自我需求的书写的视觉符号系统，汉字不仅是符号工具，通过记录语言传播信息，其本身还是文化载体、艺术形式。文字演变是为了让文字适应自我需求，不断改变调整。由在应用中的渐变逐渐积累，发展为文字系统的调整，形成文字系统的共时差异。

构形研究已经关注到了汉字的演变，构形包括动态的构成过程，这里再对汉字的演变规律做一些补充。文字的发展与变化受表达律、简易律、美观律、区别律、熟识律的支配。

（一）字形与字体的演变

文字形体的演变主要受简易律、美观律、区别律的制约，表现为字形与字体的简化、美化与定形化，表现为书写的任意性与符号的约定性的调适。

书写带有一定的任意性，导致字形变化多端。严格来说，世界上不存在两个完全相同的手写的字形，例如甲骨文的"涉"字，《新甲骨文编》列了39个字形，几乎个个不同。这种变化不仅仅是笔画书写与部件方位的差异，有的字符也不同，例如 与 ，中间或水或川；有的字符多寡不同，例如 、 ，涉水的"止（脚趾的象形）"或二、或三、或四。这些水流与左右"止"的形状、数量、方向位置不同，彼此组合变体繁多，表层结构有很大差异，但深层理据相同，是同一字的变体，这些异形互为变体。这些异形异体经过历史的选择和淘汰、简化与类化，逐渐定形规范。

在历史的演变过程中，我们可以看到字形演变的趋向：

| 合 28339 | 倗生簋，集 4263 | 石鼓文·灵雨 | 楷体 |

| 合 5227 | 散氏盘，集 10176 | 玺汇 2758 | 涉戈，集 10827 | 马王堆·老子乙本 | 西狭颂 |

涉字字形的演变集中表现为简化，主要有下面几个方面：

第一，字形精简，大量的变体被淘汰。书写导致字形变体大量产生，字形规范不断淘汰各种变体。文字应用中的各种变体随生随灭。从记录语言的角度来说，变体是赘余，当积累到一定的程度，就会受到政策干预、系统规范。变体精简是总体方向。

第二，弧形笔画向直线方向发展。弧线是为了使表意字更加形象。弧线比直线距离长，书写起来用力多、用时长。从商周金文到战国秦汉的实用手写体文字，笔画普遍向直线方向发展。秦代的小篆是字形演变的反动，①用笔画是曲线的小篆取代笔画是直线的隶书是不现实的，所以只能在很小的范围之内行用，不可能成为大范围的应用文字。

第三，部件形体、数量逐渐统一。早期表意字部件的形体多样，在不影响构形理据的前提下，文字构形中的方向、位置、数量都带有任意性。甲骨文"涉"字表现得很典型。形体在发展中逐渐定形。

第四，部件简化、合并，字形简化。例如《西狭颂》中的"水"简化为"氵"，"止"简化为"屮"，与"少"借笔合并。

第五，类化：类化为熟悉的部件。甲骨文"涉"是平面结构的表意字，"止""水""少"构成会意字，是孤立的平面图画结构。调整为"水"和"步"两个义符。②

第六，美化与结构的调整：结构调整为方块，清晰的左右结构。字形颀长

---

① 或者说是对特殊字体的规范。秦始皇并不是用小篆统一全国文字，但全国的小篆确实得到了统一。
② 前提是甲骨文中的"涉（灝）"字被"灝"取代。

主要是受竹简形制的影响；如果载体是纸帛石碑等，字形多呈方块形，向规整匀称的方向发展。

字体的演变与字形的演变规律相类似，受美观律的支配更多一些。

一个聚合文字群体表层结构的共同特征就是字体，其成因很复杂，书写工具与书写方法、应用场合、书写目的以及书写者的个性特征都可能形成字体特征。

每一个时代的文字都有不同的字体。商代的铜器铭文与甲骨文不仅是书写工具的差别，也是正体与俗体的不同。铜器铭文铸刻在青铜礼器上用于祭祀鬼神，庄重规范。甲骨文虽然来自占卜，但这些记录并不用于礼神，而是收藏验证，所以就人各其异。

春秋时期，美术体在南方已经很流行，例如淅川下寺楚墓中的王子午鼎、薳子佣簠，以及吴越的鸟虫书等。在战国初年的曾侯乙墓中，规范体、俗体、美术体并出。

字体是书法艺术关注的重点，是专门的学问和技法。

繁体字与简化字的对立是源自规范体与应用体的互补，依靠政令形成字体对立、应用互补的两种字体。在字体的选择上，如果只用简单一个标准，遵从简化规律，就忽略了文字演变过程中美化的规律。

繁体字与简化字的笔画系统、部件系统都没有什么差别，突出的差别是文字构形部件选择导致的结构差异。繁体字中的常用字是经过几千年演变、淘汰与选择的结果，结构匀称饱满；简化字打破了这种平衡，从字体的演变上说，并不完全符合"文字演变的规律"，进一步简化的方案已经被放弃。

（二）深层结构与汉字构形系统的演变

1. 形符的消失与造字理据的丧失

造字时理据充分，使用中理据丧失或者重构，深层结构方式就表现为构建、丧失和重构。这里依旧以"凤"字为例，说明深层结构的演变。

| 合 34150 | 合 34036 | 合 14294 | 合 28673 | 中方鼎，集 2752 |

"凤"在甲骨文中是个象形字，大概是孔雀之类羽毛华丽的鸟。当变得不够象形，或为了更加精确表达，就增加了音符"凡"，成为形声字。

而后形符类化为义符，理据重构。象形初文以形表意，表层结构不固定，形成多种异体。增加音符之后区别度提高，意符的形体差别不再重要，类化为鸟，形成形声字"鳳"：

𤘌 → 𦵑 → 鳳 → 鳳

增加义符成为形声字"鵬"：

𩿨 → 𩿩 → 𩿪 → 鵬

2. 表意精确化与文字的分化

"凤"与"鹏"最初是一字异体，但"凤""鹏"的表层结构、深层结构都发生变化，形、音、义都不同。分化记录传说中的大鸟——鹏，这已经不是同一个字了。分化形成文字系统的变化。

"凤"字记号化：

鳳—凤

"凤"形类化为"鸟"，音符"凡"变形，成为从鸟凡声的"鳳"。在唇音分化、-m 闭口韵尾消失之后，"凡"与"凤"声、韵、调已经完全不同，"鳳"成为半表意半记号字，简化字"凤"成为记号字。

3. 汉字构形系统的演变与规范

汉字构形的渐变积累，会形成汉字系统不同历史阶段的明显不同，不仅仅是字体的篆、隶、真、草的不同，而且深层结构类型分布也有明显差异。

表意、表音、记号、意音等各种类型贯穿汉字的始终。根据各个时期某些类型的数量优势可以把汉字构形系统分为三个阶段：第一，表意、表音阶段；第二，意音、记号阶段；第三，记号、意音阶段。三个阶段之间的划分是相对的，每个阶段某种构形类型所占比例大，并不是说不存在其他类型，也不存在"质变"，它们都属于"表意文字系统"。

（三）汉字演变的规律

文字是记录语言的书写的符号系统。汉字演变，要受到编码需求、记录语言需求、书写需求、符号系统需求、社会需求等多方面的制约。从文字演变中稳定的、反复出现的现象中归纳出来的可解释的条例，就是文字演变的"规律"。规律可大可小。文字受书写求简支配，简化是规律；受记录语言求精确的支配，繁化是规律；受视觉形体求美支配，美化也是规律，这都是大规律，贯穿汉字发展的始终。古文字中表层结构的顶部是横画，常在其上增加饰笔短横也是规律，这是装饰字中饰笔短横的一个装饰规律，是小规律。不断发现"规律"，成为古文字考释与汉字阐释的"文字学证据"。

汉字演变的规律是个开放的探索领域，我们正是以这些规律为前提，探索未知。在古文字考释过程中，没有例证是臆说，孤例令人生疑，同类现象多处出现，就具有了规律性。例如从甲骨文的"易"，到现代汉字的"习"，大量的事实证明，截除省略是简化的规律。明白这一规律，再看《说文》中"爾—尔""橐（籀文'棄'）—𠔽（古文'弃'）""𨏖（籀文'车'）—車（小篆'车'）""尊—寸"等字，就容易理解了。

汉字演变的规律，笼统概括为表达律、精确律、简易律、美观律、区别律、熟识律：

文字是对语言符号的再编码，造字者追求编码理据充分，简称表达律。

文字是记录语言的符号，记录语言追求精确，简称精确律。

文字是书写的符号，应用书写追求简便，简称简易律。

文字是视觉形体，追求形式美观，简称美观律。

文字是形体符号系统，追求符号之间的区别，简称区别律。

文字是识别的符号，识别过程中会把陌生的形体转化为熟悉的形体，简称熟识律。

1. 表达律是表意字的重要规律

造字时追求编码理据表达的充分，表达越充分，字形就越复杂。前面说过𪚥（凤）字，再如虎、豹等字：

虎　　　　　豹
合 3295　　合 21472

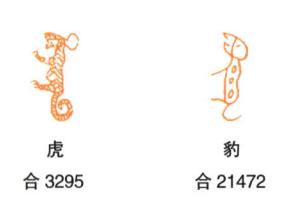

汉字在形成阶段依据一定的理据造字。人文创造追求理据，这是人类文化的一个特点，部分表意字追求与现实事物之间的象似性。回溯的汉字研究期望表达律充分，从中可以发现记录语言之外的其他信息。

古人造字，兼顾音与意的表达，例如"至"字，字形表意是矢返回至地面：，选择倒矢做意符，是因为矢兼具表音功能。

合 6834

2. 节约原则与一字多用，符合简易律

（1）一形多义——假借

子、巳

（2）一形多义——一字多本义

聖——{聽}{聲}{聖}

睧——{聞}{問}

（3）一形多音义——一字多词

月或夕——{月}{夕}

古人在语境中区别使用。

3. 符号系统的简化——文字合并，符合简易律

例如"朋"与"倗"合并为"朋"，"后"与"後"合并为"后"，等等。

4. 书写时追求简便，字形简化符合简易律

例如"聽—听""聲—声""聖—圣""彎—弯"等等，字形笔画大量减少。

5. 追求记录语言的准确性，追加理据与文字的分化

例如"申"是"電"与"神"的本字，文字分化，三个字各有专用，记录语言更加精确。再如，楚文字中"聖"一形记录{聽}{聲}{聖}三个词，分化之后，记录语言更加精确。

"月"与"夕"、"母"与"毋"、"凤"与"鹏"、"受"与"授"等

文字分化是普遍现象，文字分化受记录语言精确律制约。

6. 视觉符号系统的形体区别，遵循区别律，提高区别度，贯穿文字构形与文字演变的始终

例如古文字中"十""七""甲""才"四个字有时区别度很小，几乎同形，后不断变形或增加区别部件，在楷书系统中彻底被区分。

7. 观赏追求美观：美化

例如"保"字的演变：

合 18970　　史墙盘，集 10175　　《说文》小篆

8. 识别追求熟悉：类化

个性化的形符类化为熟悉的义符，例如"保—人"，甲骨文、早期金文中"保"中是手背到后面的人。

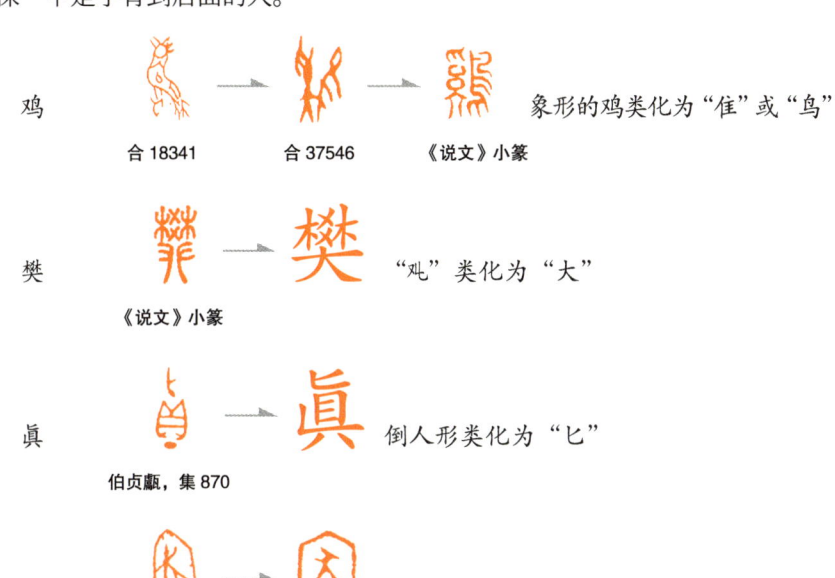

鸡　　合 18341　　合 37546　　《说文》小篆　　象形的鸡类化为"隹"或"鸟"

樊　　《说文》小篆　　"𠬜"类化为"大"

眞　　伯贞觑，集 870　　倒人形类化为"匕"

家　　合 13593　　辛鼎，集 2660

9. 文字系统的制约

合 20613

"日""月"古文字大都是三笔，理据更充分，楷书笔画多，理据丧失，与前面所说的文字演变规律悖逆。这是受文字书写系统的制约。

10. 满足社会需求，强化区别

文字不仅仅要满足记录语言的需求，满足构形的需求，还要满足社会的需求，例如"一"。

	一	二	三	三	㐅
甲骨文	合 4531	合 14339	合 32014	合 12550	合 34083
楚文字	弌 郭店简·穷达以时 14 鄂君启节，集 12110 楚帛书·乙 8	弌 郭店简·语丛三 67	厽 包山简 12	四 包山简 266 上博六·天子建州甲 8	㐅 包山简 246
三晋文字	鼠一 中山王䁀方壶，集 9735	貳 中山王䁀方壶，集 9735	三 侯马 156∶7	三 中山王䁀鼎，集 2840 大梁司寇鼎，集 2609	㐅 侯马 303∶1
秦文字	壹 睡虎地·秦律十八种 47	貳 里耶二（9）22 正	叁 睡虎地·秦律十八种 59	四 睡虎地·秦律十八种 94	㐅 睡虎地秦简·法律问答 136

一、二、三、三（四）、五、六、七、八、九、十这套十进制数字的符号系统自甲骨文至今没有太大的变化。就文字记录语言而论，这套符号中"一、

二、三、三"这四个字无论是从记录的理据性、准确性，还是从书写的简便、识别的容易说，都充分满足了"记录语言的书写的视觉符号系统"的所有需求。之所以出现其他数字形体，以后又引入阿拉伯数字，都是为了满足社会的需求，或防伪，或与国际接轨。

（四）遵循规律、发现规律

汉字演变不是某一条规律起作用，而是各种规律交织发挥作用。

汉字在不断演变，每一个环节形成新的结构，每一个新构形的出现，都受一定的规律支配。阐释汉字，须有文字学依据，其中就包括符合文字变化的规律。

构形规律是不断被发现的，需要深入细化，例如：字形加点的规律、字形加横的规律、字形省略符号"="的使用规律、使用频率与文字简化的规律、使用频率与文字分化的规律。

汉字的研究者应当努力发现汉字变化的规律，并应用这些规律解决具体的问题。

思考

1. 汉字为什么演变？
2. 古文字考释中强调的"文字学证据"是什么？

术语

表达律： 文字是对语言符号的再编码，造字者追求理据充分，简称表达律。

精确律： 文字是记录语言的符号，记录语言追求精确，简称精确律。

简易律： 文字是书写的符号，应用书写追求简便，简称简易律。

美观律： 文字是视觉符号，追求形式美观，简称美观律。

区别律： 文字是符号系统，追求符号之间的区别，简称区别律。

熟识律： 文字是识别的符号，识别过程中会把陌生的形体转化为熟悉的形体，简称熟识律。

十二、汉字的字际关系

文字是一个符号系统，在这个系统中文字符号与语言符号之间不是一一对应的关系，形体与形体之间，形体与所记录的音义之间有各种错综复杂的关系。在编码的过程中，一个形体可以记录一个词的多个音义，可以记录多个词；一个词可以用多种形体、多种构形类型的文字表达。在一个共时系统中，文字符号与文字符号之间、文字与所记录的语言之间的关系相对稳定，文字符号处于一个彼此有区别又有各种关系的系统中。文字在应用过程中会产生新的用法和新的变体，会形成历时的前后之间不同的字际关系。

（一）字际关系

1."字际关系"中的"字"与"字际"

字际关系简单地说就是字与字之间的关系，这就首先需要明确"字"这个单位的确切所指。我们常常听说"某与某两个字记录同一个词，是异体字"，又听说"某与某记录同一个词，是一字异体"，这里的"两个字"与"一字"中"字"的概念并不相同，前者是根据表层结构字形确定字的单位，字形不同就是不同的字；后者是根据文字所记录的音义来确定字的单位，记录语言相同就是"一个字"，记录语言不同，即使字形相同也是不同的字。所以确定"字"这个单位就出现了双重标准：表层结构字形与文字所记录的语言，例如"异体字"是字形差异，"同形字"是记录语言的差异。字际关系有时侧重表层结构字形，有时侧重文字与所记录语言之间的对应关系。

文字记录语言，是书写符号对语言符号再编码的符号系统。字际之间形成彼此的关联，包括形与形之间、形与音义之间的关联，文字转换为构形单位后文字与构形单位之间的关联。这些彼此有关联的文字与文字的构形单位形成一个聚合群，彼此之间形成"字际"，彼此之间的关系就是字际关系。文字构形是表层结构与深层结构的调适，是形体符号与语言符号的调适，字际关系既要关注文字与所记录语言音义之间的关系，也要关注文字符号形体之间的关系，笼统地说，字际关系就是文字与文字形、音、义之间的联系。

书写符号与所记录语言之间的关系不是一一对应关系，主要表现为：

同一字形记录不同的词，例如西周至战国时期的"卿"继承了商代的用法，记录了｛饗｝｛享｝｛嚮｝三个词。

（先兽鼎，集2655）——｛饗｝：用朝夕卿（饗）氒多朋友。

（中山王方壶，集9735）——｛享｝：以卿（享）上帝。

（南宫柳鼎，集2805）——｛嚮｝：即立中廷，北卿（嚮）。

（睡虎地·日书甲种99正）——｛嚮｝：毋起北卿（嚮）室。

这个时期"卿"字所记录的语言不仅承袭了商代的用法，而且出现了新的变化。出现了职官与行政区划等新的用法，记录职官与行政区划：

（毛公鼎，集2841）：卿事（士）寮。

（商鞅方量，集10372）：卿大夫。

（睡虎地·语书3）：卿（卿）俗淫失（佚）之民不止。

——｛響｝：《汉书·董仲舒传》：夫善恶之相从，如景卿之应形声也。

字际关系是在文字编码、记录语言、书写过程中形成的，形、音、义之间有相同、相关等关系的文字形成关系组，关系组之间彼此制约，彼此影响，关系可以确定，形成与演变过程可以描写与解释。例如"卯、皀、卿、鄉、嚮、鄉、饗、響、嚮；畾、薾、向、亯、享、乡、餉、响"这些字在形音义的某个方面、或某几个方面、或全部相关。（参看《汉字阐释十二讲》）

讨论字际关系，首先排除无关系的文字，例如"石"与"厂、口、岩、磬、拓、橐"有形体或音义之间的关系，可以形成一个关系组，但与"木""水"等形音义都没有关系。

2. 字际关系的形成过程

字际关系的形成原因不同，有编码思维、记录语言需求、书写变化、文字系统制约等等。各个时代的字际关系不同，关系组不断扩大，所记录语言的意义或扩大、或缩小、或转移，文字系统不断变化和调整。共时描写与历时观察相结合，才能厘清字际关系。

3. 字际关系的远近

字际关系有密切的，有不密切的。密切是形、音、义都有联系，而且历史上有渊源关系，在记录语言过程中利用这种关系彼此有过交集，例如"卿"与"饗"。有些文字之间字形相关、读音相同，但没有渊源关系，也没有应用交集，例如"抗""炕"音符相同，但意义与渊源关系比较远。有的只有同音关系，就更远。字际关系可以由近及远，探讨关系组之间的各种关系。

从材料出发，在确定文字符号及其构成单位之间相同、相关、相异等关系的基础上，可以详细描写关系组文字之间各种关系的形成和演变。

（二）解释字际关系的话语系统

为了建立一套话语系统，精确描写现象，准确揭示规律，学者们一直在不懈努力。《汉书·艺文志》《说文》等汉人著述就开始探讨"假借""转注"等字际关系。同文、异写、通假字、通用字、古今字、累增字、区别字、同形字、异形字与异体字、本字与借字、母字与分化字等等，都揭示了字际关系的某一方面。在一个理论框架下，用完整的话语系统对各种字际关系准确阐释是学者追求的目标。裘锡圭先生的《文字学概要》中"假借""异体字、同形字、同义换读""文字的分化和合并""字形跟音义的错综关系""汉字的整理和简化"五节内容主要是讨论字际关系，已经建立起一套准确的话语系统，研究相当深入。

按照我们的理解，文字彼此之间的关系可以简单概括为不同、相同、相关三种。完全不同的可以不予讨论，字形完全相同的同形字和音义完全相同的异体字都非常少，大部分是同中有异，异中有同，某一部分相关。

1. 一字记录多词

一字记录多词是普遍的，也是必要的，汉字系统的形成离不开一字多词，汉字应用也离不开一字多词。

形成一字多词关系的原因很多。

（1）编码时一字多用，一个文字符号记录音义不同的词，一字多本义

例如"月"与"夕"，编码者画一个月形，既表示月亮，也可以表示月亮出来的时间；古人画一个跪坐的人形，既可以表示"跪"，又可以表示"坐"。它们都语义关联但读音不同，记录的是不同的语言单位。

（2）本字与借字

文字从编码造字与用字记录语言的角度可以区分为本字与借字。本字就是书写符号对语言符号的再编码，本字与本义之间有明显的联系。为记录某个词所造的字，就是这个词的本字；所记录语言的意义与字形表达的意义之间关系最直接的意义就是该字的本义，本义是与字形表意相关的词义，而不是字形所表达的"意"。一个语言符号可以有多个本字，例如{飨}在甲骨文时期可能有"卯"与"卿"两个本字，"體"与"躰""体"都是{体}的本字。一个字可以有多个本义，例如商周时期的"卿"可能有{飨}与{向}两个本义，这两个意义都与字形有明显联系。

确定本字本义，然后才能确定借用关系。例如商周文字中，"亯"从构形与应用上看都与"卿"不同，"亯"的字形像宗庙祭祀场所，主要表达鬼神的享用；"卿"是二人对飨，是活人的宴飨，但是由于二者读音相同，意义相近，可以彼此通用。如果这种区别存在，本字与本义明确，在应用中，当"亯"用于活人时，可以说"亯"假借为"卿"；当"卿"用于鬼神时，可以说"卿"假借为"亯"。假借是以明确字的本义与用法为前提的，当本形、本义消失，

合 21069

借用关系也就不存在，只剩下笼统的"通用"关系。

"假借字"这个名称是从字际关系的角度对汉字中这类表音字的概括。

早期汉字主要表现为文字舍弃编码理据，仅仅用作表音符号记录语言中读音相同的语言单位。正是由于摆脱文字本字、本用束缚，假借表音，准确记录语言的文字系统才得以建立，应用文字数量才能控制在一定的范围内。

（3）造字巧合、文字合并、书写讹误等

造字偶尔巧合，例如"体"字，从人、本声是"笨"的异体，"人本"会意是"体"或"骵"，是"體"的简化字。这种同形字数量很少，而且大都不属于同一个共时应用系统。

文字合并导致一字多词。"嚮"合并为"向"，在简化字排印的古籍中，"塞向墐户"的"向"与"若火之燎于原，不可向迩"的"向"就成了形体相同，所记录词不同的一字多词现象。书写过程中的别字，使得某个字临时形成一字多词。

文字学中有"同形字"，有广义、狭义之别。相同的形体记录完全不同的语言单位就是狭义的同形字，例如上面所说的"体"分别记录了"笨"和"體"两个来源不同、音义不同的词。广义的同形字是字形相同，所记录的语言不同，假借字也可以包括在内。

借用一字的读音记录另外一个词，例如职官"卿"如果与"卿"的意义之间没有联系，就是一个假借字。从用同一个形体记录不同词的角度说，假借字也是同形字。

从字形与意义之间的关系看，一个字可以有多个意义，多个意义之间有联系就是引申义，各意义之间没有联系或失去联系就是同形字。

书写简化也会造成文字的同形，例如西周金文中"才"的简体与"甲"有时完全同形。

2. 多形记录一词

（1）异体字、异形字与异型字

有规范正字的公开出版物时，异体字比较容易区别：凡是与正字写法不同的字形，都可以视作异体字。但在手写应用中这样定义异体字，就可能字字皆异。

书写带有一定的任意性，导致字形变化多端，严格地来说，世界上不存在两个完全相同的手写的字形。个人手写体文本中，每一个字形都有或多或少的不同，每一个人书写的文字字形都有其特点。任意性在早期形符构成的表意字中尤其突出，书写的任意性导致字形的多样性。

我们把异体字区分为异形字与异型字，它们的共同特点是不同的形体记录相同的语言，不同之处在于异形字仅仅是笔画和部件形体的不同，构形类型相同；异型字则表现为构形类型不同，这与把意符分为形符和义符有些类似。

（2）异形字

字形是笔画、部件构成的文字外形，是文字个体的表层结构，有文字笔画与部件的形状、数量、方向、位置等外形特征。每一个字在书写过程中，会呈现不同的特征，例如甲骨文的"涉"字，《新甲骨文编》列了 39 个字形，几乎个个不同，其字符是三个：水、左止、右止，是平面图画结构，表示徒步涉水；部件有多个变体，例如"水"：

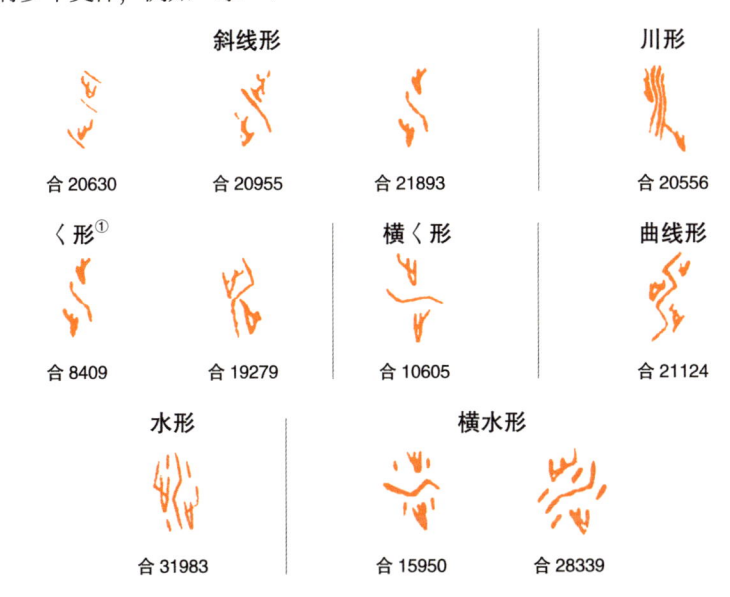

斜线形　　　　　　　　　　　　川形
合 20630　合 20955　合 21893　　合 20556

〈形①　　　　　　　横〈形　　　　曲线形
合 8409　合 19279　　合 10605　　合 21124

水形　　　　　　横水形
合 31983　　合 15950　合 28339

"止"的数量不同，以左右双止为常，还有多止形：

三止　　　　　　　　四止
合 21124　合 10606　　合 20464　　合 19286

---

①有正反。

这些水流与左右止的形状、数量、方向、位置都不完全相同，彼此组合变体繁多，表层结构有很大差异，但深层理据相同，是同一字形的变体，称之为字位。这些异形字互为变体，在没有正字法的情况下，可以选定一个常用的或与后代字书有对应关系的文字作为代表，与人们所熟悉的通用文字中的文字相对应。古文字工具书会对字符的方位与形状加以隶定转写，完全根据表层结构转写一般称作"严式隶定"，例如可以隶定为"〈"与四个"止"按左、中、右结构组合。

字位与字形变体借鉴语音学的"音位"概念而来。王宁在《汉字构形学导论》中提出字位与异形字，很有概括力，同一字位中的文字就是异形字。[①] 字位理论对于没有正字参照的古文字研究、汉字阐释、古文字工具书的编纂都很有价值。我们表述为：字位是构形类型相同，不区别音义的表层结构不同的字形变体；同一字位中的各种字形变体都是同一个字，每一个字位变体可以简称"字形"。例如上述"涉"字的不同变体构字理据相同，记录的是同一个词，是一个字位，有不同的字形，根据构形理据可以隶定为"㴇"作为字位代表，根据与现代汉字的对应关系，也可以转写为"涉"。

根据是否表现字位变体之间的差异，隶定区分为"严式隶定"和"宽式隶定"。古文字字编的隶定可以根据不同的目的确定不同的标准。如果不是出于文字学的需求，而是为了广大读者的释读方便，当以字位为单位，字形变体之间的差异可以通过编排体例和按语的形式加以区别。例如把甲骨文中不同形体的"涉"分行排列，按语描写构形特征。如果不是为了构形或字迹分析等特别目的，隶定太细，造字太多，徒增烦扰，难免人人自为仓颉之讥。

严式隶定有时是必要的。例如在甲骨文中，"㴇"与"涉"是对立的两个字：双止在水的两侧，隶定为"㴇"，记录的是{涉}；双止在水的一侧，隶定为"涉"，记录的是{濒}：

合 35320　　≠　　合 21256

这两个字虽然构形字符相同，但构形理据不同，是不同的字，而不是同一

---

① 王宁：《汉字构形学导论》，商务印书馆，2015 年，第 151 页。

字位的不同变体。

确定同一个字位有三个条件：第一，记录同一个语言单位；第二，构形类型相同；第三，区别特征相同。

（3）异型字

记录相同的语言单位，构形理据不同，构形类型不同就是异型字。异型字属于不同的字位，例如"爿""牀""床"三字，记录语言相同，都是｛床｝，但构形理据不同，"爿"是独体象形字，"牀"是意音字，"床"是半表意半记号字，内部结构方式各不相同，按照前面所说的构形理论，称作"异型字"为好。

在具体操作过程中，异形字与异型字不是很好区别。例如古文字中的"卿"字：

合 5245　　　合 5239　　　合 31044

虽然"皀"的写法各不相同，但可以确定是同一字符的变体。下面两个字形字符不同：

合 16050　　　 㱃簋，集 3745

第一个字形"皀"两侧跪坐的人形侧开其口，第二个字形"皀"变为"食"，这是书写差异还是构形理据差异，殊难论定。如果不是构形分析，字编中当作一个字位处理更加简明。

在手写应用体中，确定"一个字"需要一定的理论。依据字形表层结构隶定会出现非常多的异形，以字位统领异形，以我们习惯的异体统领异形，对于古文字工具书隶定的处理和异体字的深入研究或有帮助。根据不同的需求，我们需要对表层结构的非区别特征区别对待。

(三)文字的分化与字际关系

　　一形多用,一字记录多词符合经济原则,但背离了记录语言的精确原则。当一个字记录多个意义或多个词,尤其是不同的常用词用一个字形表达记录容易造成不便,文字就会分化。例如前文所说的"卿",记录了{卿}{饗}{享}{嚮}{鄉}{響}等不同的词,而这些词大都是常用词。在战国晚期通过变形义化分化出"鄉"字,其后,"卿"除了职官意义之外,其他意义大都转移给"鄉",完成了"卿"与"鄉"的分化;"鄉"增加字符,又分化出"饗""嚮""響""饗"等字。

　　母字是分化字所从出的字,分化字是母字的孳乳。母字与分化字如母子关系,前者生出后者,这是从历史角度探讨字际关系。

　　文字分化的途径很多,在此不一一详论。

　　从历史演变关系的角度看,字形处于不断演变的过程中,而分化是有层级的,是一个动态的连续的过程。距离编码本字越来越远,字形记号化程度越来越高,意义引申越来越远,出现本字分化、引申义分化、同形字分化等等。

　　分化产生后起本字,"卿"分化出"鄉","鄉"分化为"嚮""鄉""饗""嚮""曏""薌"等;"向"假借为"饗""響"等,分化为"餉""响",等等;这些分化字对于它所表达的意义来说也是本字。文字的演变与分化也是符号的再编码过程。

　　分化的过程受文字求区别、记录语言求准确的动力支配。一个母字可能对应几个分化字。分化字刚产生的时候与母字大都处于共时异体,一旦分化完成,就成为形义有别的不同的字。由于文字符号与所记录的语言之间重新调整,将被再次分工。

　　字际关系研究需要在文字系统中去观察,在文字的应用中观察,在文字的发展过程中观察。通过共时的与历时的详细描写,确定关系,阐释过程与规律。字际关系的话语系统与研究方法还在进一步的探索过程中。

思考

1. 字际关系与文字符号的系统性有什么关系?

2. "鵞"与"鹅"是两个字还是一个字?在字际关系的表述中,"同一个字"有无歧义?

术语

字际关系:文字构形是表层结构与深层结构的调适,是形体符号与语言符号的调适,字际关系既要关注文字与所记录语言音义之间的关系,也要关注文字符号形体之间的关系,笼统地说字际关系就是文字与文字之间形音义之间的联系。

同字:表层结构相同的字或记录同一个词的字。

字位:字位是构形理据相同,不区别音义的表层结构的字形变体。

异体字:记录相同的语言单位而具有不同形体或构形的字,异体字包括异形字和异型字两类。

异形字:同一字位中的文字就是异形字。同一字位中的各种字形是一个字。每一个字位变体可以简称"字形"。

异型字:记录相同的语言单位,构形理据不同,内部结构方式不同就是异型字,异型字属于不同的字位。

十三、汉字的社会功能

对汉字的观察与研究，会基于不同的目的和角度而有不同的认识。以《说文解字》为代表的传统汉字学最初是为了释读古文经而构建的理论和搜集的古文献用字。现代汉字学建立在文字是记录语言的符号理论基础之上，探讨文字的起源，文字如何对语言符号再编码，文字形体与所记录语言之间错综的关系，等等，把文字作为一个独立的研究对象，汉字学更加学科化。从文字记录语言一个角度理解汉字的结果就是汉字的种种弊端，这成为汉字改革的理论依据。今天看来，对汉字的研究既要尊重文字是记录语言的符号这一基本原理，也需要突破文字与语言的关系，在更加广阔的视野下观察汉字，理解汉字。汉字不仅仅是记录语言、传递信息的符号，还是有多种社会功能的文化载体。汉字学需要拓展边界，从社会功能的角度观察汉字。下面就汉字与中华文明的连续性这个角度谈一谈汉字的重要社会功能。

中华文明源远流长，有很多特性，其中最大的特性之一就是其不间断的连续性。四大文明都很悠久，只有中华文明传承至今。我们的文明为什么会如此流传不息，历久弥新？这个问题可以从不同的角度广加探讨，但汉字是最不可忽视的核心因子。汉字同样源远流长，在世界文字体系中，古老自源的表意文字系统，也只有汉字沿用至今。中华文明绵延不绝，汉字是其肌理骨干，是文化的基因。

（一）文字与中华文明的起源

中华文明探源不仅是一个浩大的工程，更是一个涉及多学科的重大课题，研究越深入问题越多，分歧也就在所难免。从不同的角度观察可能会得出不同的结论，这是学术之繁荣。但如果因为运用不同的话语系统而产生无谓的纷争，就形成了学术之混乱。为了避免这种混乱,我们先交代一下本文所使用的一些核心概念。

"文化""文明"在中国的文献里古已有之,可以追溯到很久远,但作为现代历史学、考古学等各学科中的术语,都是外来语。"文字""汉字"亦可作如是观。一方面,外来语在中国札根,尽量运用本国已有的词语,旧瓶装新酒,减少陌生感;新来的术语往往有很多不同的称谓以及理解上的分歧,经过选择淘汰渐趋一致。另一方面,这些术语不断普及而语文化,意义又变得模糊不定,理解也会人人各异。像上述这些概念不要说问大众什么是"文化"难以说清,即使问专家,常常是此文化非彼文化,为了便于论说,先把我们所理解的概念揭示于下。

"文化,人类在社会历史发展过程中所创造的物质财富和精神财富的总和,特指精神财富。"[①] 我们常说的新石器文化、农业文化、工业文化等主要是指前者,而钱穆所说的中国文化、毛泽东所说的新民主主义文化等都是特指精神文化。这只是广狭的区别,我们读书时留意一下即可。

我们这里所说的"文明",是指人类社会的进步状态,与野蛮对立。人类的文化进步到什么程度,就远离了野蛮,跨越了蒙昧,迈进了文明的门槛?这就必然会出现文明的标准问题。摩尔根指出文明时代始于文字的使用,这一标准得到恩格斯的认同:"由于文字的发明及其应用于文献记录而过渡到文明时代。"[②] 其后讨论文明的起源曾一度形成热潮,历史学家、社会学家、考古学家纷纷发表意见,建立各自的文明标准,尽管有所不同,但认为文字是重要的标准是一致的,夏鼐认为"文明的这些标志中以文字最为重要"。[③] 文字一旦成为文明的标准,有史以来的文化全部都是文明时代的产物,"工业文明"与"工业文化"也就没有了区别,可以互换。区别文明与文化,其价值主要表现在区别两个不同的社会阶段或社会状态。文字在文明起源过程中如此重要,这

---

① 中国社会科学院语言研究所词典编纂室编:《现代汉语词典》(第7版),商务印书馆,2016年,第1371—1372页。
② 中共中央马克思、恩格斯、列宁、斯大林著作编译局编译:《马克思恩格斯选集》第四卷,人民出版社,1972年,第21页。
③ 以上论述详参李学勤:《中华古代文明的起源》,生活·读书·新知三联书店,2019年,第17—23页。

就必然涉及两个核心问题：第一，什么样的文字才是文明的标志？第二，为什么文字是文明的标志？

什么样的文字可以作为文明的标准？

摩尔根在确定了文明"始于标音字母的发明和文字的使用"这个标准之后，又补充说："刻在石头上的象形文字可以视为标音字母相等的标准。"[①] 这就把我们今天所说的表意文字和表音文字都包括在内了。恩格斯对文字作为文明的标准又做了补充：一是发明文字，二是文字应用于文献记录。满足这两个条件的文字实际上就是我们今天所说的记录语言为主的书写的符号系统，也就是裘锡圭所说的"狭义的文字"[②]。

为什么文字是文明的标志？

人类经历过的"信息革命"中，第一次是发明了人类语言，人与其他动物有了分界，从猿进化到了人；第二次是近五六千年以来发明了文字，从野蛮人变成了文明人。人类一旦创造出记录语言的文字，知识来源就不再受限于时间和空间，不再主要依靠人的记忆，也不再是口耳相传，知识快速积累，人智大开，社会快速进步。

因为有了文字，政令能以文书的形式送达远方，才能使按地区来划分它的国民并加以统治成为可能。

因为有了文字，才有了"历史"。我们所说的"史前"，就是没有文字记载的历史之前，所说的"有史以来"，就是指有文字记载的历史以来。因为有了文字，人类从传说时代步入历史时代。

反过来说，没有文字的社会即使在某些方面取得巨大的进步，受制于时空限制难以传播与传承，不是停滞就是消亡。

从社会发展的角度来说，文字是文明的必要条件，这本来是长久以来学术界公认的结论。随着文明探源对考古倚赖的加重，以文字为最为重要的文明标准解释"中华文明"就遇到了困难。世界公认的最早的中国文字是商代甲骨文，

---

① ［美］路易斯·亨利·摩尔根：《古代社会》上册，杨东莼、马雍、马巨译，商务印书馆，1977年，第11—12页。
② 裘锡圭：《文字学概要》（修订本），商务印书馆，2013年，第1页。

距今大约三千三百年，这与我们所说的中华文明五千年相去甚远。因此，有一些学者或者对文字这个文明的标准提出质疑，或者对文明或文字重新定义。中国的人文社科研究，确实应该从中国的实际出发，建立起自己的学科体系和话语体系，但是就"文明""文化"来说，我们是在外来语的基础上展开讨论，还无法完全脱离原有的话语系统。

我们坚信，对于绝大多数自源的文明来说，文字是其必要条件，但对于考古发现来说，文字仅仅是文明的充分条件，并非必要。一个遗址，一旦发现了文字，其中的一切，就是有史以来的文化，就是文明的存在。每个时代的文字不一定都能保存在遗址中，距离我们越远，保存下来的可能性就越小，假如殷人只把文字书写在简册中，没有在甲骨上刻字、铜器上铸字等习惯，考古上也就证实不了商代文字的存在，在一个遗址中没有发现文字，不能就据此断定没有文字。甲骨文是很成熟的文字，在此之前必然有漫长的发展过程。实证固然科学，但不能完全用考古实证来思考中华文明。如果说谁见到眼前一个成年人，因为没有看到他的出生，没有见到他的成长，认为他一出生就是这样的成年人，我们一定视其为荒谬。中国文字只有三千多年，类似的说法到处可见，我们却信以为真理。考古学家夏鼐说："小屯殷墟文化是一个高度发达的文明。如果认为这是中国文明的诞生，那就未免有点像传说中的老子，生下来便有了白胡子。"[①] 这显然是不可能的。20世纪初，王国维根据甲骨文验证了商代世系真实性之后，就"推想夏后氏世系之确实，此又当然之事也"。[②] 有"中国考古第一人"之誉的李济已经"把甲骨文的原始推远到公元前3000年以前了"。[③]

新石器时期各地遗址的陶器上有多种图形与刻画符号，之所以不能确定它们是不是文字，主要是没有发现它们线性组合记录语言的证据，但也不能完全排除它们具有文字属性的可能性。不论它们是不是文字，也不论它们与汉字是否有直接的联系，我们都坚信汉字有悠久的历史，汉字是中华文明的曙光，与中华文明共生。

---

① 夏鼐：《中国文明的起源》，文物出版社，1985年，第82页。
② 王国维：《古史新证——王国维最后的讲义》，清华大学出版社，1994年，第52页。
③ 李济：《中国早期文明》，上海世纪出版集团，2007年，第107页。

（二）汉字与中华文明的连续性

中华文明源远流长，悠久而持续。钱穆在《国史大纲》开篇就说，"中国为世界上历史最完备之国家，举其特点有三"，分别是"悠久""无间断""详密"。[①]无间断也就是连续性，这是中华文明最大的特点。这个特点是如何形成的？我们的文明为什么能够无间断？从中华文明的核心要素汉字可以窥见其一端。我们这里所说的"汉字"，是自源于中华大地，以记录汉语为主，有多种功能的书写符号系统，是表意文字体系的典型代表。中华文明的延续性，首先最突出地表现在汉字的延续性上，汉字超越了传统与现代的界限，一直使用至今。这个文字系统虽然在形体上有所变化，但其内部深层结构没有发生根本的改变，所记录的语言古今一脉相承，所形成的文献丰富而连续。一个能读古书的现代人，如果打开两千多年前西汉人抄写的古书，阅读障碍很小，这在全世界的范围内是独一无二的。汉字是优秀传统文化的载体，也是丰富多样的物质形态文化，不仅跨越传统，而且成为现代文化的一部分。我们环顾四周，像汉字这样传统的物质文化还有哪些？我曾经举出过筷子的例子，但筷子远没有汉字古老。我们可以说，汉字的稳定性与连续性无与伦比，汉字在延续，汉字承载的历史文化在延续，中华文化精神在延续，正是因为汉字的延续，中华文明才不仅延续，而且不断发扬光大。

国外学者对汉字的价值也有比较清醒的认识。日本学者白川静在20世纪70年代初曾说过："从某种意义上说，中华文化就是汉字文化，汉字所具有的各种特质，给中华文化添上了浓烈的色彩。可以说，离开了汉字，中华文化就是一个伪命题。汉字还辐射到了周边民族，形成一个独特的文化圈，即汉字文化圈。"[②]白川静是深入研究过汉字的外国学者，他的意见值得参考。

汉字的哪些具体特质可以影响乃至决定着中华文明的延续？

1. 汉字的向心力与中华民族的融合

我们在上文中比较详细地讨论了文字与文明、汉字与中华文明的关系，得

[①] 钱穆：《国史大纲》，商务印书馆，2010年，第1页。
[②] 白川静：《汉字——汉字的发展及其背景》，吴昊阳译，海峡文艺出版社，2020年，第5页。

出汉字与中华文明同源的结论。在中国大地上，满天星斗的新石器文化如何汇聚成华夏文明？旧石器、新石器时代星罗棋布的各种图画与刻画符号不可能都是汉字的"萌芽"。而当黄河流域的文化群体吸收某些原始图画与原始刻画符号，发明了文字，跨入文明的门槛后，社会进步大大提速，文化高度发达，四处流播，广泛影响，各文化群体凝聚成华夏民族。涓涓细流，汇聚融合以成其大，疏通潴决，布泽四方以成其功。汉字在早期华夏民族形成过程中的重要作用今天还无法以充分的证据去实证，但汉字在"汉族"形成过程中的作用我们可以看到。汉族不是纯粹的人种血缘的聚合，而是文化认同的实体，历史上夷夏有界，但可以融合，一旦用汉字、读汉文、说汉话、写汉诗，夷夏界限消融而凝合为一族，汉族是民族融合的结果。汉字在华夏民族形成过程中的作用不能低估，在中华民族伟大复兴中的作用同样不能低估。

2. 表意文字的超语言性与国家的统一

我们纵观世界历史，可以发现一个现象：使用表音文字的国家，不论是罗马帝国还是日耳曼帝国，一旦分裂为使用更小的表音文字系统的民族国家，就不会再统一为一个文化连续的国家。中国不同，在这块大地上，朝代有更迭，政权有更替，但是我们的文字一致，文化相通，分久必合。中国文化永远是统一战胜分裂，这种文化特性与汉字的超语言功能密切相关。

中国自古地域辽阔，在不同地区使用的语言即便都是汉藏语系、都是汉语也有很大的差别，直到今天，如果没有普通话做中介，晋语方言与粤语方言无法直接交流。汉字不是通过直接表达语音的编码方式记录语言，而是通过以表意为基础的多种编码形式记录汉语，这样就使其具有两个特点：一方面可以准确记录语言，汉字是成熟的文字体系，与汉语相适应，可以记录各个时代的口语，可以形成书面语使语言更加严谨；另一方面，汉字可以超方言，不同时代可以读不同的音，不同地域可以读不同的音，不论读什么音，其意义不仅历史连续，而且社会共知，历史上书面语长期发挥共同语的功能。我们虽然没有统一的语言，但是有统一的文字。西方学者尽管从记录语言这一功能的角度，否定以汉字为代表的表意字，但从表意字的社会功能的角度，也指出其很大的优点，即"并不受词的语言形象所约束"，使得各方言区的人们"能互相看懂彼此所写的东西"。① 中国学者对汉字的肯定在很长时间内都是非主流声音，随着文化自信理念的不断加强，汉字在民族团结、国家统一中的作用被逐渐重视，学者发出"文字要忠实于语言，如实拼写反映语言，付出的代价是什么？就是汉民族的解体"的强音。②

3. 汉字使中国的历史记载无间断传承成为可能

世界文明史上另外一个独一无二的现象就是中国的前朝灭亡，后朝修史，几千年历史记载无间断。中国的历史文献最丰富，传承最有序。因为我们身处其中，常常就习以为常，认为理所当然。当我们追问一下我们为什么这样，世界其他民族其他国家为什么不能这样时，我们就会发现汉字起到了关键作用。中国是前朝灭亡，后朝还用同一个文字系统，递传几朝，依旧是同一个文字系统，前后识读没有障碍。表音文字因为记录语音，一朝灭亡，政权一旦由外族统治者所取代，文字记录的语音语义大都发生彻底变化，即使字母相同、所记录的语言也不同。前朝文字记录的语言今朝看不懂，今朝书写的历史下一朝看不懂，历史当然不会有不间断连续的记载，这与中国千载以下，只要是读书人也能读懂此前的历史记载完全不同。钱穆所说的中国历史完备三大特点之三"详密"，说的就是文字记载的历史文献之丰富与有序。

4. 汉字所呈现的独特的艺术

全世界的文字都追求书写美观，只有汉字发展出一门独特的艺术——书法。汉字字形繁多、结构复杂给书写带来困难，但也使字形多样变化，为形成更丰富美观的视觉效果提供了条件，与格言警句、名篇佳作、篆刻印章相结合，使得优秀传统文化在艺术欣赏过程中传承，并形成新的艺术传统，传承至今。

文学是语言的艺术，这是文学的共性。语言是线性结构，我们说话时只能一个词接着一个词地说，一个词出口，上一个词就已消失。中国的文学不仅仅是语言的艺术，也是文字的艺术。我们读"窗含西岭千秋雪，门泊东吴万里船"

---

① 参看布龙菲尔德：《语言论》，袁家骅等译，钱晋华校，第361页。
② 何九盈：《汉字文化学》，辽宁人民出版社，2000年，第62页。

时，只能是线性读出两句诗来，如果写出来：

窗含西岭千秋雪，

门泊东吴万里船。

我们就看到了另外一种非线性结构：门对窗、泊对含、东对西……名词对名词，动词对动词，这种对仗是非线性的视觉结构。诗不仅是读的，也是看的。饶宗颐所说的"汉字只是部分记音，文字不作言语化，反而结合书画艺术与文学上的形文、声文的高度美化，造成汉字这一大树，枝叶葳茂，风华独绝，文字、文学、艺术（书法）三者的连锁关系，构成汉文化最大特色引人入胜的魅力。"①

5. 汉字自身蕴含着深厚的文化

文字作为文化高度发展的产物，不仅对社会进步具有巨大推动作用，是文明的标志，而且早期表意字蕴含着当时丰富的自然环境、社会生活、风俗习惯和思维方式等文化信息。例如甲骨文中"男"字（𤰔）写作一个农具（力）和一块田，"女"字（𡥀）写作敛臂跪坐的人形，结合"安"（𡨁）"坐"（𡋲）等字，我们不仅知道造字时代男主外耕田、女主内顺服的社会分工，还能了解到造字时代以跪坐为常。从"宿"（𠖗）"寝"（𡨄）等字，可以知道当时的人们既可以睡在席子上，也可以睡在床上，等等。每一个字都是一部文化史。②

（三）文化自信与中华民族的伟大复兴

中华文明，一方面是自源的古老的文明中唯一延续至今的文明，在当今世界，可以说历史最悠久，文化遗存最丰富，文献记载最详备。但另一方面，近代以来，我们对自己的文明曾失去自信。我们一度自我否定，动辄"打倒"，期望通过自我否定、自我放弃去融入新世界，追赶新文明；期望与西方文明套合，通过自我发掘，努力与西方的标准吻合，这样"发愤图强"的结果可能会导致自我的丧失。纵观世界上众多文明的消亡，既有被征服的放弃与服从，也有自我放弃，主动追随而成异类。中华民族从来就没有被征服过，在国病

---

① 饶宗颐：《符号·初文与字母——汉字树》，上海书店出版社，2000年，第1页。
② 甲骨文"坐"象人跪坐在簟席上，"宿"是房子里人躺在簟席上，"寝"是房子里放着一张床。

男 合 3451

女 合 683

安 合 5373

坐 合 16998 正

宿 合 29351

寝 合 135 正甲

深重，有灭国亡种之忧的抗战时期，钱穆对民族之复兴就充满了自信，何则？"世未有其民族文化尚灿烂光辉，而遽丧其国者；亦未有民族文化已衰息断绝，而其国家之生命犹得长存者。环顾斯世，我民族命运之悠久，我国家规模之伟大，可谓绝出寡俦，独步于古今矣。"① 这就是文化的自信！中华民族的伟大复兴，不仅仅是经济、科技等等立足世界前列，而且是文化的自立与自信。一种文明传承了几千年，辉煌了几千年，世界上还有谁比这样一个民族、这样一个国家更有资格讨论"文明"！丰富的历史文献和蓬勃发展的考古学越来越清晰地展现出中国大地上各个历史时期物质文化、制度文化、精神文化的真实状况，凝聚、辉煌、融合、强大、衰微、复兴，波澜壮阔！即使科技曾经一时落后，只要文化根本在，就能老树新芽，蓬勃昌盛。我们最需要的是立足中国的现实，讲好中国故事。我们运用了"文化""文明""文字"这些现代学科系统中的术语，同样能够讲好中国故事。

就汉字而言，受西方学术的影响，一度把汉字仅仅当作记录语言、传递信息的工具，为了与"先进"文化接轨，为了提高教育的效果让人民大众更快掌握文字，中国曾不懈地进行了几十年的汉字改革，但一直没有向拼音化的道路冒进。

20世纪80年代以来，人们对汉字进行了深刻的反思。一方面通过汉字规范，让汉字更加简便适用；另一方面充分重视汉字在中华文明中的重要地位。历史事实证明，当初指责汉字的那些缺点，或者一定程度可以克服，或者根本就不能成立。国家的文字政策既有原则又有弹性，通用文字分级掌握，不同的职业有不同的需求，对于大多数理科、工科的科学家和人民大众来说，三千多一级汉字基本上就够用了。对于研究中国古代历史文化的人，不仅需要继续掌握二级字、三级字，还要掌握繁体字。

汉字目前是世界人口使用最多的文字。一方面，汉字自信是文化自信的一部分，失去了汉字，传统优秀文化不知从何谈起。另一方面，自信不同于自大，我们说汉字是最适合记录汉语、最适合中国国情的文字，汉字不仅有记录语言的功能，也有民族融合、文化传承、国家统一等重大的社会功能。表音文字与

---

① 钱穆：《国史大纲》"引论"，商务印书馆，2010年，第32页。

表意文字各有利弊，我们完全没有必要刻意比较以定优劣。

我们坚信中国文化因汉字而文明。中华文明因汉字而传承，中华文明的连续性与汉字的特性密不可分。汉字创造了历史，汉字也会续写中华民族伟大复兴的新篇章。

汉字研究不能脱离所记录的语言，不能脱离历史文化，不能脱离现实应用，不能脱离社会功能。汉字学理论建设任重道远，努力向古今贯通，多角度观察，更加全面的方向发展。根据学科的发展和社会需求，汉字研究有可能逐步分化出汉字阐释学、社会文字学等学科分支，使汉字研究更加全面而深入。

思考

1. 汉字除了记录语言传播信息，还有什么功能？
2. 甲骨文是成熟的表意文字系统，距今已经三千三百多年，能不能说汉字只有三千三百年的历史？
3. 汉字与中国文明的起源有什么关系？

术语

文化：广义的文化是人类在社会历史发展过程中所创造的物质财富和精神财富的总和。狭义的文化指人类创造的精神财富。

文明：社会学中的文明是指文化发展到一定程度的社会阶段，由于文字的发明及其应用于文献记录而过渡到文明时代。

历史：文字记录的人类社会生活与发展历程。没有文字之前的人类社会生活与发展历程是史前文化。

汉字与中国文化：探讨汉字表达中国文化的方式以及汉字与中国文化的各种关系，从汉字的角度探讨中国文化的特点。

汉字与中华民族：主要探讨汉字在中华民族形成与发展过程中的作用等重要社会功能。

十四、从多个角度观察汉字的汉字学

语言学家从文字的功能和符号的角度定义文字。语言和文字是两种不同的符号，文字表现语言，对于表音文字系统来说，"后者唯一存在的理由是在于表现前者"。① 这种认识日臻普遍，很长时间内"文字是记录语言的书写符号"② 成为我们理解文字的准绳。如果我们把这个定义中的记录、语言、书写、符号、系统这些核心要素的确切所指一一分解，深入思考，这种文字记录语言功能和符号属性的角度并不能准确揭示出以汉字为代表的表意文字系统的特征。语言学家又把视角转向文字的形式与发生重新定义文字，"文字是用书写/视觉形式对语言进行再编码的符号系统"③，这应当是对汉字及其研究深入观察的结果。由于汉字形体复杂多变，汉字有造字理据，传统汉字研究主要从造字理据和文字形体两个方面展开。目前对汉字的观察就有了两大路径：第一条路径是从末端结果看，汉字演变成符号，最主要的功能是记录语言；第二条是从发生的角度看，汉字如何为语言进行再编码，如何构形。仅仅从这两条路径观察汉字还不够，还无法解释汉字的延续性、汉字改革现在为什么中道而止等现实问题。

对于表音文字系统来说，形体简单，编码方式单一，符号性完备，唯一的功能就是记录语言，无论从哪个角度研究都无法深入。对于以汉字为代表的表意字系统来说，一切都要复杂得多，从各个角度都可以展开深入的探讨。

---

① 参看费尔迪南·德·索绪尔：《普通语言学教程》，高名凯译，岑麒祥、叶蜚声校注，商务印书馆，1999年，第47页。
② 参看叶蜚声、徐通锵：《语言学纲要》（修订版），王洪君、李娟修订，北京大学出版社，2010年，第243页。
③ 叶蜚声、徐通锵：《语言学纲要》（修订版），第163页。

（一）视觉形式——形体

传统语言研究重视文献语言，文字成为研究的核心。一般认为文字有形、音、义三部分，文字遮蔽了语言。当人们认识到文字与语言的区别后，首先想到的是把音、义送出去，交给语言学，文字学就只剩下"文字形体学"，[①] 这是对文字与语言关系认识上的进步，凸显了对文字形体的重视。形体是文字的物质形式，有其视觉可见的结构，任何汉字学理论都会对汉字的形体展开讨论，但侧重的角度很不相同。形体是文字存在的现实，形体的构成有其内在的形成机制，发展演变有其自身的规律。不论是考释文字还是释读文字，首先需要对文字形体有确切的把握。

（二）物质形体的形成——书写

文字形体是视觉可见的，是文字的物质形式，通过书写实现。书写是书写者利用书写工具在各类载体上留下文字的视觉形体。对于汉字来说，书写工具有笔、刀等，载体有骨、金、石、陶、竹、木、帛、纸等等，书写方式有各种技法。每一种书写因素都会形成文字形体的一些特征。书写是书法艺术与书法研究关注的重点，汉字学关注不够，需要加强。

（三）记录语言的功能

文字和语言虽然有别，但密不可分。按照一般的理解，语言是文字存在的前提，形体符号不记录语言就不是文字，形体符号与语言单位没有准确的稳固的对应关系就不是严格意义上的文字。对于汉字来说，它有多种功能，但最重要的功能还是记录语言，突破语言的时、空障碍，准确、长久、广泛地传播信息。所以，文字的观察研究、释读学习绝对不能离开语言。从文字所记录语言的角度对文字定义，文字有词文字、词素文字、音节文字、音素文字等等。在各种文献的古文字考释和训诂中，研究的核心是文字所记录的语言。在汉字学习中，其所记录的语言是必须掌握的内容。

---

① 参看唐兰《中国文字学的范围》，《中国文字学》，上海古籍出版社，2005年，第3—4页。

（四）编码方式

书写的形体符号是对语言符号的再编码，主要有四种方式：

记号：书写符号与所记录语言符号的音义没有理据可解，是任意约定。

表意：根据语言符号的意义制造文字，所造的文字形体表达的意义与所记录语言的意义有联系。

表音：根据语言符号的读音制造文字符号。汉字系统中的表音字主要表现为借用已有的文字作为表音符号。

表音义：字形构成单位与所记录语言符号的音与义之间都有联系。

汉字以表意字和少量的记号字为基础，发展出借音字，这些文字转化为构形单位，生成更多编码方式。编码方式也就是造字方法，形成文字的表层形体结构和深层理据结构，历来就是汉字研究的主体，不仅可以揭示汉字的特征，还可以探讨汉字的造字思维、远古文化等等。每个字编码方式的探究有其前提条件：接近造字时的字形，明确所记录的语言，必要的历史文化背景，符合文字构形的规律，等等。离开这些条件，汉字编码阐释就成了臆说。另外，从发生的角度对文字为语言再编码的研究也不能夸大。我们应当思考对于还在应用着的汉字来说，溯源探讨除了学术意义之外，还有哪些价值？

（五）文字在应用中不断生成新的形体的过程——构形

每一个应用过程中的汉字都在不断创造的过程中，在每一个时间的节点都会呈现不同的形体和不同的编码方式。构形是一个历时发展、形成文字形体的过程，构形的结果是形成文字系统。

文字的编码构形，不仅仅要满足深层结构的编码理据，而且也要满足书写简便、区别明显、结构匀称等表层结构的需求。

（六）符号性

文字是符号，符号的最大特点就是约定性，即能指与所指之间是任意的关系，没有道理可讲。西方表音文字确实是"完全任意"的符号，汉字虽然也是符号，但不都是完全任意的，很多具有理据性，编码构形有多种方式，演变发展有多种途径，都不是任意约定，而是有道理可说。如果按照符号的价值观，"完全任意的符号比其他符号更能实现符号方式的理想"①，汉字就是不理想的符号。我们既要坚持文字的符号观，又不能恪守这种符号观。

汉字不是纯粹的完全任意的符号，这是汉字的特点。但不论理据多么充分，准确表达语言还得依靠约定。写出一个劈腿伸臂的正立的人形是"大"，究竟表达语言中的哪个词的音义，还得依靠约定。正因为如此，在不明确字形所记录的语言意义的情况下推测构形理据是不可行的。文字的本质是符号，所以汉字也不断向完全任意的符号的方向发展，记号字不断增加。所谓记号就是突出文字的符号性的名称，记号字就是完全任意的符号。而如果按照西方的符号理论，只能是"汉字是不完全任意的符号，是不够理想的文字"，从而成为汉字改革的理论依据。

所以，对于汉字符号性的认识还需要在更加广阔的视野中观察。

（七）系统性

文字是"符号系统"，对于汉字来说，这个系统性如何体现，或者说哪些地方体现了系统性？我们可以说，系统性无处不在，包括符号的形体区别系统、书写法式系统、记录语言系统、表层结构生成系统、深层结构生成系统、编码构形系统、字际关系系统等等。文字需要在系统中观察、研究和规范。

共时的文字系统具有规约性，形体与所记录的语言有明确的约定，系统中的文字都有明确的分工。在文字应用过程中，文字形体与文字的用法不断发生变化，系统被侵蚀破坏，新的形体与新的用法流行且取得主流地位，文字系统就需要调整。汉字字体篆、隶、草、楷、行的演变，各个时期文字规范中字际关系的调整，都是系统性的变化。

古文字考释、汉字阐释、识字教学都不能孤立进行，只有在文字系统中进行，才能取得更好的效果。

---

① 费尔迪南·德·索绪尔：《普通语言学教程》，高名凯译，岑麒祥、叶蜚声校注，商务印书馆，1999年，第103页。

（八）延续性——应用与演变

汉字的最大特点之一就是其持久的延续性。它是自源古老文字一直延续至今的表意文字系统。汉字为什么有如此长久的生命力，如何延续？这就需要动态观察、历时的研究。既需要宏观地把握汉字发展史，也需要微观地深入研究每一个关系组的演变过程。

历时研究难度更大，首先是材料的搜集、整理与释读。历时动态的研究必须以每个时代当时字料为主，对文本中应用的文字细心观察其每一种新用法的产生、各种新用法彼此之间的影响，以及新旧用法之间的更替，等等。

古文字考释、汉字阐释都需从材料出发，关注每一种变化的时间节点。把汉字放在一个动态的演变过程中系统观察会大大提高汉字研究的深度，我们可以投入更多的研究力量。

（九）社会功能

如果仅仅从文字记录语言的功能和文字的符号性着眼，汉字就应该改革，不断向记录语言单位更小、符号性更强的方向发展，直至成为音素拼音文字。事实上汉字并没有向这条路上发展，究其缘由，最重要的是汉字还有记录语言之外的其他社会功能。汉字在华夏民族形成、文化传承、中华民族融合、国家统一等方面都发挥着重要作用。汉字还需要从社会功能的角度观察，可以尝试"社会汉字学"的建构。

（十）汉字应用、汉字规范与汉字信息处理

汉字突破传统与现代的界限，是至今还在大范围应用着的活文字，如何有效发挥其功能，是实用之学。汉字规范是其中的重要方面，规范的结果与每一个汉字应用者都密切相关，意义十分重大。汉字理论需要古今贯通，汉字研究不能厚古薄今。

汉字需要与时俱进，在信息化时代发挥更大的作用。在计算机信息时代、人工智能时代，汉字又迎来了一次"再编码"，为语言再编码创造了文字系统，为汉字再编码使得汉字"书写"发生了革命性变化。在实际应用中笔与纸这些

书写工具和文字载体终将被键盘与存储器取代。毛笔书写的汉字已经成了一种艺术形式，硬笔书写也终将成为一种艺术形式或在特殊场合出现。

汉字研究有很多角度，需要广角观察，谨防以偏概全，盲人摸象。对于任何一位学者来说，多个角度全面研究汉字都有程度不同的困难，需要大家合力，共同建构更加全面、系统、解释力更强的汉字学。

汉字学需要从汉字本体及其应用的事实出发，继承优秀传统，借鉴现代语言文字理论，建立起自主的话语系统。

汉字阐释的内容与方法

汉字阐释与汉字阐释学已经提出很久了,但并没有建立起"学",也没有太多有影响的汉字阐释成果。如果"阐释"仅仅是一个动词,是说解、解释等的另外一种说法,一切汉字研究都可以算作阐释。如果说是"学"——汉字阐释学,截至目前,其研究对象、研究目的、理论方法、话语系统等等还没有完整体现,更不可能达成一致。我做了一些汉字阐释的工作,期望能够上升到方法论、理论的高度思考一些问题,努力了,但做得并不好:既没有建立起自洽的话语系统,也缺少完整的理论框架,大都还停留在具体问题的讨论上,距离"汉字阐释学"还很遥远,就姑且名之曰"概说"吧。

汉字应用、汉字考释、汉字理论、汉字阐释、汉字艺术等都各有畛域,彼此依托,可以有所侧重,但不能偏废,汉字阐释在学科领域应该有其一席之地,需要更多的学者参与进来共同努力。

一、什么是汉字阐释

　　文字是记录语言的符号，但汉字不是纯粹的符号，也不仅仅有记录语言的功能。那些从图画演变发展而来的古老表意字，以及以此为基础构成的表意字系统的编码理据、结构方式、发展演变、社会功能等等都是可以解释的。各种古老的表意文字或消失，或渐变为表音文字，只有汉字古今相承，还保留了表意文字体系的结构系统，很多字依旧不是纯粹的符号。这就提出两个问题：宏观地讲，作为表意字系统的汉字为什么能够传承至今？汉字既然不是纯粹的符号，就是可解释的，如何解释？

　　观察汉字有两个方向：面向未来，符号化的程度越来越高；回溯过往，表意的程度越来越高。作为记录语言的符号去应用，当然是越简便越好；作为探索历史文化的研究材料，越复杂蕴含的信息就越丰富。因此对待汉字的态度就出现了两极：探源溯古的总以为自己有很大的学问，讲甲骨说金文，每一个字都想弄出一部文化史来，看待现代汉字研究、文字规范，总以为不如自己高深；而做汉字应用的专注汉字记录语言的功能，以为文字记录语言之外的信息更多的是羡余干扰，那些高深的学问派不上用场。一些彼此不通、不协的论调时有所闻。对于汉字这样历史悠久，跨越传统与现代界限的文化产物，它是现实中日常使用的传递信息的最重要工具，又是记录历史、内涵丰富的文化符号，注重现实应用是必须的，探源阐释也是应该有的，不要将学术研究与现实应用对立：一方面要各有所为，各有自己的界域，另一方面要努力沟通古今。汉字阐释不仅需要说古，也需要论今；文字应用也不应排除对汉字有更多、更深入的了解。我们这里所说的汉字阐释就是对汉字的学术研究，成果普及可以满足大众的文化需求，与文字应用没有直接的关系。

什么是汉字阐释？我在前言中表达了我的理解，在这里再略做补充：汉字阐释是在继承传统说解文字的基础上，以各个时代当时的应用文字为主要材料，综合运用古文字学、理论文字学、语言学、文献学、历史学、考古学等多学科的知识对其文字系统与汉字个体的形体结构、编码构形、演变发展、字际关系、所蕴含的文化及各种功能等进行详细描写和充分解释。简单地说，就是建立一套话语系统，对意识到的汉字各种问题都努力解释。汉字阐释属于基础理论学术研究。

汉字阐释是多学科交叉，很难既专且精，形成大家认同的学术规范。在知识学科化，学者专家化，职业专业化的时代，多学科交叉的研究在学术界很难获得认同。但如果个人有兴趣，大众有需求，还是值得一做。我们意识到的存在，就想知道它是什么？为什么？从哪里来？到哪里去？对汉字也是如此！

（一）汉字阐释的传统与现代

1. 汉字研究源自汉字阐释

汉字不是由仓颉之类的史官或学者在办公室设计出来供大家使用的产品，而是很多人参与，经过漫长的时间才逐渐成熟起来的文化高度发达的产物。先秦关于汉字研究的记载非常少，最早的就是《左传》所记载的楚庄王所说的"止戈为武"，这是春秋中期的事情，是典型的通过阐释汉字表达自己的思想。这种风气春秋战国时期比较流行，韩非子的"自环者谓之厶""背厶谓之公"等一脉相承。这算不得严格意义上的汉字研究，却属于真切的"汉字阐释"，对汉字研究产生深远的影响。

2.《说文解字》是汉字阐释之集大成

到了东汉，许慎创作了《说文解字》，用六书理论对九千多个汉字进行了系统的说解。文字学的构形阐释常常掺杂一些文化阐释，所以《说文》既是一部文字学的经典，也是表达汉代经学思想的思想史著作。此后在《说文解字》基础上阐释汉字或阐释《说文》就成为传统汉字研究的主流。这种通过解读造字之本义的方式来探究汉字的构形，构建或阐释文化观念成了汉字研究的传统。清代中期，段玉裁、王念孙等学者从文献学、训诂学的角度突破字形的束缚，因声求义，对汉字所记录的音义研究做出了杰出贡献。

我们可以把以《说文解字》为代表的传统汉字阐释称之为"汉字说解"。

3. 汉字研究的学科建设与分化

传统文字学不太区别"字"与"词"，在大家眼里，文字的形、音、义自来就是浑然一体，谁也离不开谁，大都是把它们作为统一体加以研究。近代以来，文字学、音韵学、训诂学、词汇学、古文字学、应用汉字学、汉字构形学不断分化和独立，传统的汉字研究受到冲击，汉字阐释陷入了困境，逐渐呈现出"三少三多"的局面：专业学者少、理论方法少、优秀成果少；分歧多、民科多、社会关注多。汉字跨越传统与现代，穿越古今；汉字研究丰富多彩，全面开花；汉字阐释却未能与时俱进，冷落寂寞，边缘化严重。

学科分得越来越细，研究也越来越深入，这是学术的进步。但任何事情都具有双面性，优势的另一面就是劣势——不能从整体上、宏观上理解汉字与汉字的功能价值。

当今的汉字研究的学术环境与条件发生了根本性的变化。

第一，社会环境。一方面，汉字不再是完全负面的形象，也不再是马上改革的对象。我们已经逐渐认识到汉字除记录语言的基本功能之外，还有文化传承与社会凝聚的重要功能。另一方面，随着大众文化水平的提高，有一部分人已经不满足于汉字的日常应用，产生了深入了解汉字的需求。

第二，学术环境与条件。每一个时代的代表性学术都是由社会需求、新材料、新理论、新方法与经典的研究成果构成。我们这个时代对汉字阐释的社会需求还不是十分明确，"热"的背后到底是什么需求推动，汉字阐释能为社会做一些什么，还需要进一步思考。在材料上我们已经占有超越历史的绝对优势。去古未远的汉代学者没有见过甲骨文，乾嘉学者的研究材料基本上还是传世典籍与各类字书。从甲骨文到楚简，先秦文字材料的大量发现，让我们对更加接近造字阶段的汉字有了更加全面深入的了解；秦汉之后的竹简、碑刻、抄本、刻本等一路下来，汉字研究材料极大地丰富。大量出土文献需要整理，促使传统语文学的回归，汉字形、音、义综合研究才能解决文献释读的疑难问题，才能对汉语言文字有更加清晰的认识。由此，古文字研究、俗字研究、字书文字研究、现代汉字研究都取得了重要成就。

第三，文字理论不断取得突破。汉字学是在世界话语体系的背景下，从中国文字本体研究中建立起来的现代文字理论，不仅是讲好汉字故事的话语系统，而且是对世界文字两大体系之一——表意文字体系的全面展示。《说文》开创的从形、音、义多个方面整体研究汉字构形是有价值的，需要传承，剔除其糟粕，吸取其精华。我们要充分利用历史文献、出土文献、考古发现进行多学科综合探讨，得出更确切的结论，逐渐建构起新的阐释的理论。

汉字阐释需要与时俱进，把握好传承与创新，逐渐向现代学科规范靠近，形成目的明确、话语系统准确、方法可操作、结论可验证的学术研究。

（二）汉字阐释的内容

汉字有"六相"，从不同的角度研究形成不同的汉字学分支。理论上说，与汉字相关的一切都可以成为阐释的内容，但如果研究对象没有了边界，自然也就成不了学科。首先我们需要排除一些，排除不是说与这些学科无关，而是各有所重。

书写的视觉形体呈现汉字表层结构，是书法艺术关注的对象，但汉字阐释离不开文字形体。汉字所记录的语言符号的音、义是语言学研究的对象；汉字记载了什么音义，是古文字考释和文献训诂的对象；明确汉字所记录语言符号的音义，是汉字阐释的前提。对汉字进行系统理论研究的是汉字学，汉字阐释需要有汉字学的基础。

汉字阐释与上述汉字六相相关的各学科有联系也有区别，后面还有详细的介绍，在这里我把其研究对象概括为文字学阐释、文化学阐释和社会功能阐释三个主要方面。

1. 文字学的汉字阐释

对文字本体进行文字学的阐释。对每一个汉字的编码构形、发展演变、系统调整、字际关系等等都可以详加描写与解释，在应用过程中观察，在系统中解释。

2. 文化学的汉字阐释

汉字编码构形蕴含着所记录语言之外的信息，演变发展中注入了不同时代的文化信息，研究阐释表达了不同的文化观念，任何一个古老的汉字都有丰富的"故事"，都为我们了解古人的思维、古代的社会生活提供参考。

事实上，完全的阐释大部分情况下都需要文字学阐释与文化学阐释相结合。汉字阐释是汉字学的一个分支，没有了文化阐释与汉字学就没有了区别；不是文字学基础上的文化阐释，与汉字学也就没了关系。

3. 汉字的社会功能阐释

语言学有社会语言学，汉字学也应当有社会汉字学。对汉字的理解不能仅仅停留在语言文字层面，还要从文化功能、社会功能等多个角度对汉字有宏观的理解，只有这样我们才能理解汉字为什么一直延续至今。

（三）汉字阐释的原则

做任何事情都得有"原则"，所谓原则，也就是要坚持的底线，坚持什么呢？一一解释，详细说明，就模糊了基本内容和应用方法的区别；简单地说，就是我们必须得这样做！怎么做呢？我在《汉字阐释十二讲》一书中比较详细地阐述了汉字阐释的基本原则，移录其条目如下：

第一，文字记录语言原则；

第二，从材料出发的原则；

第三，文化阐释以文字学为第一性原则；

第四，符号性原则；

第五，历史性原则；

第六，系统性原则；

第七，多学科融合，推陈出新原则；

第八，微观探索与宏观把握相结合的原则。

这是对传统汉字阐释的继承与革新。这里既是原则，也是方法，在具体阐释实践中，我们努力坚守始终。

如果不对学术史加以考察，上述八条原则就如同废话。如果把古今汉字阐释的成果拿来看看，又有几位学者一贯地坚持了"文字记录语言的原则"了呢？古今大学者不论是考释还是阐释，都经常在这一原则上面翻车，一不小心就落入"看图说话"的泥沼。另外，在汉字阐释中强调符号性原则确实不多见。符号性是与理据性对立的，纯粹的符号就不能阐释。但我坚信，汉字不论多么象形，本质上还是符号。画个圆圈像太阳，因为太阳是圆的，所以这个圆圈就是"日"，这些表意理据自然是对的，但像个圆圈儿的东西多了，鼎口、锅盖、十五的月亮等等，为什么一定就是"日"呢，是约定，有理据也得有约定！

另外像"系统性原则"也是我特别强调的，我强调"系统释字"，① 更强调系统阐释汉字。大家如果有兴趣可以参看《汉字阐释十二讲》中相关内容和对一些文字的具体阐释过程，可以对这些抽象"原则"的应用有更多的了解。②

---

① 李守奎：《系统释字法与古文字考释——以"厂""石"构形功能的分析为例》，《吉林大学社会科学学报》2015 年第 4 期。

② 李守奎：《汉字阐释十二讲》，上海古籍出版社，2023 年。

二、汉字阐释的内容——汉字的"六相"

在《汉字阐释十二讲》中,我在周有光先生的汉字符形相、语段相、表达相"三相"的基础上,又补充了关系相、文化相和社会相,合称"汉字六相",并做了简单说明。这"六相"不仅是汉字阐释的内容,也是阐释的理论基础,在这里单拿出来说一说,分两部分,前面说"六相",后面用一个楚简中的"句"字具体例说"六相"。

(一)形体相:文字符号的形体构成

文字是书写的视觉符号,任何文字都有其物质形式,那就是书写形成的字形,这是文字研究的基础。文字首先表现为一套彼此区分的形体符号系统,规范通用汉字 8105 个,每个字之间都有区别。

形体由笔画、部件、字形、字体不同单位逐层构成,例如"构"字,可以分解为八个笔画、两个部件、一个文字,具有这种版刻特征的所有字形都称之为"宋体"。每一个单字构成单位中笔画最多,部件有限,字形只有一个。对于文字系统来说,正好相反,汉字笔画只有几十个,部件数百个,构成的文字成千上万。

形体是书写形成的,书写工具、文字载体、书写技法等等都会对形体产生影响,形体相中的很多方面从书写的角度观察才容易理解。

在语文教学中,听、说、读、写中的"写"就是以文字为核心,包括会写字,会使用书面语写作。书法美育主要是欣赏各种书写技法形成的文字形体的艺术。

(二)语段相

文字记录语言,不记录语言就不是严格意义上的文字。语言是由小到大各层单位构成的层级装置:音素和义素、词素、词、句子、篇章,根据文字记录语言单位的不同对文字加以分类是常见的做法。汉字可以记录词及其以下各层级的语言单位，古代汉语中主要记录词，现代汉语中主要记录词素，有时只记录音节，例如"葡萄""布尔什维克"，有时甚至可以记录音素，例如宋人三十六字母中的"帮滂并明"等。

图画与文字的区别不在于像与不像，抽象派艺术家画的马不一定比古文字中的马更像，区别在于是否记录语言——一种书写的符号一旦与语言符号相结合就是文字。在历史的发展中，文字与所记录的语言发生了脱离，文献就无法读懂，就成了疑难字，就需要去考释破解。一个文字系统一旦与所记录的语言失去了联系就成了死文字。

（三）表达相

文字记录语言，从造字的角度说就是对语言符号的再编码，也就是说用什么样的造字方式去记录语言。人们对其认知成果可以概括成不同的意义，意义与语音稳固结合就是语言符号。古代汉语大都是单音节词，一个词正好可以用一个字表达，在形式上字与词具有同一性，视觉的感受超过听觉，文字遮蔽了语言。现代汉语大都是双音节词，一个词需要两个字表达，字与词的区别趋于明显，例如现在所说的喝酒，现代汉语可以用两个词素去表达："饮酒"，古人用一个词"歓"表达。{歓}在没有造字之前已经存在，有音也有义，造个什么样的字去表达这个{歓}呢？理论上说有多种可能：

第一，约定。画一个"×"表示"五"，画一个"十"表示"七"。理论上也可以用某一个符号约定表达喝酒。

第二，通过与{歓}的意义发生联系，表达词的某些意义特征去记录这个词。{歓}的意义是喝酒，至少包括三个方面：喝酒的人、喝酒的行为、所喝的酒。与{歓}的意义发生联系的还有很多其他的事与物，文字通过表达哪一部分特征来记录语言呢？甲骨文是这样表达的：

合 10405 反

俯身向下的人形，舌头下垂，对着酒器的口。通过图画的形式描绘了行为的主体、行为和涉及的对象。

第三,通过记录语音,例如把现代汉语"饮"字拼音写成 yǐn。有人曾经尝试用拼音代替汉字。

第四,通过与音、义发生联系记录词,例如"酒"字中的"氵"表示酒是像水一样的液体,"酉"是酒器,上古时期读音与酒相同或相近,在"酒"字中既表音又表意。再如"喝"字,"口"表示喝是口部动作,"曷"表示"喝"的语音。汉字有多种记录语言的方式,"表达相"也是多相。我们在汉字理论部分做了比较详细的说解。

这四种基本类型的文字转换成构形单位彼此组合,还会产生一些下位编码类型。

(四)关系相

任何符号都处在系统中,处在彼此联系、彼此区别的关系中。汉字由于历史悠久,形体多样,用法复杂,所形成的字际关系尤其复杂,更需要系统阐释。例如大家都非常熟悉的"来"与"麦"二字的关系,编码本义与用法正好颠倒,许慎根据文献中的实际用法分析构形:

, 周所受瑞麦来麰。一来二缝,象芒朿之形。天所来也,故为行来之来。《诗》曰:"诒我来麰。"凡来之属皆从来。(《说文》)

, 芒谷,秋穜厚薶,故谓之麦。麦,金也。金王而生,火王而死。从来,有穗者;从夂。凡麦之属皆从麦。(《说文》)

从构形上说,"来"是植物{麦}的本字,"麦"是动词来去的{来}的本字,但动词{来}的使用频率大于植物名称,高频趋简,占用了"来"的字形,把它的本义转移给了"麦","麦"只能表达假借义,还以假借义参与文字构字:

, 来麰,麦也。从麦、牟声。 , 麰或从艸。(《说文》)

字际关系牵涉的问题很多，必须在文字系统的形成、调整、新系统的再形成的动态过程中观察，关系相在某种程度上也可以称之为"系统相"。《汉字的字际关系——以"卿"为例》①一文就是例示，我们将来会对研究方法做更加详细的介绍。

（五）文化相

文化相是指汉字编码构形方式留下了当时的社会生活信息和编码者的思维痕迹。

针对甲骨文中的"歙"字，形体结构及其所表达出来的意义，所记录语言的意义，形体与所记录语言意义之间的联系我们都明白了，从文字学上可以称得上是"完全释字"了。但我们再进一步追问，谁见过像狗喝水这样的喝酒方式？俯身伸舌，舔食或吮吸？把下列两个字形对比一下，结合其他材料，就会触碰到殷商时期的"酒文化"。

（合10405反）：昃，亦有出虹自北歙于河。

虹是被神化了的天象，虹歙于河，正是俯身向下的方式，歙最初很可能是享祭神灵祖先时，人们对他们自上而下，俯身饮酒想象的写照。

合 16045

人喝酒应该是这个字形的样子，两人坐在那里对饮。神喝酒"歙"与人喝酒"飨"，在古人的心目中大概是不一样的。

许慎就"尾"字的文化内涵做过阐释：

，微也。从到毛在尸后。古人或饰系尾，西南夷亦然。凡尾之属皆从尾。今隶变作尾。

长尾巴的动物很多，不长尾巴是人的特征，造字却专造拖着尾巴的人表示

---

① 李守奎：《汉字阐释十二讲》，上海古籍出版社，2023年，第182—208页。

"尾",有逆常理,这其中蕴含着很丰富的文化内涵。

商器小臣俞尊有个商王巡视的部族或方国,字形作:

<small>小臣俞尊,集 5990</small>

这是什么字无法考定,但字形所描绘的形象很清楚:头上戴着冠饰,臀部拖着尾巴。结合人类学的考察,可以想见商代这种特殊文化习俗的部落或方国。"尾"字正是这种文化的写照。汉字系统中"尾"这个字的构形,或者是保留了对远古祖先遥远的记忆,或者是对其他部落方国的蔑视,不论是什么,都存在着"文化"。

(六)社会相

对汉字的理解不能仅仅从文字记录语言的角度看,而从社会功能的角度看,汉字有其独特的功能。汉字的社会相是就汉字的整体社会功能而言。

"六相"中的前三相,是文字本体的本相,是所有文字的共性,也是汉字学研究的重点,汉字阐释的基础。后三相是汉字在文字系统中、人们的观念中、文化社会中呈现的状态,是汉字阐释重点关注的问题。

下面以《上海博物馆藏战国楚竹书·子羔》篇中"句稷"中的"句"为例,观察、理解其"六相"。

<small>上博二·子羔 12</small>

"句"由"丩"和"口"构成,是文献中的"后稷"的"后",是定论,是知识的定点,也是阐释汉字的起点。

第一，符形相。上面是"丩"，下面是"口"，与《说文》中的"句"相对应：

第二，语段相。"句"作为语素，记录了"句稷"，即"后稷"一词中的"后"，意义是君后，与"稷"构成修饰限定关系。

第三，表达相。"句"编码造字与"后"没有关系。

，曲也。从口、丩声。（《说文》）（见母侯部）

古书中有"句兵"，就是弯曲的兵器，"勾"是"句"的变形，构字中可表弯曲义，都能证明"句"最初的意义是"曲"。"丩"是弯弯曲曲的形体，意义与弯曲相关，"口"与弯曲没有关系。《说文》把"句"的音符和意符说反了。

（口），人所以言食也。象形。（《说文》）（溪母侯部）

（丩），相纠缭也。一曰：瓜瓠结丩起。象形。（《说文》）（见母幽部）

"丩"有弯曲意，"句"是从丩，口声，表示弯曲义的形声字。但文本中的"句"与编码时所表达的意义无关，只是借用了它的读音记录另外一个语言单位：词素"后"。"句"在这里舍弃了它原有的意义，只是假借已有"句"的读音作为一个表音的符号记录另一个语言单位的音义，从本质上讲就是"表音字"。

表达相在这里就出现了两个：编码造字时的表达相意音字和具体应用时的表达相表音字。

第四，文化相。深层结构主要探讨的是汉字的深层文化。"句"不论是编码本义还是假借表音，都没有太多的文化内涵好发掘。一个字可以成为一部文化史，但不是每个字都可以成为一部文化史。对汉字的文化相求之过深，过度阐释也是要避免的。"句"与"稷"比较起来，"稷"字的文化内涵就要丰富得多，可以充分阐释。

第五，关系相。文字是系统，系统中字与字之间有多种关系，各种关系随时调整，在五相中最为复杂。汉字中普遍存在一字记录多词、一词用多字记录的现象，但在共时系统、历时系统、地域系统中都很不相同。例如君后之"后"，吴王光鑑（集10298）"虔敬乃后"作"后"，但在楚文字中大都作"句"，"大句"即太后、"王句"即王后，他们是否同一系统就很值得推敲。从历史的演变看，"句""勾""钩"是一字的分化。在历史上，"句""后""勾""钩"都曾发生过不同的关系，但在今天的规范汉字系统中进行了明确的切割与区分，关系重新调整与规范。

第六，社会相。文字是人类社会发展的产物，为社会服务，社会需求就是其存在的价值。社会相是从汉字系统的整体功能说的，一字、一段不太容易体现。楚文字作为地域文字在楚文化发展与中华民族融合过程中的作用值得重视。

"六相"分析不能只以字书中的单字为对象，还要在文本的应用过程中观察，在历史背景下观察，在文字系统中观察，在社会文化功能中考察，只有这样，才能形成全面、完整的认识，阐释的结果才更加可信。如果仅仅从文字学一个角度看，就会得出汉字繁难落后的结论；如果从社会需求的角度看，汉字有表音文字不可替代的优势。

汉字的"六相"是汉字阐释的主要内容，前四相落实到单字观察个体性，后二相主要是文字的群体性，把二者结合起来，才能讲好每一个汉字的故事。

三、汉字阐释的基础

汉字阐释是综合运用理论文字学、古文字学、语言学、文献学、历史学、考古学等多学科的知识对其文字系统与汉字个体的形体结构、编码构形、演变发展、字际关系、所蕴含的文化及各种功能等等进行详细描写和充分解释的学术研究。汉字阐释确实需要广博的知识、深厚的基础，相关学科知识把握得越全面、越深入越好。但如果要求各个学科都达到专家的水平才能汉字阐释，那几乎就没有人能进行这项学术研究了。自设门槛连自己都无法逾越，把别人也拒之门外，自以为高标准严要求出精品，实际上是自残自毁。现实中这样的事情太多了，人才培养、学科建设无不如此，汉字阐释不能先设槛挖坑和自己过不去。汉字阐释要有规范、有理想，但要循序渐进，根据不同的需要和目的，分为不同的层级。写出古文字中的日、月，告诉幼儿园的小朋友是象形字是汉字阐释；把理、论二字分解，告诉小学生"理"与"论"是形声字也是汉字阐释；把"学"与"习"两个字的来龙去脉、发展演变都说清楚就非得深入研究不可了。学术研究一定有门槛，把汉字阐释定位为学术研究，就得逐渐积累，边干边学，一道道逾越，力争达到预期的高度。汉字阐释的基础，大致有如下几个方面：

（一）尽量多认识一些汉字，首先要掌握繁体字

汉字数量很多，没有哪个人敢说所有的字都认识。日常应用，3500个规范字就够了，读各种简化字的书，掌握五六千字就很少遇到障碍了，但如果要进行汉字阐释就得多识字。对认字不感兴趣的人既不会产生汉字记录语言之外的文化需求，更不会去认真阐释汉字。多数汉字阐释的动机源自对汉字的兴趣，

喜欢认字，喜欢写字。尽量多认识一些汉字是个前提，假如连繁体字都不认识，就想阐释汉字，要么是痴心妄想，要么是天方夜谭。

对于以汉语为母语的人文类大学生来说，掌握繁体字是必要的，也是没什么难度。一天拿出一个小时，两周之内可以搞定。我在"汉字与中国文化"课上考察，绝大部分同学两周可以掌握。认识了繁体字，还要认识小篆，认识各种古文字，后面还会分别说到。

（二）多读古书

认识了繁体字就可以读古书了。我曾经在一次大会的发言中说过，对于一个不读出土文献、不读古书的人来说，讲古文字学、训诂学都毫无意义。对于汉字阐释来说也是如此，对中国古代历史文化一无所知，怎么可能揭示出汉字所蕴含的文化？

不论是学者还是好读书的文化人，一生中精读的书都很有限。古书很多，选几部感兴趣的经典慢慢啃，用心去读几遍之后，再读其他古书就成享受了。

对于研究或喜欢中国传统文化的人来说，读古书是一生的事情。做研究视野的广度与研究的深度都与读了多少书直接相关。

（三）精读《说文》，了解古音

《说文》是系统阐释汉字的鼻祖，以六书为理论，对九千多汉字一一说解，是汉字阐释之源。前面说要尽量多识字，认识了繁体字，还要认识小篆。《说文》是以小篆为主的古文字之集大成，读《说文》不仅可以多认字，而且可以找到大部分汉字最早的阐释，成为进一步研究的前提。

对于表意字来说，形体与意义之间的联系更直观，也更容易理解，所以这方面的研究成果就特别多。其实文字是离不开语音的，从文字编码到文字系统的完备，从文本的释读到文字构形的阐释，都离不开语音。举个最简单的例子，如果不懂得古音，我们连"语"是不是形声字都不能判断。① 研究古代文献中语音的学问就是传统的音韵学，与汉字阐释关系最密切的是上古音部分。音韵

---

① 音符"吾"与"语"在现代汉语中声、韵都不相同。上古音都是疑母鱼部字。

学是非常专精的学问，古音学更是如此，材料相对封闭，从理论方法到研究结论都十分成熟，再有所突破太难了，是真的冷门绝学。但对于我们这些应用古音研究成果的人来说十分有利。了解其学理，会应用其研究成果并不难。认真读过王力的《汉语音韵》和陈复华、何九盈的《古韵通晓》，会查阅各种古音手册就可以解决最基本的问题了。

（四）熟悉古文字与出土文献

今天的汉字阐释可以超越清代那些大家，超越汉代学者，其中一个主要的原因就是材料优势，我们可以看到大量的古人见不到的先秦时代的当时应用着的活文字材料。

学习汉字，没有哪位老师拿着一本《通用规范汉字表》让学生去背，也没有哪位老师用《新华字典》做教材，深入研究汉字、阐释汉字同样如此。学习古文字不能从各种古文字字编入手，阐释汉字不能从《说文》入手，要从文本释读的过程中积累、观察和思考。

熟读各类出土文献，认识各个时代当时的文字，了解其用法，这是汉字阐释的重要基础，尽量少犯阐释这个字却不认识这个字，不了解其用法的大忌。

我们为什么坚持在文本中识字？所有的文字现象、演变规律都是在文字应用中产生的，文字就像人一样，有活着的，有睡着的，有死了的。文本中的字活着，应用字典里的字睡着，大型字典中不知用法的一些字已经死了，这些字中当然是活着的丰富多彩，还会活出新的花样来。文字记录语言形成文献所传递的信息永远比表意字自身所蕴含的信息大得多，不读文献却在文字里找文化信息，是丢了西瓜捡芝麻。尤其是出土文献古文字，更要在释读出土文献中认字，认字是为了释读出土文献，对文字记录的文献内容深入了解才能更准确地解读汉字文化。可惜的是甲骨文、金文、战国文字的各种释读课本很少，不够系统，跟不上需求，这需要古文字学家努力，为更广大的需求提供方便。

（五）有一定的文字理论基础

学术研究就一定有理论系统，有学理。汉字阐释是汉字学的一个分支，尽管目前其自身的理论还不很成熟，但文字学理论的基础不可或缺。裘锡圭先生的《文字学概要》是从汉字本体研究中归纳出来的理论，是经典，可以边学习、边消化、边研究。对于阐释者来说，没有系统或比较系统的文字理论讲汉字文化，常常会脱离文字学的轨道跑偏。我在《说解汉字一百五十讲》每一讲后面都有"理论延伸与思考"一栏，涉及不少术语，但比较零碎。《汉字阐释十二讲》大部分是运用我所理解的汉字理论解决一些汉字阐释的具体问题。这本书的第一部分是我所理解的汉字学理论的简说。汉字阐释的每一位学者都有自己认同的文字理论，即使是接受某种理论，也会内化为自己的理解，应用到实践中去。没有理论的汉字阐释上升不到学术研究。而且，汉字阐释不仅要有文字理论的指导，而且需要从阐释实践中归纳、总结，逐渐建构起汉字阐释的理论来。

（六）多读各类研究成果，了解汉字阐释的基本方法

当具备了一定的基础进入到学术研究这个层面时，最重要的就是抓两头：一是研究对象，二是最新研究成果。一切研究成果都是对研究对象研究的结果，如果把大量精力用在相关研究成果的搜集、整理、理解上，对研究对象却不熟悉或缺少研究就是不得其要，不要说创新，连判断取舍也难以做到，所以必须熟读各个时代的文本，认字，了解其用法、变化等等。另一方面，不了解研究成果，闭门造车，则或不入流，或做无用功。汉字阐释的研究成果很多，历史积淀十分深厚，有很多从理论到方法都与我们今天的阐释背道而驰，参考价值不大，不能投入太多。我们要抓住关键重点——最新的研究成果，这是基于后出转精的基本判断。先了解把握那些学术声誉好的学者的观点，可以事半功倍。

总之，认字少，不读古书，对汉字不感兴趣，对传统文化不感兴趣的人免谈汉字阐释。具备了这些基本的前提，逐渐具备文字理论、古文字与出土文献、典籍文献、古代史等学科的基础知识，对汉字本体及其应用深入研究，对优秀研究成果充分吸收，就能对某一个汉字或某一个关系组的汉字或汉字系统的各个方面给予一定程度的合理阐释。

认识一定量的汉字，有一定的文献功底，有一定的理论头脑，有探索的欲望，细致观察发生的各种文字现象，准确描写，合理解释，这就是汉字阐释。

四、汉字的文字学阐释

汉字阐释首先要立足文字本体，符合文字学的基本原理。文字的字形和所记录的音义是各种历史文献或现实应用中存在的，不能是阐释者想象杜撰的。

汉字因为蕴含着文化，有超越记录语言的更多的功能，它的编码构形、历史演变、文化内涵都可以描写和解释，所以要阐释。从汉字构形、演变、关系等各种角度的描写与解释是文字学阐释，是文字本体研究的一部分。

文字学的阐释要继承《说文》的创新精神，在具体操作中，无论是材料还是理论方法，都要从《说文》中走出来。

1. 汉字构形阐释

明确字形的表层结构，明确文字所记录的语言，在此基础上分析文字的编码理据、构形过程，这是文字构形阐释的基本内容和操作方法。

前面说过《说文》最早建立起一套汉字阐释的理论和话语系统，用"六书"分析汉字的构形。例如"屮""艸""芔"：

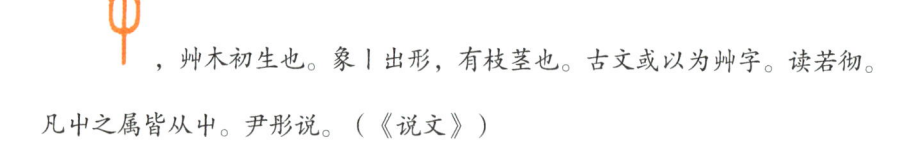

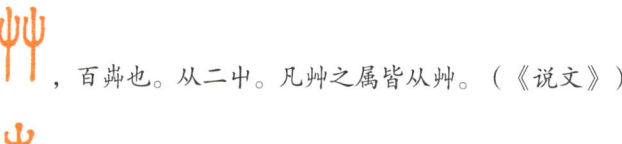

，艸木初生也。象丨出形，有枝茎也。古文或以为艸字。读若彻。凡屮之属皆从屮。尹彤说。（《说文》）

，百芔也。从二屮。凡艸之属皆从艸。（《说文》）

，艸之总名也。从艸、屮。（《说文》）

在《说文》中，"屮""艸""卉"不仅是三个音义不同的字，而且在构字中有不同的功能。"凡屮之属皆从屮""凡艸之属皆从艸"表明它们是部首，在构字中表达意义。屮部有"屯""每""毒""芬"等共计 7 字。艸部有"庄""蔌""芝""菱"等 445 字。例如"草"：

草，草斗，栎实也。一曰象斗子。从艸早声。（《说文》）

"卉"不是部首，《说文》认为它在构字中可以表音，例如"贲"和"奔"：

贲，饰也。从贝卉声。（《说文》）

奔，走也。从夭，贲省声。（《说文》）

在《说文》的系统内，"屮"是象形字，"艸""卉"是会意字，"贲""奔"是形声字，这是一套完整的阐释系统。今天的汉字阐释当然不能停留在《说文》，把这些文字放在古文字系统中就会是另外一个样子：

屮（郭店简·六德 12）：屮（草）茅之中。

卉（上博二·子羔 5）：卉（草）茅之中。

草（睡虎地·日书甲种 78 背）：藏于园中草下。

在出土文献中，"屮""卉""草"与《说文》的"艸"记录的是同一个词。"奔"最初与"卉"也没有任何关系：

奔（大盂鼎，集 2837）：亯奔走，畏天威。

上面是一个甩臂奔跑的人形，就是"走"的初文，下面是三个"止"。"止"

是脚趾的象形,一个"止"是"走",三个"止"是"奔",曲折表达奔比走的速度快。世上没有三只脚的人,有也是残疾,不要说奔了,走(古人叫作"行")都费劲。这时的"会意"是让你心领神会,不能抬杠较劲。"奔"所从的三个"止"西周时期就讹变成三个"屮",石鼓文等秦文字沿袭了这种简体,一直到秦汉。只有清华简《系年》中完整保存着原初构形,说明《系年》有其独特的材料来源。至于异体"犇"字的演变过程就更复杂一些,是在三个"止"讹变为三个"屮"之后的进一步演变,"屮"上加饰笔与"牛"同形,例如 ,陈剑很早就指出这种"屮(艸)"加饰笔讹变为"牛"的现象,例如"告"。截除省略就是"犇",其理据与"牛"毫无关系。

根据古文字材料,这些文字的构形就得重新解释:"屮""艸""卉"是一字异体,单复无别,都是象形表意,秦文字中写作"草"。

"卉"既然是"艸(草)",就不能有"贲"的读音,不能是"贲省声"。由于对"奔"的误解,"卉"的读音才误与"贲"发生了联系。这样说来,汉字中从"卉"的字就都需要重新审视了,"贲""奉"与《说文》中"惠"的古文等等都需要在文字学基础上重新阐释。"卉"本来就是"艸"字,与艸读音差别很大的花卉之"卉"读音从何而来?很有可能是《说文》"惠"的古文:

 ,仁也。从心从叀。 ,古文惠从卉。

"卉"与"惠"的古音也比较近。过去根据这样的材料把如文字中的 、 都释成了"叀",现在知道根本不是一回事,应该是"助"。由于对所谓"古文惠"的误解,就给"卉"加上了"惠"的读音,这与加上"贲"读音的道理一样,以讹传讹,习非成是,一直沿用至今。

从具体的材料出发,对汉字字形记录语言的过程详细描写,归纳出规律,对各个时期的汉字进行构形分析,这种文字学的阐释是汉字阐释的核心内容,也是进一步进行古文字考释和文化阐释的基础。

2. 汉字源流与演变的阐释

汉字历史悠久,历经变化,形成演变的链条,每一环节字形都是前面字形

的传承与变化，都有其独特之处。文字演变有规律，大都可以解释，但一旦有些环节缺失，就无法准确解释。例如"坐"字的演变，汉代学者由于没有见到足够的材料，对"坐"的构形已经不明。

坐，止也。从土，从留省。土，所止也。此与留同意。坐，古文坐。（《说文》）

根据出土文献中的古文字，列出下列字谱：

合 22418 → 合 1779 正 → 清华简·越公其事 33 → 睡虎地·秦律十八种 83 → 《说文》篆文 → 坒 → 坐 → 坐

《说文》古文

甲骨文是一个跪坐的人形"卩"，下面加上簟席，使坐的意义更加明确。战国文字是跪坐的人形变形，下面是"土"。秦代隶书为了字形匀称在讹变的跪坐人形的另一侧加上对称的形体，类化为"卯"，《说文》把秦代隶书篆化为自身系统中的篆文。《说文》所收古文"土"两侧的人形也是两个"卩"形的讹变，现代汉字"坐"由《说文》古文字形隶定而来。①

从商代文字到战国文字之间时间跨度大，字形有缺环，目前还不能确切解释"卩"下的簟席如何变成"土"。

3. 汉字字际关系阐释

文字是记录语言的符号系统，分担着记录语言的任务。每个字都处在彼此区别、彼此制约、随时调整的关系中。例如"笨""体""骵""體"，《通用规范汉字表》中只有"笨"和"体"，二字形、音、义各不相同。在《通用规范汉字表》附件 1《规范字与繁体字、异体字对照表》中，"体"有繁体字"體"。这是现代汉字中三个字之间的关系："笨"与"体""體"没有直接

---

① 参看《说解汉字一百五十讲》第二十九讲《从古至今"坐"的变化》。

关系，"體"与"体"是繁简不同的异体关系。

在汉代《说文》的系统中，有"笨"和"體"二字，彼此之间没有任何关系。"笨"是竹子里的薄膜，"體"是人的主干，读音也完全不同。

大约在宋代，出现了读音是"本"，意义为愚钝不敏的词，假借"笨"字表达，如"粗笨"；又造了从人、本声的专字"体"，如"体夫"就是粗笨的男人。这样"笨"与"体"就构成了异体关系。

后来"體"出现了异体"骵"，"本"在这里表意，人之体如木之本。俗体字中有把"骵"简化为"体"，从"人本"会意。"體""骵""体"就构成异体关系。

现代汉字重新规范，废除了"笨"最初的意义，废除了"體""骵"这些异体，对文字系统中的文字关系进行了彻底的调整和规范，让"笨"与"体"明确区分。

事实上很多字际关系比这个复杂得多，那是更深入的学术探讨。

4. 汉字阐释对汉字系统的影响

汉字阐释会对汉字的构形系统和应用系统都产生影响。汉字构形阐释使文字构形具有了"合理性"，从而起到文字规范的作用。例如"奔"字从"卉"形（贲省声）成为正字正理，从三个止的古文汉代学者即使见到也可能被淘汰了。"卉"被赋予从"惠"的《说文》古文那里得到的读音，在文字应用中流行开来，直到今天，"花卉"也不能读为"花草"。

文字学阐释目的不同，详略程度也有很大不同。《说文》基本上就是用六书理论的前四书"指示、象形、会意、形声"对全部文字的构形进行了简明阐释，例如"解，判也。从刀判牛角。一曰解廌，兽也"。上面所说的构形系统的阐释，历史演变的阐释，字际关系的阐释以及蕴含文化的阐释就更加深入全面，以至于一个字都能成为一部文化史了，但不论怎么讲文化，都得以汉字学的正确阐释为前提。

五、汉字的文化阐释

在文字学阐释的基础上可以展开汉字的文化阐释。汉字编码造字时有造字理据，蕴含着丰富的历史文化信息。综合运用各学科知识，对汉字中的文化信息深入挖掘，从汉字的角度考察文化，从文化的角度观察汉字是文化学的阐释。整体上看，文字学的阐释与文化学的阐释区分十分明显，比如《说文》九千多字始一终亥，也就是第一个字是"一"，最后一个字是"亥"：

一，惟初太始，道立于一，造分天地，化成万物。

亥，荄也。十月微阳起接盛阴，从二。二古文上字。一人男，一人女也。从乙，象裹子咳咳之形。《春秋传》曰：亥有二首六身。

或者是纯粹说文字所表达的文化观念，或者是在文化背景下阐释字形，与我们所说的文字学的阐释差别很大。另一方面，文字学的阐释与文化阐释的区分也不是绝对的，文字学的编码理据阐释绕不开文化阐释。

汉字的文化阐释主要有两种形式：一是以汉字构形为核心，将构形上相关联的汉字聚合在一起，探讨其所蕴含的文化；二是以某种文化为研究对象类聚相关文字。出发点不同，但操作方法相近。

我们先通过一个具体的例子看第一种形式的汉字文化阐释。

前面谈到"卩"及其构成的文字，可以了解膝盖与跪坐表现出来的肢体动作与肢体语言。

"卩"在古书中并不使用，但可以构成很多文字，篆文"即""卿""厀（膝）""卷""令""印"等字中都有"卩"。东汉时期的许慎已经不知道它的来源，认为是符节的"节"的本字：

「卩」，瑞信也。守国者用玉卩，守都鄙者用角卩，使山邦者用虎卩，土邦者用人卩，泽邦者用龙卩，门关者用符卩，货贿用玺卩，道路用旌卩。象相合之形。凡卩之属皆从卩。（《说文》）

许慎注释中的这段话见于《周礼·地官·掌节》，文中的"卩"都写作"节"。"虎节"和仿竹制的"符节"都见于出土实物：

秦"阳陵"虎符①

鄂君启节②

汉代古文本经籍的{节}是否真有过"卩（㔾）"这种写法？目前还无从考定。如果按照许慎的理解，"卩"是符节的本字，其构形与构字几乎全部不可理解。"卩"从哪里可以看出象符节之形？又从哪里可以看出"象相合之形"？"卿""郤（膝）""卷""令""印""服"等字与"卩"又有什么关系？文字构形不明，所蕴含的文化也就无从谈起。

甲骨文等古文字证实了"卩"的构形，所构成的文字为我们展示了丰富的文化内涵。通过"卩"及其构字，我们不仅可以看到古人造字编码时的思维活动，还可以发现词义之间的联系，以及商周时代的肢体语言、社会生活和思想观念。

---

① 中国国家博物馆编：《中华文明：古代中国陈列文物精萃》，中国社会科学出版社，2010年，第267页。
② 中国国家博物馆编：《中华文明：古代中国陈列文物精萃》，第236页。

1. 卩—跪

古文字中的"卩"是跪坐的人形：

合 2235 正乙　　合 20196

"坐"与"跪"这两种动作的姿势很接近，但在传统文化中的内涵很不相同。从古文字构形来看，甲骨文等早期文字中不加区别。我们先来看"跪"的构形与文化。

"跪"与"坐"的音义都有密切联系。膝部着地，上体抬起，臀部离开胫与足就是跪。

合 2235 正乙　　危，清华六·子产 11　　《说文》小篆

从"卩"到"跪"的字形演变漫长而曲折，可以参看相关的文章。① 跪是典型的肢体语言，下跪表示屈服、顺服、敬服。对天的"命"、王的"令"都得恭敬地听。

合 5045　　《说文》小篆　　令（命）

上面是倒过来的口，下面是跪着的人，这是那个时代听从命令的真实写照。倒口不论是上天的口还是上司的口，都是身居上位，与"监""临"中俯视的眼睛有异曲同工之妙。

合 21305　　沈子它簋盖，集 4330　　见（觐）

见上级叫作觐见，人是跪着的，"见"是"觐"的本字。人不服怎么办？用暴力让他跪下。

---

① 李守奎：《说解汉字一百五十讲》，陕西师范大学出版社，2021 年，第 148—152 页。

合 8329　　　　　　　　　　　　　屯 4310

"印"与"归"都是压抑的"抑"的本字，上面是一只暴力的手，压在跪着的人的头上，目的是让他服。服的本字"艮"与"印"很相似，从人体后部压抑。

合 1095 正　　　大盂鼎，集 2837

通过压抑的手段，顺服的人就成了这个样子：

合 1010　　　《说文》小篆

谦逊、顺从，读《周易·巽卦》可以体会得到。

通过对上面文字构形的解读，跪这种行为在造字时代的多方面文化内涵就显现出来了：

让人跪下来，使其屈服——这在古今中外都比较一致。压抑是手段，服从是目的，这里跪着的人形表示着这种行为的目的或目的达到后的形态，"印"与"艮"表现的就是这种关系。

身体的跪是屈服，内心也跪下来了就是敬服，跪是表示尊敬的肢体语言，文字中就可以表示敬意了，"命""令""觐"等字中的跪人就是对天、对祖先、对上级的恭敬。

对别人敬就是自己的谦逊，两个跪着的人表达"巽"，是顺从、谦逊的意义。

这里不仅有大量的文字学、语言学问题，从文字的构形中，我们也可以看到跪这种行为和姿势，由被屈服，再到屈服，对人表示尊敬、顺从，最后成为一种美德的演变过程和文化内涵。

2. 卩与坐

膝部卷曲，臀成为支撑点，与下肢一起落在坐具或地面上就是"坐"。

合 20196　　合 1779 正

甲骨文在"卩"下加上簟席，坐的意义更加明确。"坐"的文字的演变很曲折，有很多值得文字学关注的问题。

坐的文化内涵是舒适地享受。什么时候能坐，什么时候不能坐，在礼中都有规范。面对美食，坐着享受：

合 20174　　这是"即"字，跪在装满食物的簋前，靠上去

合 5236　　这是"飨"字，二人对坐在簋侧，今天请朋友聚餐还是这样，只是坐姿改变

这个形体姿势突出的部位是膝关节。膝关节卷曲人体就呈坐或跪的姿势。这个来源古老的原始初文与后来的"膝""即""节"都有联系。

3. 卩与膝

跪与坐这两种动作的着力点主要是膝盖，文字简笔画"卩"突出的也是膝盖，在甲骨文中有专门的指事字：

合 32700　　合 33190

学者认为是"厀"的本字，可以隶定做"㔾"，与"肘"的编码构形类同，都是在表意字上加指示符号。

㔾—厀—膝

指事表意字上增加音符"桼"（漆的本字），区别特征增加，表意特征简化，"㔾"类化为"卩"，后来又被义符"月（肉）"替换。

㔾—卩—即—节

"厀"与"卩（节）"语音与语义都密切相关。语义上"膝"就是一个关节,语音上与"节"都是齿音质部字,语言上同源,文字上一字分化。膝可以弯曲,屈服就是膝盖弯曲成跪服状,"膝行"就是跪着运动,谦卑至极。

"膝"就是一个大关节,这是基于事实的正确判断。上下肢以关节为界可以分节,肘上为肱,膝上为股,从形式上看与竹子以竹节为界分节很相似。造字之初很可能首先关注到的是人的关节,后来才隐喻到竹子的节。"卩"简化为"卩",就会有"节"的读音,在"即"字中兼表读音是可以成立的。关节可以弯曲,"卷"字下部就是"卩",卷曲的形状可以从跪人和屈膝两方面想象。

上面就是以"卩"为核心,把相关的文字汇聚在一起,阐释"卩文化"。跪坐的人形可以表达"跪",可以表达"坐",还可以标示膝部表达{膝},表示{节},这个肢体与肢体动作可以表达尊敬、服从、恭敬、谦逊等文化含义,是当时肢体语言、文化心理的真实反映。

第二种汉字文化阐释,以文化为出发点类聚汉字,例如以"男""女"构形与构字探讨编码时代的社会分工与性别文化。

"男"与"女"构形简单,但文化内涵很丰富。

男		女	
	合 3457	合 19972	合 3301

"男"字由土地"田"与农具"力"构成,跪坐的人形是"女"。

我们的祖先为什么没有像某些民族那样,分别画出男性和女性的生殖器来表示男女?用生殖器区分男女,区别特征最简明,造字理据最充分。这其中隐含着什么样的社会现实和思想观念?

这是中国农耕社会的反映,如果游牧民族造字,肯定不会是这样,可能用弯弓射大雕来表示男了。

这时男女有其社会分工:男"耕",女"坐"。

这时的审美观念是男人善于耕作,孔武有力;女性弓腰敛臂,柔顺安静。

这两个字的形体,可以为认识商代社会提供参考,从字形上不难判断当时的男女的社会分工、价值审美判断等等。那是否可以推演出中国传统文化中的男耕女织、三从四德等在商代或更早的时代就有其雏形?这就需要从多方面寻求更多的证据。

"力"与男性有关，勤劳、劝勉、勇势、勍胜、功勋等等无不颂美。

"女"字突出肢体的跪坐与收敛。把由"女"构成的文字的文化内涵梳理一遍，几乎可以得到一部古代女性观念史。

探讨商代的肢体礼仪，男女分工，性别观念等等，历史文献很少，文字记录的不多，这时汉字所表现出来的文化信息就弥足珍贵，格外有其价值了。

六、汉字阐释的方法

汉字阐释由浅入深，循序渐进。作为学术研究，因为多学科交叉，需要充分掌握古文字，大量阅读出土文献，具有系统的文字学理论基础，具有一定的上古音知识和比较充分的历史文化知识储备等等条件，汉字阐释才可能达到这个时代应达到的高度。只要我们掌握了繁体字，具备一定的阅读古书的能力，掌握一定量的古文字，就能在教师的引导下进行汉字阐释的尝试，可以不走弯路，超越前人，有所发现，有所收获。

汉字阐释的内容很多，方法很多。把古文字与汉字理论相结合的汉字阐释是新的学术增长点。下面选择介绍其中的两种：基于汉字构形规律与历史演变的溯源探流法和基于文字符号系统性的系统释字法。这两种方法彼此依存，前者是对一个文字及其构形单位的层次深入，后者是对彼此关联的文字系统定位和全面把握。在阐释实践中，这两种方法经常交叉综合应用。

（一）溯源探流——以"朝"为例

以现代汉字为定点往上追寻就是溯源，以可知的最早源头为定点向现今的方向探索就是探流。学习与研究是个溯源的过程，从已知到未知；描写过程常常是探流的方式，从起点到终点列出字谱。

第一层：现代汉字的分析。

文字是视觉可见的书写符号，有其表层结构和书写过程。大部分汉字的表层结构都是由在不同的字形中重复的部件组成左右、上下、内外等不同的结构。

现代汉字"朝"由"卓""月"两个部件构成。"卓"作为部件在"韩""幹""斡"等字中重复出现；部件"月"在现代汉字中很常见，多在左侧，"胡""明""钥"

等少数在右侧。

书写过程追求简单便利，观赏追求匀称美观，在书写过程中，每个人都有自己的书写特色，各个时代也会有其整体面貌，例如《书法大字典》中的"朝"字[①]：

文字是记录语言的符号，首先要确定形体与音义之间的联系。《新华字典》说：朝，zhāo，早晨；只争朝夕、朝思暮想。

确定的字形与明确的音义是识字的主要内容和深层分析的基础。"朝"的表层是"卓"和"月"，进一步深层追问："卓"和"月"组合起来为什么是{朝}？为什么可以表达早晨的意义？在现代汉字系统内，"卓"没有确定的音义；构字中的"月"虽然很常见，但有多个来源，"朔""望""明""朗""朋""钥"等源自月亮的"月"，"肝""肺""肚""肠"中是"肉"的变形，"朕""胜"等字中是"舟"的变形，都是同形部件。"卓""月"与"朝"的音义是什么关系？彼此关系不明，所以"朝"是记号字。由于现代汉字是历史演变而来的记号字，不能据以探讨造字时的编码理据。所以在现代汉字使用与教学过程中，一般不会涉及构形方式与构形理据。

第二层：历史溯源：字形溯源、音义溯源、构形理据溯源。

首先可以溯源至《说文》："𠦝，旦也。从倝，舟声。"如果依旧不能明白，可以查看段玉裁等人的研究。

---

① 张又栋主编：《书法大字典》，新时代出版社，2012年，第2263页。

《说文》字形的来源及构形解释未洽,就需要进一步溯源至古文字中。借助工具书,通过核查词例,可以找到各个时期字形清晰、音义明确的"朝",这成为进一步讨论的知识定点。

(合23148):甲寅,翌毓祖乙岁,朝,兹用。

(利簋,集4131):武王征商,唯甲子朝。

(克盨,集4465.2):克其用朝夕享于皇祖考。

这些字形释读为"朝"完全可以确定。根据殷商、西周、春秋、秦、汉各个时期的形体演变可以绘成字谱:

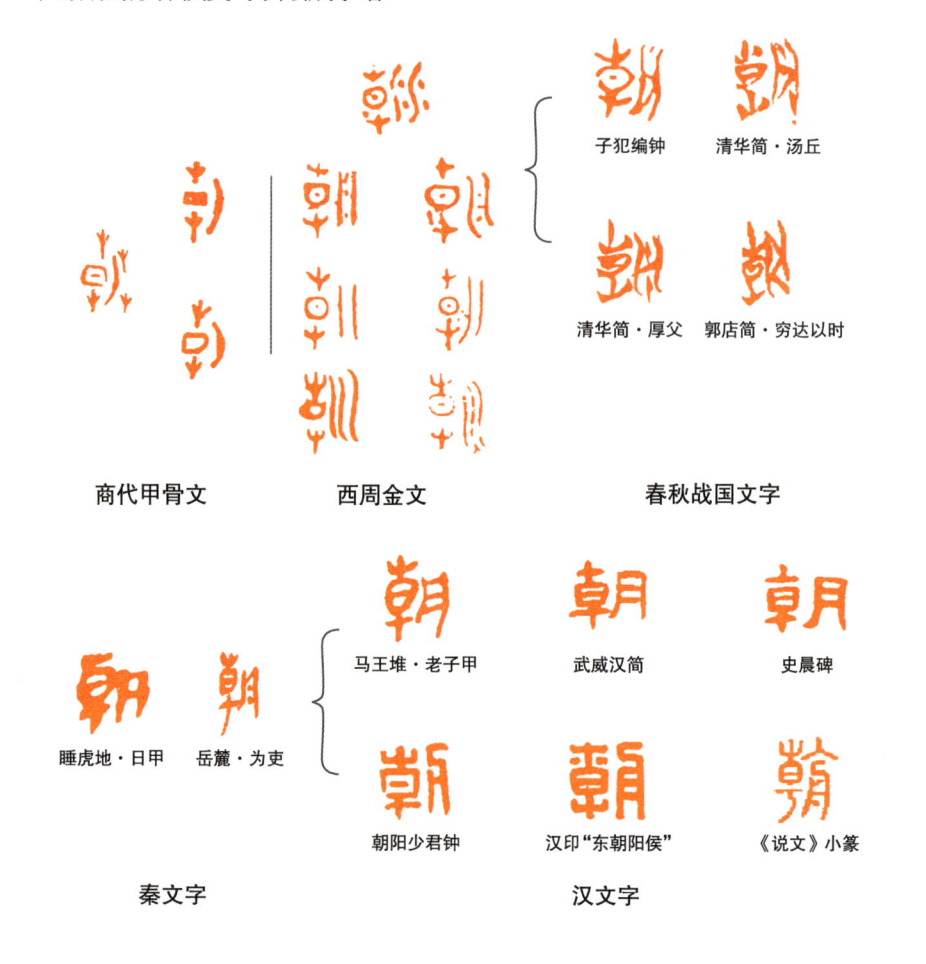

商代甲骨文　　西周金文　　春秋战国文字

子犯编钟　　清华简·汤丘

清华简·厚父　　郭店简·穷达以时

马王堆·老子甲　　武威汉简　　史晨碑

睡虎地·日甲　　岳麓·为吏

朝阳少君钟　　汉印"东朝阳侯"　　《说文》小篆

秦文字　　汉文字

音义溯源：

自商周以来，"朝"的核心意义都是早晨。西周金文多假借为"庙"。

构形理据：

商代：　（合23148）——｛朝｝：日在艸中，月在一侧。早晨日月同见是常见的天象

周代：　（乖伯簋，集4331）——｛朝｝：日在艸中，一侧是水流，早晨有潮

秦代：　（岳麓简·为吏治官及黔首1544）——朝：左侧与"韩"字的左侧相混讹，右侧与"舟"相混讹，已经记号化

汉代：　（《说文》）：篆文把讹书规范化、美术化，按照自己理解的构形理据改造形，把艸、日、水流或水浪构成的会意字说解为"从倝，舟声"，实际的文字应用系统中并不存在

这些文字学问题解决之后，我们可以进一步思考与阐释。

（1）为"朝"这个词编码，商人聚焦天象，周人聚焦地理，甲骨文从"月"的"朝"哪里去了？商与周文字是否有系统性差异？

（2）经过材料审核可见《说文》篆文的字形的独特性，要关注应用用字与字书用字的差异。

（3）理据的多样性与理据重构。同一个字的构形理据各有不同，商人理据、周人理据、秦汉丧失理据，《说文》重构理据。这些都是要阐释的对象。

（4）傍晚的天象、地理也是如此，为什么不是"暮"或"汐"？这个问题可以用符号的约定性解释，约定等于不能解释或无需解释，把它放在文字区别系统中，可以得到部分解释。

第三层：文字构形的系统性与演变。

文字在历时应用与发展中形成古今变化系统，包括古今异体、古今同源等等，可以进一步考察"朝""淖""潮""晁"等字的造字、应用、变化与关系。

《说文》认为"淖"是"潮"的本字："淖，水朝宗于海。从水，朝省。"《初学记》："水朝夕而至曰潮。"

"淖"的源头就是西周金文的"朝"，很可能经历了繁化为"潮"，又简化为"淖"的过程。

（十年陈侯午敦，集4648）：陈侯午淖群邦诸侯于齐。

"朝"的异体字还有"晁"，从日，兆声。关于《汉书·五行志上》之"王子晁"、《汉书·景帝纪》之"晁错"，颜师古注："晁，古朝字。"

经过合并、淘汰、彼此再分工等规范，现在的通用字中"朝""潮""晁"等各有专用。

第四层：汉字与汉字阐释所堆积的文化。

自汉代、宋、元、清直至现代，对于"朝"的研究不断，在假借、同源等字际关系方面多有阐明，构形及文化阐释则多以讹传讹。根据古文字材料可以看清商周时代文字如何表达"朝"这个时间。"朝"与天象、地理、人事都有联系。月尚在，日初升，潮水一涨一退，这些都是"朝"的特征，古人造字时把它图绘出来，与{朝}的意义相联系，也给我们留下来古人对"朝"的观察与理解。

文化阐释不能局限在一个字的范围内，需要在文字系统中描写与解释。这种方法具有普遍性，《说解汉字一百五十讲》就是这种方法的运用。

（二）系统释字与汉字文化
——从"朝""暮"等文字看古人对时间的理解

系统释字也有多个方面，首先是在系统中区分与确定。

如果用天象、地理等的特征图绘"朝"与"暮"，视觉形象一样，无法区别。

合 33130　早晨有时可见日月同辉，傍晚也有日月同辉的时候

先兽鼎，集 2655　日初出未出在草丛中，将没未没也在草丛中。早晨有潮，傍晚有汐。朝与暮景象相同

合 29788　朝与暮所见天象都是这样

那如何确定何为"朝"，何为"暮"呢？文字是个符号的区别系统，只有在系统中才能确定。

合 23148 中的两个字分别表示不同的时间：

癸丑卜，行贞：翼（翌）甲寅毓祖乙岁，朝酻，兹用。

贞：䏙（暮）酻。

合 23148 拓片

把二字放在文字的演变系统中就可以分别清楚"朝"与"暮"了。

《说文》："莫，日且冥也。从日在茻中。"甲骨文中的 {暮} 有多种形体：①

| 合 10227 |  合 10729 |  花东 286 |  合 33545 |  合 23209 |  合 30730 |  合 28348 |

文字在共时系统中彼此区别，在历时演变中前后联系，西周金文中的"莫"与《说文》篆文基本上就一致了。

在系统中，符号之间彼此区别，彼此制约，从符号系统性着眼更加可靠。

通过汉字的构形系统可了解深层的历史文化。

汉字中"朝"与"暮"都有相应的同义词，与"朝"同义的有"夙""晨""朝""旦""明""早""昧爽"等，与"暮"同义的有"夕""昏""晚"等，数量不对称，表示早晨的词多，表示傍晚的词少，这说明古人对这两个时间段的重要性有所区别，与"一日之计在于晨"的文化观相一致。

---

① 参看刘钊、冯克坚：《甲骨文常用字字典》，中华书局，2019 年，第 154 页。

文字构形不仅从天象、地理方面表达了对朝与暮的认知，更从人事方面融入了中华民族勤劳的理念。

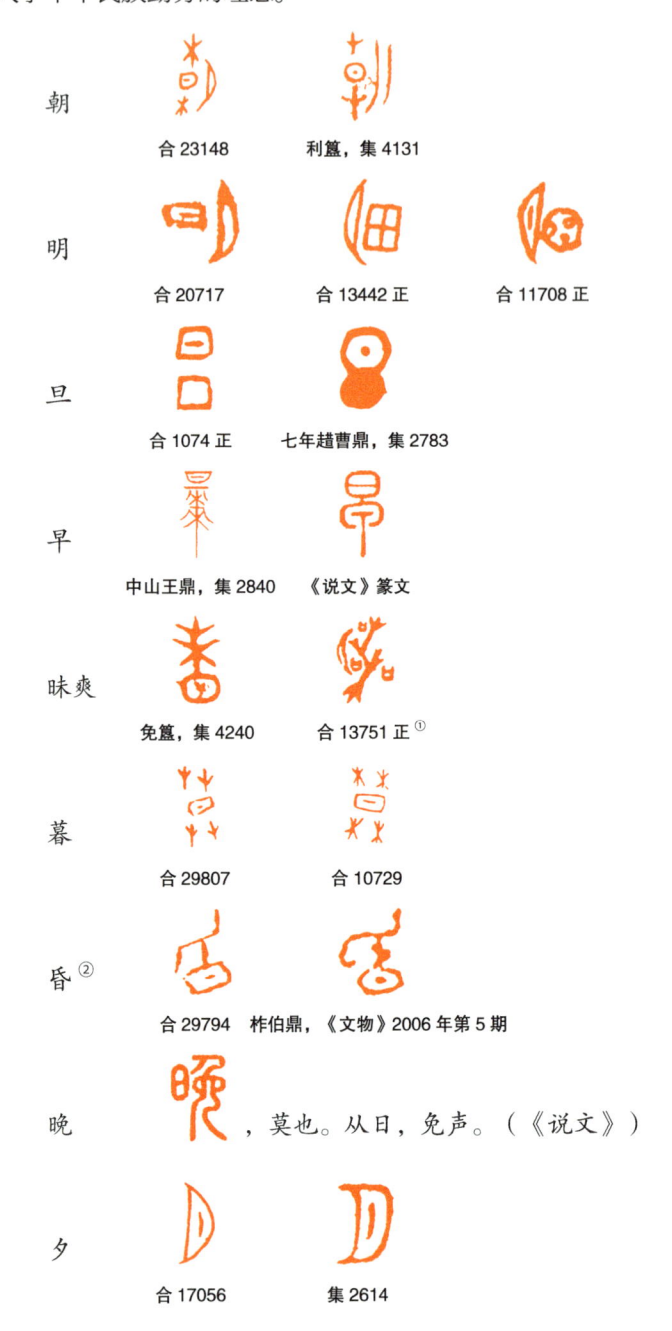

朝　　合 23148　　利簋，集 4131

明　　合 20717　　合 13442 正　　合 11708 正

旦　　合 1074 正　　七年赵曹鼎，集 2783

早　　中山王鼎，集 2840　　《说文》籀文

昧爽　　免簋，集 4240　　合 13751 正①

暮　　合 29807　　合 10729

昏②　　合 29794　　柞伯鼎，《文物》2006 年第 5 期

晚　　 ，莫也。从日，免声。（《说文》）

夕　　合 17056　　集 2614

---

① 甲骨文中"昧爽"之"爽"之专字。《说文》："昧，昧爽，旦明也。从日，未声。一曰闇也。"
② 昏与昃构意相近，从氏、或民声之说皆不可信。

"月"与"夕"是一字分化,"夕"与"夜"是同源词。古人日出而作、日落而息,"夕"与"夜"不加分别,是缺少照明设备生活的真实反映。

"朝""暮"都用日在草木中出没,日月行迈,惟日不足。

夙
合 15356　　大盂鼎,集 2837

夙兴夜寐,夙是早晨,为什么用"月"表意?晨要早起,日出为昼,昼寝就成了朽木不可雕。要在天空中有月亮就起来,天空中有月亮才睡下,两头见月,是谓"夙兴夜寐"。

表示时间的{晨},《说文》作"晨"。

双手拿着一个农具"辰",与"夙"配合,形象地诠释了农耕时代先民对"晨"的理解:早早起来,下地干活儿。

晨(晨)
合 9477　　多友鼎,集 2835

"晨""农""辱""蓐"等都有形、音、义之间的联系,进行系统观察,就会形成一部文化史。

	甲骨文	金文	小篆
夙			
晨(晨)			
農(农)			

对"朝""暮"等文字进行系统的观察,可以理解造字时代人们对时间的感受,对天象、地理的观察,对人事的期望,勤劳可以说是渗透到骨子里的"基因"。

每一个汉字,每一组汉字都蕴含着丰富的文化,在文字记录语言的这个知识定点之上,我们一个一个、一层一层、一群一群地观察、分析、描写、解释,会对汉字与汉字文化有深刻的理解。

六、汉字阐释的方法

这种方法的好处是能够比较集中地反映某一方面的文化，但往往由于阐释主体的历史文化学养不够，通过汉字解读如隔靴搔痒。在大类招生的"汉字与中国文化"课堂上，我曾经用此法讲授过两个学期，基本上能够满足学生了解汉字文化的需求。《汉字阐释十二讲》一书中的《汉字文化的分类阐释——以书写、典册相关的文字为例》一讲就是这种方法的例示。

研究目的不同，方法自然不同。每一个字、每一组字的阐释都是多种方法的综合运用，如果你有研究的兴趣，可以参看《汉字阐释十二讲》一书中相关章节。

汉字阐释是优秀传统文化传播与普及的重要内容，需要逐步建立起可操作的方法。

七、汉字阐释与汉字文化的普及

汉字阐释是学术研究，汉字文化普及是学术研究成果面向大众的通俗化表达。人文研究如果只在书斋里，不论多么高深，也是小圈子里的学问。人文研究不能抛开大众的文化需求，大众有需求，就应当尽量去满足。

我在《汉字阐释十二讲》一书中对当前的汉字阐释提出一些展望，其中论及"汉字阐释的文化普及"：

学术的发展有其自身的规律，发展到什么程度从根本上说受制于社会需求。以汉语为母语的学习者从小就学习汉字，每天都在使用，对汉字产生应用之外的兴趣是一种可能。以汉语为第二语言的学习者对汉字充满好奇，汉字文化有助于学习兴趣的提高是可以肯定的。汉字阐释的文化普及应当把学术研究成果化简为准确易懂的知识，通过通俗易懂的方式面向广大的汉字文化爱好者，这也是学者的责任。

指出问题、对已有成果提出批评、提出构想都不很难，难的是建设性的创造。

文化普及，是学术研究成果的转化，既要有学术研究的基础与前提，又要有可普及的形式与方法。如何把握学术研究与文化普及的分寸是个很值得推敲的问题。

做任何事情都得有"原则"，所谓原则，也就是要坚持的底线，坚持什么呢？在汉字阐释的学术研究中我们讲了八条原则，对于汉字文化普及的说解汉字也有原则，下面是《说解汉字一百五十讲》中《说解汉字的原则》一文：

首先我来说说为什么要阐释文字。

人类因为好学深思，不断改变着自我，改变着自然，所以成了万物之灵！

人因为好学深思而有学问，有智慧，精神丰满，日日创新。

有的人却把一切都当作自然。为什么穿衣服？夏天遮阳，冬天保暖。夏天坐在阴凉地里为什么还穿衣服？大家都穿。为什么大家都穿？自然就这么穿。

为什么学识字？爹妈让学的？识字干什么？学文化考大学。考大学干什么？找好工作挣大钱。挣大钱干什么？花钱消费结婚生子。生孩子干什么？让孩子认字学文化考大学……

有人很赞美这种人生，抱朴含真，幸福无比，如果都这样，文明就会停滞。但是，世上还有另外一种人，凡事都想问个为什么？正是这些人的共同努力，人类对这个世界了解地越来越全面，越来越深刻，人类自身也越来越进化，创造出日新月异的灿烂世界。

今日之我非昨日之我，不仅仅是年龄比昨天多了一天，而是今天比昨天知道得更多了一点。古训说："苟日新，日日新，又日新。"人类对于自己意识到的存在都会追根溯源，弄清是什么、为什么、能干什么，那些好学深思的人，能够在人们熟视无睹的事物中有新的发现。

汉字，我们再熟悉不过，除了用它传递信息之外，我们还知道什么？对于大部分人来说，能够用它准确传达信息就够了，但对于好学深思的人来说肯定不够。说解文字的目的，就是为了满足好学深思的人对汉字更深入认识的文化需求。

如何更深入地认识汉字？——陌生化。

对于任何认识对象，经验让人熟悉，思考让人陌生，陌生了才能创新。人类很早就积累了离不开水的经验，没有水都得死。但水由什么构成？如何作用于人体？这是近代科学才解决的问题。汉字我们太熟悉了，我们先得陌生化。

举个例子，裘皮大衣的"裘"。"裘"是什么？为什么有貂裘没有狗裘、羊裘？"裘"字为什么这样写？裘与皮有什么区别？古代的"裘"和今天的"裘"是不是一样？

取彼狐狸，为公子裘。（《诗经·豳风·七月》）

现代生活中皮衣有三类：一类是毛朝里，一类是毛朝外，一类是没有毛。古代"裘"这种皮衣是什么样的？先看看甲骨文中的"衣"和"裘"字：

衣
合 22622

裘
合 7921

"裘"与"衣"的差别，一个表层有毛，一个表层没有毛。"集腋成裘""皮之不存，毛将焉附"的典故告诉我们貂皮、狐狸等优质皮毛做的衣服才是裘，而且裘的毛向外，要让人们看到其名贵，与老羊皮袄完全不同。一个"裘"字，我们不仅了解了古代，也理解了现在，也理解了裘文化的传承。

我在这里阐释汉字坚持几个原则。

原则之一：严把学术关。我们可以普及学术，但不能背离学术，也不能没有学术。有学理、有依据是我们的底线。

原则之二：对汉字要有一个宏观的把握，不能只见树木，不见森林。有人说汉字是落后的文字，应当改革，变成拼音字母文字；有人说汉字是美妙绝伦的文字。到底是好还是坏？如果没有一个基本判断，就没有了基调。所以我前面几讲都是宏观说汉字。如果你对汉字深恶痛绝，听我说解汉字就成了灾难；如果你对汉字知识要求很低，听起来也索然无味；如果你爱一个统一的中华民族，我们就没有理由不爱汉字。

原则之三：理论具体化。如何处理汉字理论与汉字阐释的问题。说文与解字必须有文字理论，我们既不能固守许慎《说文解字》的理论，又不能系统讲理论。总的原则是把理论具体化，让它解决具体的问题，通过具体的例子初步了解一些文字理论。例如"表意字的形声化"听着挺抽象，把甲骨文的"裘"和西周金文的"裘"一比较，就大致明白了。

甲骨文
合 7921

西周金文
大师虘簋，集成 4252.1

甲骨文是象形表意字，在"衣"的外面加上毛；到了西周金文就成了从衣、求声的形声字了。当然这个过程是复杂而漫长的。

汉字阐释是主体，也安排一些理论内容穿插其中。

原则之四：通俗化。这是最大的挑战。讲到什么程度就叫通俗，讲到什么程度就能够让没有学过汉字学的人也能够听懂，看懂？一个人用语言描述一个视觉形象给一百个人听会有一百种样子。读了《洛神赋》，每个人心中都有一个自己的洛神，这是文学的魅力。文字是视觉符号，结合具体文字的形体讲其中的道路或许会好一些。

原则之五：争取系统一些。汉字阐释最容易被大家接受的办法是选择一些趣味性强、容易讲清楚的来说，用力小而收效好，但缺点是零零碎碎，单个看像珍珠，总体看像一盘散沙。另一种讲法是用一条思路，把这些零散的汉字解说串成一串儿，全部听完可以得到一条项链或者手链，这就需要有个整体安排，难度比较大。要想二者兼顾，实在是不容易。

汉字那么多，从哪里说起？

说文和解字要一个字一个字地说。汉字成千上万，我们就从与人体相关联的汉字讲起。为什么？

许慎说古人最初造字，近取诸身，远取诸物，依类象形。就人的复杂性来说，人类对自己了解得还很少；就人的外形与日常起居来说，人类对自己很早就有非常细致的观察。如果我们对汉字形体做个自然的分类，描绘人体及人体部位的独体字以及由这些字形成的部件所构成的文字，是一个非常庞大的系统，其丰富性无与伦比。天地丘山、草木鱼虫，不论哪一类都难望其项背。

最早系统性阐释汉字的著作就是东汉时期的《说文解字》，首创部首排列法，将9000多（加上重文有一万多）字按540部首排列，部首作为表意字符，都有表意功能。按照许慎的理解，与人体有关的部首占全部的三分之一强。[①]

人体与人体部位的独体字很多，生命力非常旺盛，很多都是最早出现的一

[①]《说解汉字一百五十讲》中的统计数字严重失真，误导读者，在这里深致歉意。

批汉字，一直沿用至今，如"大""人""女""儿""口""耳"，等等，这些字的构字能力也特别强大。对这类独体字的把握，从某种意义上说，可以起到以简驭繁的作用。

我的整体思路是先从人的各种姿势说起，站着的、蹲着的、跪着的、爬着的、从高处掉下来的，千姿百态的人构成各种笔画不一的字。讲完整体的人就开始从头到脚说相关的汉字，古人通过观察头部、上体、下体各部分的外形、动作、作用等，创造了很多字。我们大致照着这个次第讲。

我期望你能够通过对几百个人体汉字的了解，对汉字有更加明确而深入的认识，激发起对汉字整体的兴趣，掌握汉字阐释的方法，能够分辨取舍是非，提高自己这方面的文化品位。

最后我要说明的是，虽然强调了学术原则，但并没有完全遵循学术的规则。学术的基本规则是材料要有出处，别人的观点必须注明。我在这里讲汉字，是汉字文化的普及，不是学术创新，也不是学术演讲。所讲内容，是通识性的，是千百年来无数学者共同研究的结果，我在这里择善而从，但无法一一说明。既然不能一一说明，干脆就都不做说明。有些地方我觉得有延伸阅读的必要，就在旁边注明出处，其用意是希望你去翻翻相关的书或文章。

如果学者朋友们在我的讲说里发现了自己的观点，那就是我认同你的高论，我在这里把你的智慧结晶公之于更多的读者了。在这里向所有为汉字研究做出贡献的学者致以敬意和谢意。当然，取舍也是一种学术能力，书中我个人的一些观点如有不当，或对学者的观点取舍不当，完全由第一作者负责，还请广大读者批评指正。

以上大部分内容转录的是《说解汉字一百五十讲》的第六讲《说解汉字的原则》和《汉字阐释十二讲》第一讲《绪论》中所说的汉字阐释的一些原则与方法。在这里重点强调如何做好汉字阐释的普及工作，通俗读物不是学术研究的形式，但应该是学术研究的成果。读者可以从了解这些成果开始，进一步思考、审核这些成果产生的方法、过程与学理，就能够逐渐向研究的方向，产生知识的方向迈进了。

　　期望这本小书不仅对汉字学、汉字阐释提供一些参考，对汉字文化普及也有所助益。

从头到脚说汉字

人体汉字阐释的设想

　　汉字阐释的前提是认识一定量的汉字，从简化字上溯，繁体字、小篆、古文字，一脉相承。汉字虽然多，但掌握各个时代的常用字，把握构形系统，了解构形的基础字符，掌握构字字符可以执简驭繁、事半功倍。独体表意字和构字字符大都有对应关系，数量有限，来源古老，构字能力强大，不仅是汉字构形的基础，而且蕴含着丰富的古代文化。认字应当先从这些基础、重要、有趣、常用和构字能力强的文字开始。《说文解字》540 部首基本上就是这一思路，以直接构字意符为部首，突出其在构字中的表意功能，所以部首并不分析到基础字符。例如"蓐"字，本可解为"从艸，辱声"，或"从辱、艸，辱亦声"，却被列为部首，是因为许慎认为"薅"字以"蓐"表意，是直接构字字符。

　　《说文》部首中与人体（人体部位、人体器官）等相关的部首最为丰富，[①]分散在各卷之中。《说文》把有些与人有关系的误解为没有关系，例如"之"与"出"；有的把与人没有关系的误解为有关系，例如"衣"与"亥"等。古文字与《说文》字形之间存在系统性差异，学者很早就开始探索摆脱《说文》的编排体例，进行古文字的自然分类，其中人体类向来是大宗。我们把与人体

---

① 这里所说的"相关"是指形体中有与人体或人体部位相关的字符，不论是直接构字字符还是底层基础字符，都视为相关。例如蓐字层层分解，与"又"相关。

或人体器官相关的文字作为自然分类的一类，兼顾《说文》与古文字，对《说文》与人体相关的部首经过甄别选择与调整，剔除了与人体无关的部分，增加了与人体有关的内容，按照人体姿势和人体器官两部分，分别从头到脚梳理与人体相关的字形，并做了简单说解，其中大部分字形的详细说解可参看《说解汉字一百五十讲》。

汉字构形中有很多类似人体简笔画的偏旁，用线条勾勒出不同的人体姿势表达意义，记录与其意义相关的词，有的在人体上突出某一器官表示与该器官相关的意义。人体简笔画与人体器官的分别不是绝对的，例如古文字中的"见"与"视"，突出人体器官，表达与人体器官相关的意义，但字形附带人形，像人体简笔画，我们将其与人体器官放在一起，便于理解其在构形中的功能。

本部分的文字说解兼顾《说文》，凡《说文》部首，加"*"号引用原文，但不做过多的评判，给教师讲解和读者思考留下更大的空间。

上篇：汉字中的人体

（1）直立与颠倒的人体：人、从、北、似、壬（tǐng）、重、死、匕、七、比、儿、先。

（2）躺平的人：疒、瘝。

（3）俯身与匍匐：几、卧。

（4）曲体敛肢的女性：女。

（5）孕育的人——子与倒子：子、孨、去（㐬）。

（6）伸展四肢的人形及其变形：大、亢、亣、亦、夫、立、并、奢、赤、矢、逆。

（7）各种发型的人：长、老。

（8）突出头部的人形：丏、页、瀕、兒、黑、异、鬼、嵬。

（9）侧开其口的人形：欠、次、旡、歙（饮）。

（10）躯体部位：文、夋、勹、身、月、堇。

（11）突出上肢的人：丮、斗（鬥）。

（12）突出臀部蹲踞的人形：尸、尺、尾。

(13) 跪坐的人形：卩、危、印、辟、邑、㔾、色、荀、卯、卮。

(14) 突出下肢的简笔画：走、夭、允、交。

下篇：汉字中的人体器官

(1) 首与面：百、首、䭫、面。

(2) 发眉与须髯：髟、秃、眉、䇂、睙（睫）、須、冉（冄）。

(3) 五官：见、覞、目、曼、盾、臣、卧、臦、民、兆、耳、自、鼻、口、谷、告、谷、吅、品、嚞、只、曰、可、号、后、司、言、誩、音、甘、旨、香、亼、食、龠、牙、齿、舌。

(4) 藏起来的躯干脏器：心、恖、㐁、歺、冎、骨。

(5) 灵活的上肢：手、又、𠂇、九、寸、蓐、丑、支、鼓、史、攴、教、放、𣪏、𠬛、杀（殺）、毇、聿、聿、画、隶、有、取、皮、奴、豚、稽、收、攀（攀）、羹、共、舁、㚒、臼、要、晨、爨、爪、受。

(6) 移动的下肢：履、止、之、出、此、正、是、癶、步、舛、舜、韦、桀、辵、延、走、疋、足、夂、麦。

附：《说文》的误解：山、彳、乀、行、向、句、古、白（zì）、皕、习、工、式、珡、巫、喜、麒、夕、吕、丘、衣、裘、尺、丸、本、幸、堇、黄、男、力、劦、亚、甲、乙、丙、丁、戊、己、庚、辛、壬、癸、庚、寅、申、亥。

经穴髹漆人像正面　经穴髹漆人像背面

成都老官山汉墓出土的经络漆人

上篇：汉字中的人体

一、最简单的人体简笔画——直立与颠倒的人体

《说文》中与直立的人形相关的部首有"人""从""北""似""壬（tǐng）""重""死""匕""匕""比""儿""先"等12个。

*人

, 天地之性最贵者也。此籀文。象臂胫之形。凡人之属皆从人。(《说文》)

在古文字中，独体的"人"字的左右方向不是区别特征。但"人"作为字符，上下正倒、左右正反等方向的不同、重复出现的数量不同等都构成不同的字符。

"人"古文字像侧立的人形。）在平面图画式表意字中的位置、方向、数量等都具有表意功能。

合 28012

戍				
	合 27970	合 25877	泉弍卣，集 5420	《说文》小篆

人与武器组合，表示防守、戍卫。

伐				
	合 248 正	大保簋，集 4140	清华二·系年 56	《说文》小篆

戈穿过人的颈部，表示杀伐。

及			
	合 11559	集 5415	石鼓文·汧殹

峄山碑　　马王堆·春秋事语 62　　《说文》小篆

"又"是人手，触及人的颈部，表示追赶上。

*从

，相听也。从二人。凡从之属皆从从。（《说文》）

从　　合 21355　　合 12685　　吏从壶　集 9530

"从"是两个直立的人前后相随，来源古老。部中有"從""并"二字。"從"是"从"的晚出繁体字。

并　　合 8137 反　　中山王鼎　集 2840　　《说文》小篆

"并"是二人相并，两横把二人联合在一起。

*北

，菲也。从二人相背。凡北之属皆从北。（《说文》）

北　　合 137 反　　吴方彝盖，集 9898　　《说文》小篆

"北"是二人相背，"背"是分化字，败北是引申义，方位北是假借义。

北部只有一字"冀"，北方州名。《说文》认为"丘"字从"北"是误解。

在文字构形中，偶尔可见二人相向。

夾　　合 24245　　合 24240　　夾作彝壶，集 9533.2　　《说文》小篆

卯　　弔趠父卣，集 5429.1

二人相向没有独立成字，构字中也很少见。

*㐺

㐺，众立也。从三人。凡㐺之属皆从㐺。读若钦崟。（《说文》）

"㐺"是三个立人，来源比较复杂。

部中"眾""聚"所从就是三立人，简化字"众"由此而来。读音"鱼音切"来自"临"。部中"㒺"所从的"氺"是眼泪的象形。

"眾"是日下有众人之形：

眾　　合 67 正　　智鼎，集 2838　　师旅鼎，集 2809

睡虎地·法律问答 52　　银雀山 263　　熹平石经

*壬

壬，善也。从人、士。士，事也。一曰象物出地挺生也。凡壬之属皆从壬。（《说文》）

"壬（tǐng）"是人挺立在土上或地面上。部中的"望"字甲骨文作：

合 7222　　　合 6188

像人挺立土上仰望天空，在"廷""聽"等字中作音符，与"任""妊"等字中的"壬"音义完全不同。

*重

重，厚也。从壬东声。凡重之属皆从重。（《说文》）

"重"像人负"东"形，"东"兼表音。

重　　重父癸觯，集 6325　　村中南 483　　作周公簋，集 4241　　商鞅量，集 10372

部中的"量"可能是"亮"的表意初文，形、音、义与"重"都没有直接关系。

*死

死，澌也，人所离也。从歺从人。凡死之属皆从死。（《说文》）

"人"与表示死亡的"歺"组合在一起表示死亡。"死"部有"薧""薨"等。"葬"也从"死"。

*匕

匕，变也。从到人。凡匕之属皆从匕。（《说文》）

"匕"是倒人形，部中的"真"是颠覆的"颠"的本字，"化"是化育的"化"的本字，倒人与倒子表意相同。

真   　　季真鬲，集531　　真盘，集10091　　清华五·厚父6　　合10405正①

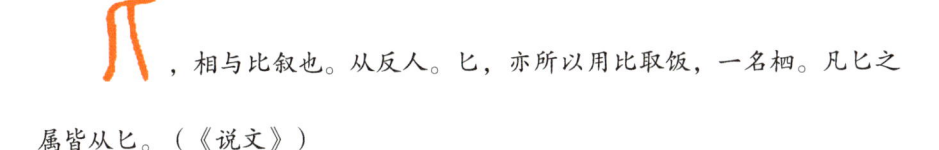

* 匕

，相与比叙也。从反人。匕，亦所以用比取饭，一名柶。凡匕之属皆从匕。（《说文》）

* 比

，密也。二人为从，反从为比。凡比之属皆从比。　　，古文比。（《说文》）

"匕"与"人"相近，"比"与"从"相近，是否与人形有关，存疑。

* 儿

，仁人也。古文奇字人也。象形。孔子曰："在人下，故诘屈。"（《说文》）

"儿"是"人"的变形。《说文》中"儿"字是部首，在上下结构中是"人"的变形，读音与意义与"人"完全相同，是从文字构形中分解出来的一个形体。

兒   　　　合3397　　集6479　　郭店简·语丛四27

---

① 左侧是《说文》之"匕"。

睡虎地·封诊式 86　马王堆·老子乙 51.6

"儿"部有"兀""兒""允""兌"等字，都与人形有关。从"儿"的部首"兄""皃""禿""兆""先""见""覞"等，表意的重点都在"儿"上部的部分。这些部首分别在后面相应的人体部位章节中阐释。

* 先

，首笄也。从人，匕象簪形。凡先之属皆从先。　　，俗先从竹从朁。（《说文》）

依照《说文》，"先"是"簪"的表意初文。甲骨文有""字，像女性头戴发髻形。

合 32169

二、躺平的人

人躺倒主要有三种情况：睡觉、生病和死亡。为了适应狭窄的竹简，宽度长的字都变成了竖款，下面这些字都要放平了看，床脚才能落地。

*疒

疒　，倚也。人有疾病，象倚箸之形。凡疒之属皆从疒。（《说文》）

疒　合 8549　合 13652　合 21045　合 12671 正　《说文》篆文

甲骨文"疒"像人躺在床上，出汗生病的样子。从"疒"的字与疾病有关，《说文》收录了 102 个字，可见当时医学之一斑。

*寐

寱　，寐而有觉也。从宀从疒，梦声。《周礼》："以日月星辰占六寱之吉凶：一曰正寱，二曰罢寱，三曰思寱，四曰悟寱，五曰喜寱，六曰惧寱。"凡寱之属皆从寱。（《说文》）

寱　合 12780 反　合 17450　《说文》篆文

梦　卯簋盖，集 4327　《说文》篆文

甲骨文像躺在床上睡觉做梦。躺着的人带有眉,"眉"兼表读音。《说文》把"㝱"与"梦"区分为两个字,应当是不同时代繁简不同的异体。㝱部"寤寐"与睡觉有关。

"葬"在甲骨文中有很多繁简不一的异体,举两个有代表性的例子:

合 17171

甲骨文"葬"字像一人躺在棺椁中的尸床上。

合 22415　　兆域图,集 10478

代表死亡的残骨在尸床上。

三、俯身与匍匐

俯与伏是常见的两个动作，伏就是现在的爬。俯身向下，双手着地就成了伏。在古文字构形中，有个俯身向下的字，读音有两个系列。

★几

，鸟之短羽飞几几也。象形。凡几之属皆从几。读若殊。（《说文》）

"几"是"俯"的象形初文。

《说文》卷三有"几"部，部下收"㐱""㐫"二字。

禹簋，集3913

"㐫"中的 像俯身向下的人形，是"俯"的本字，在"㐫"字中表音。

伯娄俯簋，集3537.2

金文的"俯"字是在俯的本字上加音符"府"，象形字类化为"人"成为"俯"。

"几"的来源可能就是"俯"的表意字，与鸟羽无关。"几""㐫""俯"都是侯部字。

"几"很可能也是爬伏的"伏"的象形初文。

爬伏前进古人叫作"匍匐"：

，手行也。从勹、甫声。（《说文》）

🈚，伏地也。从勹、畐声。（《说文》）

"畐"与"伏"古音相同。

"佣"字金文作：

杜伯盨，集4452　　多友鼎，集2835

所从的人作"⺈"形，像爬伏的人形，是伏的本字，表意兼表音。"朋"增加"人"变成了"佣"。

"伏""畐""佣"都是唇音，韵部职蒸对转。⺈很可能与"冂"一样，最初就是一字多音义。

* 卧

🈚，休也。从人、臣，取其伏也。凡卧之属皆从卧。（《说文》）

"卧"可能就是俯身向下短暂休息，就是孟子所说的"隐几而卧"，类似古人所说的假寐。卧部字大都是俯身下视，说详后文"五官"篇。

四、曲体敛肢的女性

*女

，妇人也。象形。王育说。凡女之属皆从女。（《说文》）

女　　合 3301　　合 34083　　司母戊方鼎，集 1706　　大盂鼎，集 2837　　《说文》小篆

"女"像敛手跪坐的人形。女部字多达 240 个以上，涉及古姓、女性的容貌、人伦、品行等，几乎是一部女性文化史。

母　　合 19971　　合 27599　　田告母辛方鼎，集 2145.2　　《说文》小篆

每　　合 28680　　合 28410　　合 29185　　何尊，集 6014　　《说文》小篆

"母"与"每"最初是一字异体，异体分化为两个字。

媚　　合 14794 正　　子媚簋，铭图 3650　　《说文》小篆

"眉"兼表读音。

安　　　　　　　　　　　　　　　　　　
　　　　合 5373　　　公貿鼎，集 2719　　　包山簡 105　　　張家山・二年律令 455

　　三"女"是"姦"，"㚣，私也"。"力"是農具，是男性的代表，三"力"是"劦"，"劦，同力也"，就是協同的"協"的本字。這種男尊女卑的文化糟粕隨處可見，需要甄別與揚棄。

五、孕育的人——子与倒子

*子

🌀，十一月，阳气动，万物滋，人以为偁。象形。凡子之属皆从子。

🌀，古文子从巛，象发也。🌀，籀文子囟有发，臂胫在几上也。（《说文》）

子　　合 20035　　大盂鼎，集 2837　　《说文》小篆

子，突出婴儿特征。子部字大都常用，多与婴幼儿相关。

孕　　合 21071　　上博三·周易 50　　诅楚文·湫渊　　睡虎地·日书甲种 41 背　　《说文》小篆

"孕"像腹内怀子形。

"字"是"字"与"免"的同形字，可以分为"字1"和"字2"：

字1（孚）　　合 14002 正　　合 13965 "分娩"的"娩"　　上博一·缁衣 13　　郭店·六德 28　　睡虎地·日书甲种 150

㝞，乳也。（《说文》）

字 2（子） 　　梁其簋，集4149　　里耶一（六）1正

㝞，从子在宀下，子亦声。（《说文》）

这是"子"的繁体。

古文字中"字"是繁体"子"与"免"的同形字。《说文》："㝞，乳也。从子在宀下，子亦声。""免"的释义，"字（子）"的读音。

孳　　上博三·彭祖8　　《说文》篆文

双音符，与滋生的"滋"同源。

孟 　　父乙孟觚，集7099　　孟簋，集4162　　《说文》小篆

"孟"是长子，从子、皿声。

乳 　　合22246　　睡虎地·日书甲种29背　　《说文》小篆　　清华一·楚居11　　清华二·系年97，孺

甲骨文"乳"字像哺乳形，秦、楚文字都是其讹变。

保 1（保）　保父丁簋，集 3180　→　保鼎，集 1002　→　合 18970

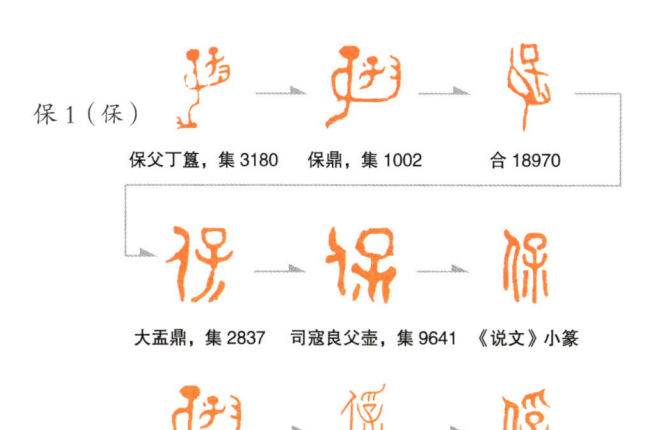

　　　　　大盂鼎，集 2837　→　司寇良父壶，集 9641　→　《说文》小篆

保 2　　保鼎，集 1002　→　中山王壶，集 9735　→　《说文》古文

保 3　　司寇良父壶，集 9641　→　望山简 197　→　《说文》古文

《说文》中三个"保"形都有古文字依据。

"保"与"俘"古音相近，字形相混，关系密切。

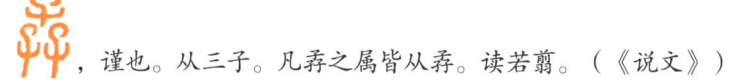

* 孨

孨，谨也。从三子。凡孨之属皆从孨。读若翦。（《说文》）

孨　　陶文，陶录 2·182·4　　《说文》小篆

与"孱"读音相近，可能是"孱"的简体。部中有"孱""孨"二字。

孱　　马王堆·春秋事语 74　　《汉印文字征》第 14 卷，第 17 页

像一次生育多胞胎，多胞胎婴儿孱弱。

"孨"，《说文》训为盛。多子为盛，或有所据。

*去（㐬）

🜚，不顺忽出也。从到子。《易》曰："突如其来如。"不孝子突出，不容于内也。凡㐬之属皆从㐬。🜚，或从到古文子，即《易》突字。（《说文》）

像倒过来的子形，表示生育过程的婴儿体位或弃婴。部中有"育""疏"二字。

毓　合 19066　　合 8251 正　　合 32763

合 22622　　屯南 469　　合 27192

毓祖丁卣，集 5396　　墙盘，集 10175　　《说文》或体

《说文》"毓"是"育"的或体。甲骨文"毓"像生育过程中婴儿出世。婴儿头朝下，下部是表示羊水等的小点，可有可无，可多可少，在不同的字形中分别作"㐬""充""充"。

流　玺汇 212　　《说文》小篆

"流"与"毓"字形和读音都有关系。

充　里耶一（8）242　　马王堆·十问 40　　《说文》小篆

"充"与"毓"读音相近，很可能是"毓"的省形。

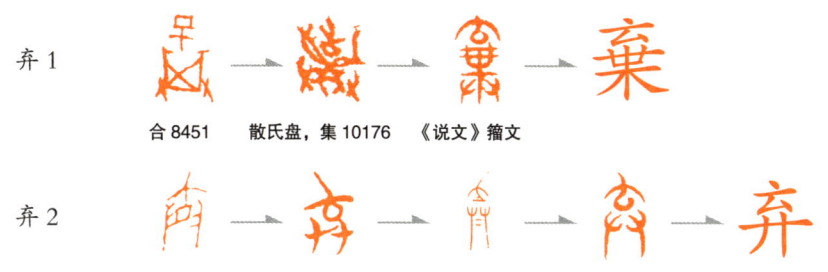

弃1　合8451　　散氏盘，集10176　　《说文》籀文

弃2　合21430　　郭店简·老子甲1　　中山王鼎，集2840　　《说文》古文

"棄"省略中间的工具就是"弃"，这个简化字出现得很早，甲骨文中就有。

六、伸展四肢的人形及其变形

*大

🧍 ，天大，地大，人亦大。故大象人形。古文大也。凡大之属皆从大。（《说文》）

大　　合 33349　　叔簋，集 4132.1

"大"像伸展四肢的人形，经常表示抽象意义大。在文字构形中，作为形符"大"都表示伸臂劈腿正立的人形，特征是伸臂露腋、劈腿露胯。其在上下结构中有两种写法：位于上部的作"大"，位于下部的作"亣"，《说文》分作两个部首。

*亢

🧍 ，人颈也。从大省，象颈脉形。凡亢之属皆从亢。（《说文》）

"大"劈开双胯，构形中很可能与胯部相关，例如"夸""奎""亢"。

亢　　怀 1502　　效作且辛尊 集 5943　　狱盘 铭图 14531　　《中国钱币大辞典·先秦编》第 217 页　　楚帛书

"亣"是在胯部加一标示符号，很可能与胯部相关。《说文》字形与释义皆不可信。

奎　永盂，集 10322　　清华十一·五纪 54

"大"除了表示大小的意义外，在构形中还表达胯的意义，如"奇"字，从大，可声，很可能是"骑"的本字。

*亣

，籀文大，改古文。亦象人形。凡大之属皆从大。（《说文》）

上下结构字形中，"大"在上部《说文》归"大"部，"大"在下部《说文》别立"亣"部，例如"奕""奘""奚""奭"等，字形小变，音义全同，与"人""儿"分立完全相同。

"奚"是俘获异族的人作为奴隶：

合 32905　　葡亚作父癸角，集 9102

上文"夹"字中的"大"就是大人形。

*亦

，人之臂亦也。从大，象两亦之形。凡亦之属皆从亦。（《说文》）

亦　合 6072 正　　毛公旅方鼎，集 2724　　《说文》小篆

腋部加两点，可能起标示作用，是"腋"的本字。亦部仅一字"夹"，是"陕"字的音符。

* 夫

，丈夫也。从大，一以象簪也。周制以八寸为尺，十尺为丈。人长八尺，故曰丈夫。凡夫之属皆从夫。（《说文》）

夫　　合 20166　　智鼎，集 2838
　　　　"令夫"　　　"人五夫"

"夫"是"大"上加一横。"大""夫"的关系最初可能和"月""夕"的关系相类似，一横并不是区别特征。

"夫"字很少作意符。部中"规"字构形复杂难明。[①]

* 立

，住也。从大立一之上。凡立之属皆从立。（《说文》）

立　　合 14254　　师酉簋，集 4289.1

从"立"的字大都与直立、等待等意义相关，例如"端""竦""竢"等。

* 竝

，并也。从二立。凡竝之属皆从竝。（《说文》）

[①] 陈剑：《说"规"等字并论一些特别的形声字意符》，杨荣祥、胡敕瑞主编《源远流长：汉字国际学术研讨会暨 AEARU 第三届汉字文化研讨会论文集》，北京大学出版社，2017 年，第 1—25 页。

并　　合 33113　　中山王方壶，集 9735

"竝（并）"像二人并立。与"从"部的"幷"不是一字。"并"部有一字"替"：

替　　中山王鼎，集 2840　　上博三·周易 44

替，废，一偏下也。（《说文》）

* 奢

奢，张也。从大者声。凡奢之属皆从奢。　　，籀文。（《说文》）

奢　　奢㲋簠，集 4539　　鄒㚻鲁生鼎，集 2605

"奢"从大、者声，籀文作"奓"，因为在"䵽"字中是直接构字意符，《说文》列为部首，与"蓐"为部首同类。"奢"中的"大"是义符。

* 赤

赤，南方色也。从大从火。凡赤之属皆从赤。　　，古文从炎、土。（《说文》）

赤　　合 3313　　麦方鼎，集 2706　　《说文》小篆

大火会赤义。"大"与"火"都是义符。"赤"部有"赧""赭""赫"等字，都与赤色有关。

*夨

夨，倾头也。从大，象形。凡夨之属皆从夨。（《说文》）

夨　　合 19682　　夨令方彝，集 9901　　《说文》小篆

"夨"是头部歪斜正立的人形。部中常用字"吴"构意不明。

吴　　师酉簋，集 4288　　吴王御士叔鲧簋，集 4527　　《说文》小篆

虞　　恒簋盖，集 4199　　散氏盘，集 10176　　《说文》小篆

"虞"是"吴"的后起形声字，二者关系密切。

仄　　"昃"字字符，合 30835　　居延四 505.34　　《说文》小篆

"仄"是倾侧的"大"形，在甲骨文"昃"字中表示倾斜的人影，会日影西斜意。

吳

合 30835　　合 12809

"矢"与"仄"是音义俱近的同源词。

屰

屯 4138　　登屰罍，集 9771　　《说文》小篆

"屰"是倒过来的"大"。

*逆

，迎也。从辵、屰声。关东曰逆，关西曰迎。（《说文》）

逆

合 4919　　合 5327　　三年瘋壶，集 9727

"仄"与"屰"都是依靠形位表意的独体字，是"大"的变形。

七、各种发型的人

头发直接关系到人的容貌、社会地位和年龄。

头发与美丽相关。

若　　合 31676　　合补 4887 正　　花东 409

字形是跪坐的人形梳理头发，"若"有顺、善等义，当是梳理头发使之顺畅、美丽。《说文》中艸部和叒部有两个"若"，很可能都是此字的讹变。

兴　　合 4593　　合 36777　　郭店简·老子乙 4

"兴"字《说文》失收。古文字中有"兴"，与"美"音义俱通。从"兴"的字大都读为"美"。

敚（微）　　合 17942　　集 10175　　牧师父簋 集 4068.1　　清华五·命训 15　　郭店简·老子甲 15　　《说文》小篆

媺　（郭店简·缁衣 35）：大其媺（美）而小其恶。

（郭店简·老子丙 7）：弗媺（美）也。

《集韵》："媺，善也，通作美。"

髳   合3105   合3107反①   《说文》小篆

初文头发浓密下垂，这是青年男性之美。《诗·鄘风·柏舟》："髧彼两髦。"不同的发型表达不同的身份。很长时间内，有些地方闺女、人妻、寡妇的发型各不相同。

奚   合6477正   合645   合32905

"奚"是奴隶。下面或从黑、或从反缚跪着的人形、或从人，上面是辫着的发辫。

妻   合6057反   合938正   冉父丁罍，集9811.1   《说文》小篆

"妻"是一只手对着女的头发，很可能与原始抢婚文化有关。

头发与年龄密切相关，从奶毛稀疏，到黑发浓密，再到白发稀疏，最后童头秃发。古人寿命没那么长，所以常用长发表示年龄大。

＊长

，久远也。从兀从匕。兀者，高远意也。久则变化。亾声。斥者，倒亾也。凡长之属皆从长。（《说文》）

长   合28195   合17055反   易长方鼎，集1968   墙盘，集10175   《说文》小篆

"长"是头发弯曲的拄杖老人形，会年长意。《说文》长部另有三字，常

---
① 此字或释"美"。

七、各种发型的人

215

用的"肆"字并不从长。

* 老

老, 考也。七十曰老。从人、毛、匕。言须发变白也。凡老之属皆从老。（《说文》）

老　　合 20293　　史季良父壶, 集 9713　　中山王鼎, 集 2840　　《说文》小篆

头发直立如草的拄杖老人，会年老义。老部字大都与年老相关：耄耋、寿考、黄耇、耆旧等等。

考　　追簋, 集 4220　　戎生编钟, 铭图 15244　　《说文》小篆

考，从老，丂声，与"老"同义。

寿　　杜伯盨, 集 4452　　追簋, 集 4223.2　　《说文》小篆

寿，从老，畴声。"寿"有很多繁简异体字，基本意符都是老省形和音符畴（畴）。

耇　　墙盘, 集 10175　　曾子伯盘, 集 10156　　《说文》小篆

孝　　追簋, 集 4224　　杜伯盨, 4451　　《说文》小篆

子扶持老，会孝义。

八、突出头部的人形

附带人体、突出头部的有"元""天""页""黑""鬼"等字。头是圆的,"元""天"上部都是圆形。稽首需要跪着磕头,"页"是跪人突出磕头;头部面上刺青就是"黑",戴上傩具之类的鬼脸就是"异"和"鬼"。这些字都是突出头部的人形。

"元"与"兀"一字分化,是侧立的人形顶着一颗头。

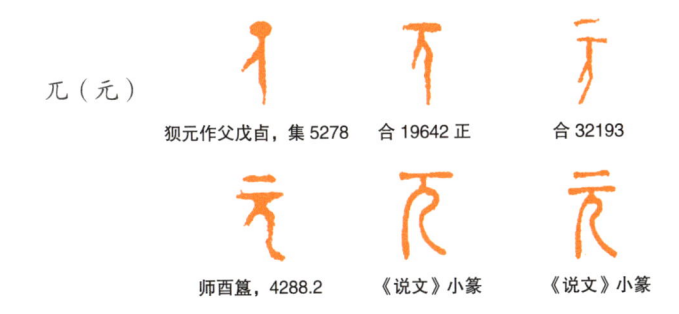

兀(元)

狽元作父戊卣,集 5278　　合 19642 正　　合 32193

师西簋,4288.2　　《说文》小篆　　《说文》小篆

* 丏

丏,不见也。象雍蔽之形。凡丏之属皆从丏。(《说文》)

"丏"是独字部,小篆作丏,部中无一领属,孤立在卷九"面"与"首"之间。在"宾"字中作音符。

合 32 正　　叔钟,集 88　　保卣,集 5415.1　　叔宾父盨,集 4377

根据"丏"在"宁""宾"等字中的构字可知其是"元(兀)"的变形。

"元""兀""丏""丂"皆一字分化。

天

合 20975　　周原 H11:24　　屯南 643　　合 22094

作册大方鼎，集 2760　　颂鼎，集 2829　　洹子孟姜壶，集 9729　　《说文》小篆

"天"是正立的人形顶着头，本义也是头，隐喻为天。字形上部或加饰笔。"元"与"天"都在《说文》的一部，"兀"在儿部。

* 页

，头也。从百从儿。古文䭫首如此。凡页之属皆从页。百者，䭫首字也。（《说文》）

古文字中"页"有两种写法，一是下部为跪人形：

页 1

合 22215　　合 22216　　卯簋盖，集 4327　　《说文》小篆

"䭫"是西周金文高频常用字，几乎无例外是从跪人形的"页"，本义是稽首，跪拜磕头，这个"页"是"䭫"的本字。

下面从立人的"页"可能与"首"是繁简字。西周金文中的"显（顯）"也是高频常用字，大都是从立人的"页"：

页 2

即簋，集 4250　　叔钟，集 92

"顯"字所从。（《说文》）

在"沫"字中表示洗沐中的首。

颂簋盖，集 4338　　子璋钟，集 116.2

"沫"字所从。（《说文》）

跪形的"頁"与立形的"頁"很早就开始混讹同形了。页部字与头部相关。

* 頻

頻，水厓。人所宾附，頻蹙不前而止。从页从涉。凡頻之属皆从頻。（《说文》）

頻　合 1051 正　效卣，集 5433　焂作周公簋，集 4241　猷簋，集 4317

"頻"有水边和临近两个常用义，字形合并了古文字中的"頻"与"临"，与"涉"无关。频部二字。"顰"当从频声。

* 皃

皃，颂仪也。从人，白象人面形。凡皃之属皆从皃。　，皃或从页，豹省声。　，籀文皃从豹省。（《说文》）

"皃"是"貌"的篆文，很可能是从"貌"上截除下来的部件。部中一字"覍"与"貌"无关。

* 黑

黑，火所熏之色也。从炎，上出囱。囱，古窗字。凡黑之属皆从黑。（《说文》）

黑　墉伯簋，集 4169　铸子叔黑叵簋，集 4570.1

"黑"像面部有点，可能是墨刑的表意初文，脸上刺墨以异于常人。"黑"与"墨"一字分化。

*异

畀，分也。从廾从畀。畀，予也。凡异之属皆从异。（《说文》）

异　合 27349　大盂鼎，集 2837　睡虎地·秦律十八种 65　《说文》小篆

"异"是举起双手的鬼头人形。人化异物为鬼，像人戴鬼头的样子，鬼头可能类似傩具。异部有"戴"字，所从的"𢐆"是头戴物之形，"𢐆"兼表音，与"异"来源不同。

*鬼

鬼，人所归为鬼。从人，象鬼头。鬼阴气贼害，从厶。凡鬼之属皆从鬼。

魂，古文从示。（《说文》）

鬼　合 8593　合 14272　鬼作父丙壶，集 9584　睡虎地·日书乙种 187　《说文》小篆

甲骨文中立"鬼"与跪坐的"鬼"用法不同。秦文字"鬼"是立鬼与坐鬼的糅合。

畏　合 14173 正　大盂鼎，集 2837　王孙遗者钟，集 261.2　岳麓三 241　《说文》小篆

甲骨文像举杖的鬼，表示"畏"和"威"。"鬼"与"畏"形、音、义都

相关，情况复杂。"畏"在《说文》由部。

附：

* 嵬

𪚥，高不平也。从山鬼声。凡嵬之属皆从嵬。（《说文》）

鬼作音符，与表意无关。

九、侧开其口的人形

侧开的口部不独立成字,必须依附在各种人形上构成整体象形。

*欠

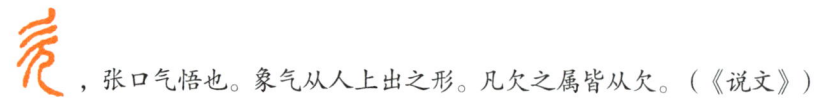

,张口气悟也。象气从人上出之形。凡欠之属皆从欠。(《说文》)

《说文》篆文字形不见于先秦两汉文字。古文字是人侧开其口的表意字,表达张口打哈欠之类的出气之意。

吹　叔趯父卣,集 5428.1　叔趯父卣,集 5429.1

欣　《珍秦斋藏印·秦印篇》286

合 914 反

秦文字"欠"多作侧立开口的人形。部中字多与出气有关,例如吹歔、欧歌、欢欣、欷歔。

楚文字中的"欠"侧口封闭,多作跪坐形,与甲骨文 联系更紧密。

欲　诅楚文　睡虎地·法律答问 205　上博二·鲁邦大旱 4　上博二·容成氏 30

次　王子婴次炉,集 10386

"次"从"二",会不精义。

从"欠"的字在楚文字中的表层结构多作"次"形,深层结构与"次"无关。

*次

, 慕欲口液也。从欠从水。凡次之属皆从次。 , 次或从㳄。

, 籀文次。(《说文》)

次　合21181　㱃戒鼎,铭图2279　《说文》小篆

㳄　㫃生残钟,集105　《说文》古文　《说文》籀文

"次"是"涎"的表意字。"次""㳄""谷"构意相近,表意相通。"次"部有"羡""盗"等,与羡慕、贪欲相关。

*旡

, 飲食气屰不得息曰旡。从反欠。凡旡之属皆从旡。 , 古文旡。(《说文》)

旡　甲骨文,合18006　《说文》古文　《说文》小篆

"旡"像倒转口部的人形,或跪坐或站立,表示完结。

既　合6648正　晋侯对鼎,铭图2332　郭店简·老子甲20　《说文》小篆

玬

散氏盘，集 10176

"玬"在铭文中与"既"同出，用法相同。

*歙（饮）

，歠也。从欠酓声。凡歙之属皆从歙。　，古文歙从今、水。

，古文歙从今、食。（《说文》）

歙　　合 10405 反　　合 10137 正　　《说文》小篆

"歙"像俯身饮酒状。部中有"歠"字，与"歙"同训。表意字离析，类化为字符"欠"。

十、躯体部位

躯干是人的主体部分，但被衣服遮蔽，活动不够灵敏，所以构成的文字不多。

*文

，错画也。象交文。凡文之属皆从文。（《说文》）

文　合1093　　合4611反　　无叀鼎，集2432　　雔卣，集5362　　秦公钟，集264

"文"字突出胸部。商周"文"的胸部有各种花纹，后来类化为"心"。本义是断发文身之"文"。文部"斐""斑"等都与花纹有关。

*彣

，䨋也。从彡从文。凡彣之属皆从彣。（《说文》）

彣　《说文》篆文　　曹全碑碑阴

"文""彣""纹"一字之分化。《说文》为"彦"字设立彣部。

彦　应监甗，集883　　应公觯，集6174　　新蔡简·甲三210　　《说文》小篆

合 18337

甲骨文"膺"字作 ，在隹的膺部加标示符号。金文左侧是伸臂露胸的人形，人与隹之间的点可能是共用部件，标示胸部。

* 勹

，裹也。象人曲形，有所包裹。凡勹之属皆从勹。（《说文》）

"勹"来源不一，《说文》合并为一。其中之一像人曲有所包裹形。"包"像人体包裹着胎儿，是"胞"的本字。

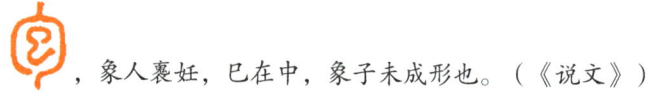

，象人裹妊，巳在中，象子未成形也。（《说文》）

睡虎地·封诊式 48

"勹"与"包"是异体字。

* 身

，躳也。象人之身。从人厂声。凡身之属皆从身。（《说文》）

身　　合 13666 正　　合 21731　　楷侯簋盖，集 4139　　痶钟，集 253　　《说文》小篆

凸出隆起的腹部，甲骨文正、反无别。"身"像妊娠之形，词义扩大为身体。身部二字，另外一字是"躯"。

孕　　合 21071　　上博三·周易 50

"孕"的外部是腹部隆起的人形。

* 㫃

㫃，归也。从反身。凡㫃之属皆从㫃。（《说文》）

"㫃"，《说文》从反身。㫃部二字，"㫃"当是从部中"殷"字截除下来的一部分。

㫃　合 15733　合 17979　大盂鼎，集 2837　虢叔尊，集 5914

"㫃"像以钝器或锐器击刺人腹，本义不明。

* 堇

堇，黏土也。从土，从黄省。凡堇之属皆从堇。　，皆古文堇。（《说文》）

堇　合 10181　裘卫盉，集 9456　清华一·皇门 3

"堇"与人形有关，上部从"口"，甲骨文下部是与"黑"相近的人形，增加土构成"堇"，部中二字，另一个是"艱（艰）"。

黄　合 22195　黄子鲁天尊，集 5970　颂鼎，集 2827　睡虎地·秦律十八种 8

"黄"像正面大腹之人。颜色"黄"是假借表音。黄部字与黄色有关，"黄"是义符，所构字大都不常用。

十、躯体部位

十一、突出上肢的人

* 丮

丮,持也。象手有所丮据也。凡丮之属皆从丮。读若戟。(《说文》)

丮　　合 734 正　　班簋,集 4341　　《说文》小篆

"丮"像伸出双手的人形,常表示人有所作为。

夙　　合 20346 反　　启卣,集 5410　　《说文》小篆　　《说文》古文　　《说文》古文

空中有月,人已起来劳作。夙兴夜寐常用来形容勤劳。

埶　　合 27772　　合 1965　　叔夷镈,集 285.8

　　清华一·皇门 10　　上博六·用曰 15　　《说文》小篆

　　清华五·命训 13　　玺汇 1920　　郭店简·语丛二 51①

"埶"是树艺五谷的"艺"的本字,像人持屮或木形。

---
① 存疑。

*斗（鬥）

🝆，两士相对，兵杖在后，象斗之形。凡斗之属皆从斗。（《说文》）

斗（鬥）　　合 152 正　　合 20231　　《说文》小篆

像二人双手相搏斗之形。部中有"鬭""鬨""鬮"等。

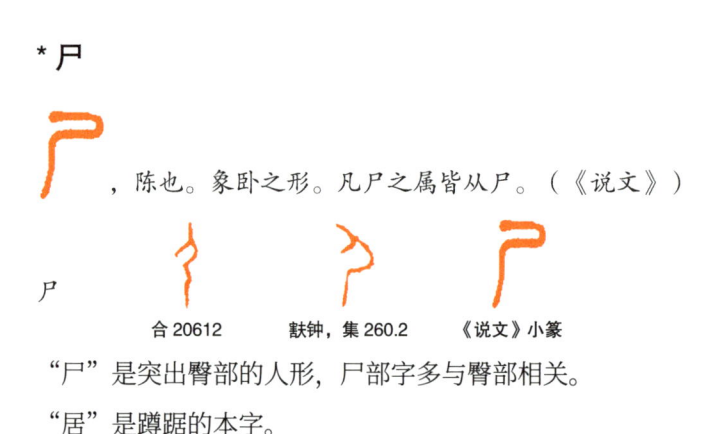

十二、突出臀部蹲踞的人形

*尸

，陈也。象卧之形。凡尸之属皆从尸。（《说文》）

尸　　合 20612　　默钟，集 260.2　　《说文》小篆

"尸"是突出臀部的人形，尸部字多与臀部相关。

"居"是蹲踞的本字。

居　　清华五·命训 2　　《说文》小篆　　《说文》小篆

"处（処）"像臀部依在几上，加"虍（虎头）"表示读音，构成繁体。

处（処）　　郭店简·成之闻之 8　　瘐鼎，集 252　　《说文》小篆　　《说文》小篆

"屁（臀）"的表意初文是在臀部加上示意符号：

合 7075 正　　合 13750 正

"尻"字后起，与"臀"同义。

屎　　合 9575　　合 13625 正　　清华二·系年 14

《说文》作"菌"。

尿　合137正　　郭店简·语丛二36　　《说文》小篆

《说文》"尿"字从"尾"，是字形讹变。

化　合19769　　怀650　　中子化盘，集10137　　《说文》小篆

"化"字从"尸"，构意与"毓"相似，讹变为"人"。

*尺

尺，十寸也。人手却十分动脉为寸口。十寸为尺。尺，所以指尺规矩事也。从尸从乙。乙，所识也。周制，寸、尺、咫、寻、常、仞诸度量，皆以人之体为法。凡尺之属皆从尺。（《说文》）

"尺"字源自"毛"，与"尸"没有关系，《说文》部首"尺"位于"尸""尾"之间。

"尸"部字来源复杂。

*尾

集5990

尾，微也。从到毛在尸后。古人或饰系尾，西南夷亦然。凡尾之属皆从尾。（《说文》）

尾　合136正　　章子戈，集11295　　《说文》小篆

"尾"像人的臀部附属着倒毛，汉代西南夷还有此装饰。商代小臣俞尊的"𤾆"字正是头戴羽饰，臀系尾巴的形象。

十二、突出臀部蹲踞的人形

"尾"部有"属""屈"等。

"履"与人体有关,但与"尸"没有直接关系,参看后文"文字中的人体器官"第六篇《移动的脚趾》。

十三、跪坐的人形

* 卩

卩，瑞信也。守国者用玉卩，守都鄙者用角卩，使山邦者用虎卩，士邦者用人卩，泽邦者用龙卩，门关者用符卩，货贿用玺卩，道路用旌卩。象相合之形。凡卩之属皆从卩。（《说文》）

* 危

危，在高而惧也。从厂，自卩止之。凡危之属皆从危。（《说文》）

"卩"像跪坐的人形：

合 22258　　卩卣，集 5412.3 "令"字下部

"跪"与"坐"是一形多音义。跪有惩罚、恭敬、顺服等文化意义。

"危"字中的"厂"是人在崖端，是《说文》所说的"在高而惧也"。"卩"即"跪"的初文。

跪　合 22258 → 包山简 243 → 清华六·子产 11 → 《说文》小篆 → 《说文》小篆

"危"作为部首，部中只有"飯"一字。"飯隁"后被"崎岖"取代。

"令"是上面一个倒过来的口，下面一个跪着的人：

合 5045　　合 3049

"命"与"令"是一字分化。

命簋，集 4112　　墙盘，集 10175　　《说文》小篆　　《说文》小篆

"卩"部十三个字，大部分与跪坐的人形意义相关。

* 印

，执政所持信也。从爪从卩。凡印之属皆从印。（《说文》）

"印"部两个字：印、归，分别与甲骨文下列字形对应：

印　　　　归
屯 4310　　合 8329

"印"是"抑"的本字，像一只手压抑跪着的人。

* 辟

，法也。从卩从辛，节制其辠也；从口，用法者也。凡辟之属皆从辟。（《说文》）

"辟"部三个字。《说文》训作法的"辟"，古文字作：

合 438 正　　麦方尊，集 6015

上二字形由跪坐的人形与刑具"辛"构成,"辛"兼表读音,表示刑罚、王法等意义。

"辟"应当是"璧"的本字。圆圈是"璧"的象形,𰊓声。

"𰊓""辟"合并,后分化出"璧"。

部中"𨐌""嬖"二字都是"𰊓"的同源字。

*苟

🟧 ,自急敕也。从羊省,从包省。从口,口犹慎言也。从羊,羊与义、善、美同意。凡苟之属皆从苟。🟧 ,古文羊不省。(《说文》)

"苟"部只有"敬"字。"苟"在古文字中是个跪坐的人形,头部似有特别的装饰。大盂鼎中用作"敬",当即敬的初文。

🟧 → 🟧 → 🟧
合 20390　　大盂鼎,集 2837　　何尊,集 6014

"卩"也是"坐"的初文。"坐"则有舒适、安逸等文化意义。

坐　🟧 → 🟧 → 🟧 → 🟧 → 🟧
　　合 22258　合 5357　清华七·越公其事 33　睡虎地·秦律十八种 80　《说文》古文

*卯

🟧 ,事之制也。从卩、𠄎。凡卯之属皆从卯。阙。(《说文》)

"卯"(qīng)像相向跪坐的两个人,卯部有"卿"。说解参看《汉字阐释十二讲》。

* 邑

[篆文图], 国也。从囗；先王之制，尊卑有大小，从卪。凡邑之属皆从邑。（《说文》）

"邑"字从"囗"，像城邑的外围，从"卪"。"邑"是人安居之所。从"邑"的字多表示城邑、地名。

* 𨛜

[篆文图], 邻道也。从邑从邑。凡𨛜之属皆从𨛜。阙。（《说文》）

"𨛜"作为部首，部中有"鄉""𨛜（巷）"二字。其来源与"卿"相关。

膝（㯗） [甲骨文图]
合 32700

在跪坐人形的膝盖处以指事符号标记。

* 色

[篆文图], 颜气也。从人从卪。凡色之属皆从色。[古文图], 古文。（《说文》）

"色"字构意不明，秦楚文字差异很大：

秦文字
睡虎地·日书甲种 69 背

楚文字
清华四·筮法 51

楚文字中"色"与"印"的区别是"爪"的位置，在"卪"前方的是"色"，在"卪"上部的是"印"。

*卮

卮，圜器也。一名觛。所以节饮食。象人，卪在其下也。《易》曰："君子节饮食。"凡卮之属皆从卮。（《说文》）

马王堆·遣册一 179

"卮"见于汉代，字中有"卩"，构形不明。卮是一种圆形酒器，部中二字也是同类器名。

屯 236

卭，二卪也。巽从此。阙。（《说文》）

"卭"像相从的两个跪着的人，会谦逊义。

巽

| 楚币 货系 4141 | 楚简 清华四·筮法 37 | 《说文》小篆 | 《说文》古文 | 《说文》籀文 |

十三、跪坐的人形

十四、突出下肢的简笔画

*走

走 ，趋也。从夭、止。夭止者，屈也。凡走之属皆从走。（《说文》）

走　合 27939　　虎簋盖，铭图 5399

像甩臂奔跑之形，累增意符"止"。"趣""趋""赴""越"等表示快速位移。

*夭

夭 ，屈也。从大，象形。凡夭之属皆从夭。（《说文》）

夭　清华五·殷高宗问于三寿 22　　郭店简·唐虞之道 11　　睡虎地·日书甲种 59 背　　马王堆·五行 177

目前确知的"夭"字从"宀"、从"走"的象形初文，屋内奔跑可能是不祥。《说文》讹变为夭，部中"乔""幸""奔"都与"夭"无关。"奔"字见后文"移动的下肢"篇。

*尣

尣，𨄉，曲胫也。从大，象偏曲之形。凡尣之属皆从尣。𡕢，古文从里。

尢（尣）　墙盘，集 10175　　"尣"字之《说文》小篆

"尢"是下肢一直一曲的人形，是下肢残疾之人。
从"尢"的"尪""𨄉""尥""尴""尬"等字都与曲胫残疾有关。

*交

交，交胫也。从大，象交形。凡交之属皆从交。（《说文》）

交　交鼎，集 1481　　合 32509　　交鼎，集 2459　　睡虎地·日书乙种 4　　北大汉简·老子 64

根据秦汉文字"交"的字形上溯商周文字，并释为"交"，但甲骨文、金文辞例不能证实。"交"在甲骨文中有时与"黄"同形。①

清华二·系年 43　　上博四·逸诗·交交鸣鸟 3

"交"或为"绞"的初文。

股　合 13670　　合 21871　　郭店简·六德 16　　石鼓文

在人的股（大腿）部加上指事符号。

---

① 合 32509 "贞令步㠯吏，⺈交[得]"；集 2459 交鼎"交从兽（狩）遘卽，王易（赐）贝，用乍（作）宝彝"。

企						
	合 18983	合 19733 正	癸企爵集 8060	岳麓一·为吏治官及黔首 43 正	鲁峻碑	《说文》小篆

"企"是踮起脚尖，可以想象看不见踮起脚来的努力情景，对"企图"这个词也就多了一份直观的理解。

下篇：汉字中的人体器官

一、首与面

*百

百，头也。象形。凡百之属皆从百。（《说文》）

百　　英1123　　《说文》小篆

在《说文》中，"百"与"首"音义并通，只是有发与无发的区别。部中有"脜"。

脜　　清华八·摄命31　　清华八·治邦之道11　　《说文》小篆

"脜"古文字从"页"，多读为"羞"。

*首

首，百同。古文百也。巛象发，谓之鬊，鬊即巛也。凡首之属皆从首。（《说文》）

首　　花东304　　花东446　　合6032正　　合29255

　　班簋，集4341　　师酉簋，集4288.2　　《说文》小篆

"首"是长着头发的头。首部隶属二字。

* 県

県，到首也。贾侍中说：此断首到縣県字。凡県之属皆从県。(《说文》)
"県"见于"縣"字。

縣　花东37　　縣改簋，集4269　　《说文》小篆

"縣"像悬挂倒首，是"悬"的本字。

《说文》："皃，颂仪也。""颂，皃也。"

颂　颂鼎，集2829　　《说文》小篆　　《说文》籀文

"颂"是容貌的"容"的本字，"颂""容"古音相近。

* 面

面，颜前也。从百，象人面形。凡面之属皆从面。(《说文》)

面　花东113　　花东226　　郭店简·唐虞之道25

　　包山简271　　睡虎地·法律答问　　《说文》小篆

沿"百"侧曲线加一曲线，可理解为象形，也可理解为指示。

颜　九年卫鼎，集2831　　《说文》小篆　　《说文》籀文

"颜"与"面"是同义词。金文"颜"字从"面"。

二、发眉与须髯

*髟

髟，长发猋猋也。从长从彡。凡髟之属皆从髟。（《说文》）

髟　　合 4559 反　　合 14294　　《说文》小篆

"髟"像侧举其手，长发飘飘的样子。从"髟"的字全部与头发相关，例如"髪""鬓""鬍""鬚""髭""髯""髡""鬀""髢""髦"等等，头发、胡须、剃发、假发等各有专字。

髪　　睡虎地·日书甲种 60 背

鬓，根也。从髟、犮声。（《说文》）

𩠐（髪）　　召卣，集 5416.1　　墙盘，集 10175　　髪钟，集 35　　上博九·灵王遂申 2

𩠐，髪或从首。𩠐，古文。（《说文》）

西周金文中的"发"从首，犮声，所从的"首"突出有发。《说文》古文中的"犮"是"犮"的讹变。

*秃

,无发也。从人,上象禾粟之形,取其声。凡秃之属皆从秃。王育说:苍颉出见秃人伏禾中,因以制字。未知其审。(《说文》)

人的头部无发有"禾",构形理据不明。部中有"颓"。

与头发相关的"燅""髦""长""老""寿""考"等已见上。

*眉

,目上毛也。从目,象眉之形,上象额理也。凡眉之属皆从眉。(《说文》)

眉　合 3198　小臣謎簋,集 4238.2　乖伯簋,集 4331　《说文》小篆

眉部两个字,另一个字"省"与"眉"无涉。

媚　合 14794 正　子媚簋,铭图 3650　《秦代印风》第 66 页　睡虎地·日书乙种 246　《说文》小篆

女性眉长为媚为美,"眉"兼表音。

*苜

,目不正也。从丫从目。凡苜之属皆从苜。莧从此。读若末。(《说文》)

"苜"是从"蔑"上截除下来的部件,本是眉的象形,部中的"瞢""蔑"等兼表读音。

瞢　睡虎地·日书甲种 40 背　《说文》小篆
"多瞢未(寐)死"

"瞢"与"梦"是一字分化。

蔑

合 30451　　长由盉，集 9455　　《说文》小篆

"蔑"与"伐"构意相近，"眉"兼表读音。

*睞（睫）

睞，目旁毛也。从目、夹声。（《说文》）

睫毛的特点是夹目而生，"夹"兼表意。

*须

须，面毛也。从页从彡。凡须之属皆从须。（《说文》）

须（鬚）

合 816 反　　合补 6167　　伯多父盨，集 4370

上博五·三德 1　睡虎地·日书甲种 71 背　睡虎地·为吏之道 41

甲骨文像人的颊部长着胡须。须部有"髯""頾（髭）""頯（髯）"等字。

*冄（冉）

冄，毛冄冄也。象形。凡冄之属皆从冄。（《说文》）

冄（冉）

师袁簋，集 4314　　廿一年相邦冉戈，集 11342　　《说文》篆文

"冄"可能是"髯"的本字，在颐曰须，在颊曰髯。"冄"是独字部。

三、五官

《灵枢经》以鼻、目、口、舌、耳为"五官",我们把顺序调整为自上而下:目、耳、鼻、口、舌。

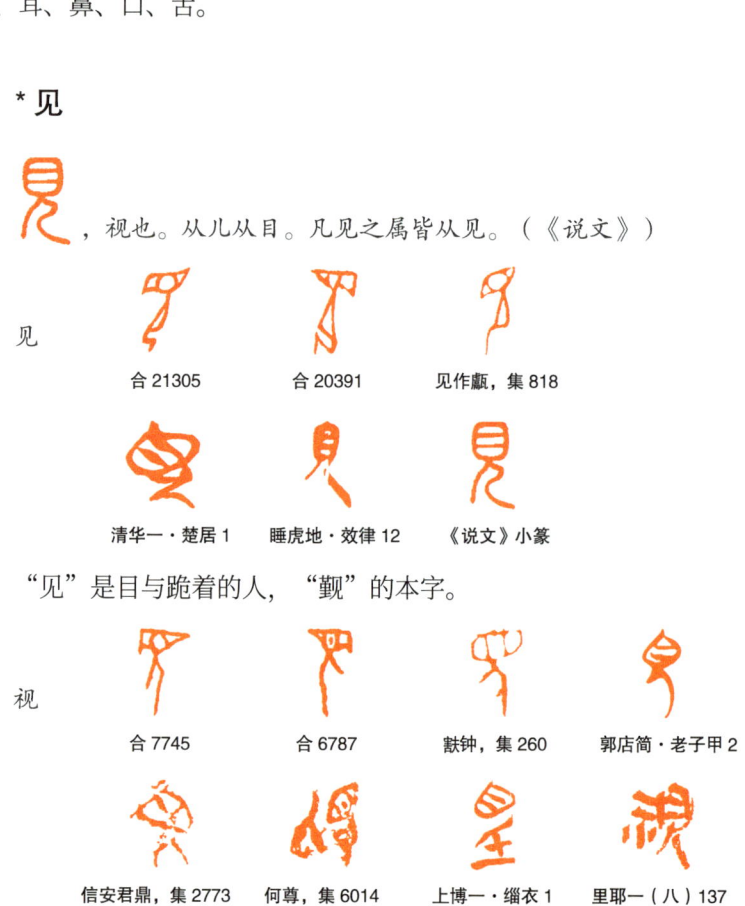

*见

，视也。从儿从目。凡见之属皆从见。(《说文》)

见
- 合 21305
- 合 20391
- 见作瞯,集 818
- 清华一·楚居 1
- 睡虎地·效律 12
- 《说文》小篆

"见"是目与跪着的人,"觊"的本字。

视
- 合 7745
- 合 6787
- 默钟,集 260
- 郭店简·老子甲 2
- 信安君鼎,集 2773
- 何尊,集 6014
- 上博一·缁衣 1
- 里耶一(八)137
- 《说文》小篆
- 《说文》古文
- 《说文》古文

*覞

🔸, 并视也。从二见。凡覞之属皆从覞。（《说文》）

覞，《说文》立为部首，表意功能与"见"相同。

甲骨文"视"的本字像目与立着的人。增加音符"氏"或"示"之后，表意字转化为义符，形符区别特征消失。

*目

🔸, 人眼。象形。重童子也。凡目之属皆从目。🔸, 古文目。（《说文》）

目　合 6194　目爵，集 7493　艹目父癸爵，集 8964　睡虎地·日书乙种 240

《说文》小篆　上博七·君人者何必安哉甲本 5　郭店简·唐虞之道 26　《说文》古文

"目"像人平视的眼睛，目部字很多，都与眼睛相关。

省　屯 272　戍鼎，集 2694　清华一·皇门 4　睡虎地·秦律杂抄 22　《说文》小篆

"省"初文从"目""屮"，与"相"构意相同，都是仔细观察植物。

眚　小子眚卣，集 5394.1　豆闭簋，集 4276　中山王鼎，集 2840　《说文》小篆

"眚"与"省"是一字分化，由表意字逐渐转化为形声字。

三、五官

相　　作册旅尊，集 6002　　相父乙卣，集 5147　　上博七·吴命 5

里耶一（八）121　　《说文》小篆

"相"从目木。《说文》艸部字和木部字都在四百以上，是省与相的结果。

眔　　合 27610　　令鼎，集 2803　　永盂，集 10322　　《说文》小篆

"眔"，《说文》又作"㠯"，是"泣"的表意字。

*夏

夏，举目使人也。从攴从目。凡夏之属皆从夏。读若颭。（《说文》）

夏　　合 16981　　癸夏爵，集 9034

"夏"在甲骨文、金文中用作人名，表层结构相近，甲骨文构意似可参照"民"字。"夏"不见于文献应用，其音义仅见于字书，部中四字皆来源不明，这类疑难字需要特别关注。

*盾

盾，瞂也。所以扞身蔽目。象形。凡盾之属皆从盾。（《说文》）

盾　　合 7991　　五年师旋簋，集 4216.1　　五年师旋簋，集 4218

清华六·郑文公问太伯乙 5　　睡虎地·秦律杂抄 31

*臣

臣，牵也。事君也。象屈服之形。凡臣之属皆从臣。（《说文》）

臣　　合 20354　　小臣俞尊，集 5990　　献簋，集 4205

"臣"是竖起来的眼睛，构字中大都表示与平视有别的仰望或监临等。部中"臧"字中的"臣"是义符。

*卧

卧，休也。从人、臣，取其伏也。凡卧之属皆从卧。（《说文》）

卧　　"监"字所从，颂鼎，集 2827　　睡虎地·日书甲种 64 背　　《说文》小篆

"卧"来源不一，部中的"监"与"临"都是人俯身临下之形。《说文》"卧，休也"之说当另有其来源。

监　　合 27742　　合 27740　　屯 779　　《说文》小篆

"监"像人临皿俯视形，"皿"上横划可能是水中倒影，与"血"无关。"监（監）""鑑""鉴"一字分化。

临　　屯 2080　　董临鼎，集 2312　　曾侯乙钟，铭图 31029　　清华二·系年 67

三、五官

251

🗚，临也。从卧、品声。（《说文》）

"临"像人临川俯视，"川"讹变为多寡不一的人形，加音符"品"成为形声字。

*臤

臤，坚也。从又臣声。凡臤之属皆从臤。读若铿锵之铿。古文以为贤字。（《说文》）

| 臤 | 英1821 | 柞伯簋，铭图5301 | 郭店简·唐虞之道6 | 郭店简·穷达以时2 | 《说文》小篆 |

楚文字中所从的"✢"见于甲骨文、金文，是"擎""搴"的表意初文。

*民

民，众萌也。从古文之象。凡民之属皆从民。　，古文民。（《说文》）

| 民 | 合13629 | 大盂鼎，集2837 |

"民"像以物刺目，可能是一种惩治手段。民部二字，"氓"读若"盲"。

*丿

丿，雍蔽也。从人，象左右皆蔽形。凡丿之属皆从丿。读若瞽。（《说文》）

兆（瞽）　　合 16013　　合 16042

当是"瞽"的初文，目残，表示目盲或盲人。部中二字，另一"兜"字当与"兆"无关。

*耳

耳，主听也。象形。凡耳之属皆从耳。（《说文》）

耳　　危耳卣，集 4867.1　　耳卣，集 5384.1　　耳尊，集 6007　　包山简 34　　《说文》小篆

闻　　合 5004　　合 19174　　合 1075 正　　利簋 集 4131　　王孙诰钟 铭图 15606

中山王鼎，集 2840　　包山简 137　　《说文》古文　　《说文》篆文

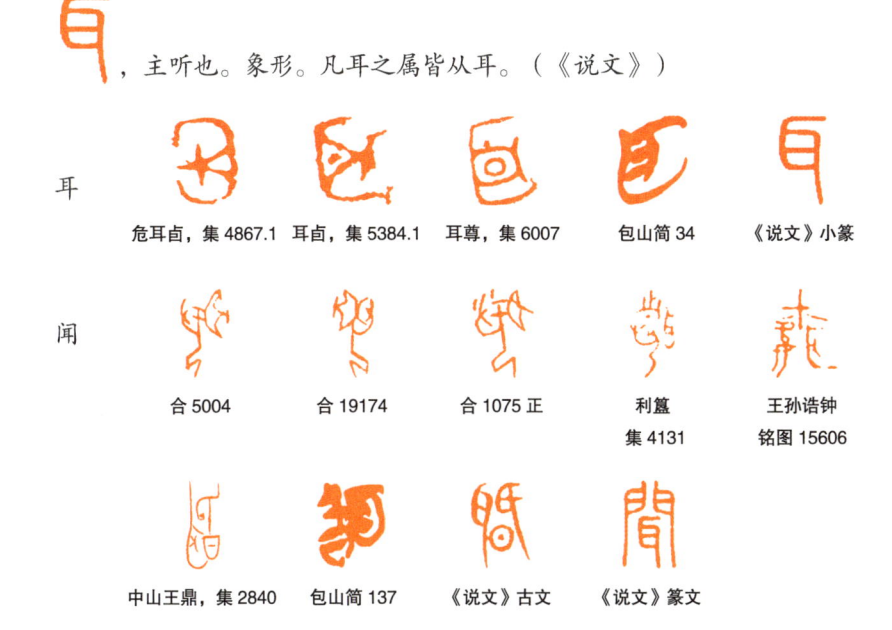

"闻"的甲骨文突出"口"与"耳"，指语言信息交流："口"输出是问，"耳"输入是闻。"闻"与"问"一字分化。

联　　合 32176　　考母壶，集 9527.2　　玺汇 2389

岳麓一·为吏治官及黔首 12　　《增订汉印文字征》第 538 页　　《说文》篆文

三、五官

"糸"或"丝"有联结的功能，双耳联丁颊。

聅 德瑞 121 《说文》小篆

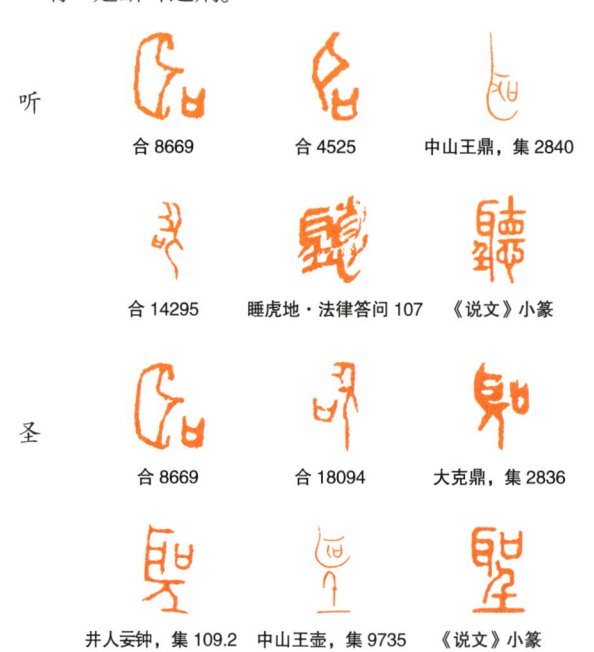

"聅"是断耳之刑。

听 合 8669 合 4525 中山王鼎，集 2840
    合 14295 睡虎地·法律答问 107 《说文》小篆

圣 合 8669 合 18094 大克鼎，集 2836
    井人妄钟，集 109.2 中山王壶，集 9735 《说文》小篆

"听"与"圣"是一字分化。善听为圣。

声 合 10500 合 8032 屯 3551 《秦代印风》第 66 页 《说文》小篆

"声"像耳听击磬之声。

* 自

, 鼻也。象鼻形。凡自之属皆从自。　, 古文自。（《说文》）

自　　　合 33314　　令鼎，集 2803　　散氏盘，集 10176　　畬章镈，集 85　　《说文》小篆

"自"像鼻子，从"自"的"鼻""臭"等都与鼻子相关。自部二字，"劓"构形不明。

息　　　清华三·周公之琴舞 12　　中山王方壶，集 9735.2A　　《说文》小篆

喘息、气息与鼻子相关。

* 鼻

鼻，引气自畀也。从自、畀。凡鼻之属皆从鼻。（《说文》）

鼻　　　合 8189

鼻部有"齂""鼾"等。

臭　　　合 4649　　子臭卣，集 4849　　睡虎地·日书甲种 82　　《说文》小篆

"臭"指犬嗅觉灵敏。"臭""齂""殠""嗅"一字分化。

劓（劓）　　合 8986 反　　《说文》或体　　睡虎地·法律答问 120　　《说文》籀文

"劓"像割去鼻子之形。

三、五官

* 口

囗，人所以言食也。象形。凡口之属皆从口。（《说文》）

| 口 | 合 31486 | 合 27706 | 郭店简·忠信之道 5 | 《说文》小篆 |

"口"大都与人口相关，但来源复杂，功能不同，意符很多，例如喙吻、吞咽、吹嘘、呕吐等等。

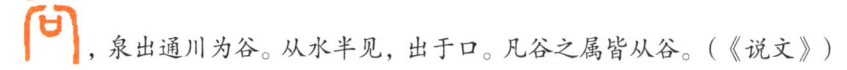

* 谷

谷，泉出通川为谷。从水半见，出于口。凡谷之属皆从谷。（《说文》）

| 谷 | 合 8395 | 启卣，集 5410.1 | 上博八·王居 6 | 睡虎地·日书乙种 189 | 马王堆·老子乙 3 |

"谷"是欲望的"欲"的本字，构意与"次"相同。

"吉"与"强"中的"口"最初是区别符号，"台"与"周"中的"口"最初是装饰部件。

| 吉 | 合 5247 反 | 《说文》小篆 |

| 强 | 合 7594 | 合 21895 | 盟口卣，集 5257 | 曾侯乙 7 | 楚王酓忎鼎，集 2794 |

| | 清华二·系年50 | 睡虎地·日书乙种195 | 秦峄山刻石 | 《汉印文字征》第13卷第7页 | 《说文》小篆 |

台					
	合20439	王孙遗者钟，集261	上博六·用曰1	《说文》小篆	

周			
	合4884	献侯鼎，集2626	《说文》小篆

*告

告，牛触人，角箸横木，所以告人也。从口从牛。《易》曰："僮牛之告。"凡告之属皆从告。（《说文》）

告			
	合1472	合1859	《说文》小篆

"告"从口、屮（艸）声。告部二字，其中"嚳"是双音符字。

*谷

谷，口上阿也。从口，上象其理。凡谷之属皆从谷。𦣞，或如此。臄，或从肉从豦。（《说文》）

谷（去）					
	合5239	中山王鼎集2840	郭店简·老子乙4	《珍秦斋藏印·秦印篇》34	《说文》小篆

三、五官

"谷"是"去"的讹变。谷部二字，"囧"与"舌"无关，是"簠"表意初文的讹变。

* 吅

吅，惊嘑也。从二口。凡吅之属皆从吅。读若讙。（《说文》）

吅部六字，"𩦠""咢""单"等大都与人"口"无关。

* 品

品，众庶也。从三口。凡品之属皆从品。（《说文》）

品　合 23713　保卣，集 5415.1　鲜簋，集 10166

"品"为多口。部中"喦""喿"意义都与多口相关。

喦　合 17599 反　《说文》小篆

"喦"为人上面三口相连，会多言义，省略掉人形就是喦。

严　瘋钟，集 249　《说文》古文　《说文》小篆

"严"是表意字"喦"上增加音符"敢"构成的形声字。《说文》不知其来源，入"吅"部。

喿　叔喿父簋，集 3764　《说文》小篆

"喿"与"集"字篆文合观，更易理解。

《说文》小篆

* 朏

朏，众口也。从四口。凡朏之属皆从朏。读若戢。又读若呶。(《说文》)

"朏"很可能是截除文字部件而来，来源不一，在"嚚""嚣"等字中表示多言、大声。在"器"字中可能表示众器。

* 只

只，语已词也。从口，象气下引之形。凡只之属皆从只。(《说文》)

只

上博三·彭祖 4

也

栾书缶，集 10008　　郭店简·老子甲 4　　郭店简·语丛三 20

《珍秦斋藏印·秦印篇》161　　睡虎地·日书乙种 192

* 曰

曰，词也。从口乙声。亦象口气出也。凡曰之属皆从曰。(《说文》)

三、五官

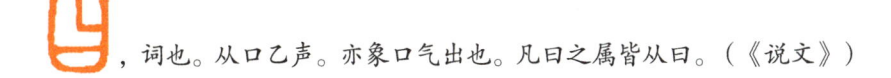

曰

合 6081

* 可

可，𦧲也。从口丂，丂亦声。凡可之属皆从可。（《说文》）

可　合 18895　　美爵，集 9087　　蔡大师鼎，集 2738

* 号

号，痛声也。从口在丂上。凡号之属皆从号。（《说文》）

号　曾侯乙钟　　"鸮"字所从　　清华三·祝辞 2
　　集 287.4B　　清华一·金縢 9

* 后

后，继体君也。象人之形。施令以告四方，故厂之。从一、口。发号者，君后也。凡后之属皆从后。（《说文》）

后　吴王光鉴，集 10298　　上博一·缁衣 12

后部二字，"垢"从口、后声，归入口部即可，可不立部；立为部首是为了阐释"司"为反"后"。

*司

司 ，臣司事于外者。从反后。凡司之属皆从司。（《说文》）

司　合 13560　墙盘，集 10175　玺汇 16

"司"与"后"可能是一字两读。"司母戊鼎"或改读为"后母戊鼎"。

*言

言 ，直言曰言，论难曰语。从口䇂声。凡言之属皆从言。（《说文》）

言　合 440 正　伯矩鼎，集 2456　郭店简·老子甲 4

*誩

誩 ，竞言也。从二言。凡誩之属皆从誩。读若竞。（《说文》）

*音

音 ，声也。生于心，有节于外，谓之音。宫商角徵羽，声；丝竹金石匏土革木，音也。从言含一。凡音之属皆从音。（《说文》）

音　戎生编钟，铭图 15242　郭店简·五行 15　岳麓三 154

三、五官

*甘

甘，美也。从口含一。一，道也。凡甘之属皆从甘。(《说文》)

甘　　合517正　　邯郸上库戈，集11039　　《说文》小篆

"甘"像口中含物形。

*旨

旨，美也。从甘，匕声。凡旨之属皆从旨。　，古文旨。(《说文》)

旨　　合5479　　匽侯旨鼎，集2628　　史季良父壶，集9713

*香

香，芳也。从黍从甘。《春秋传》曰："黍稷馨香。"凡香之属皆从香。(《说文》)

香　　合36501　　伯狱簋，铭图5275　　《说文》小篆

*亼

亼，三合也。从入、一，象三合之形。凡亼之属皆从亼。读若集。(《说文》)

亼　　(合补3072)：贞：今夕。

(屯220)：丁卯卜：今日。

上二字形表层结构与"亼"相同，甲骨学家何以不认为是"亼"？

亼部字来源不一，多数是倒口，令字已如前述。

今　合12820

"今"是倒过来的"曰"，是"曰"的反义"噤"的本字。

* 食

，一米也。从皀亼声。或说亼皀也。凡食之属皆从食。（《说文》）

食　合20791　合11483正

"食"像倒口对着食物。

酓　合22139　合32345

"酓"像倒口对着酒。古文字中"酉"表示"酒"。

* 龠

，乐之竹管，三孔，以和众声也。从品、仑。仑，理也。凡龠之属皆从龠。（《说文》）

三、五官

龠　　合 4720　　《说文》小篆

"龠"像倒口对着管乐之管口。龠部字与音乐相关，例如"龢龤"。

* 牙

，牡齿也。象上下相错之形。凡牙之属皆从牙。　　，古文牙。
（《说文》）

牙　　师克盨，集 4467.1　　《说文》小篆　　曾侯乙 165　　《说文》古文　　清华十·四告 9

"牙"是牡牙，学名犬齿，大而锋利。爪牙等多指动物的牙，《诗·小雅·祈父》："予王之爪牙。"牙部三字，另外二字不常用。

* 齿

，口齗骨也。象口齿之形，止声。凡齿之属皆从齿。　　，古文齿字。（《说文》）

齿　　合 18140　　中山王方壶，集 9735.3　　《说文》小篆　　《说文》古文

"齿"是门齿的象形，后增加"之"声。从"齿"的字都与牙齿相关，例如"齦齩"，因为字形复杂，大都被淘汰，例如"齦齩"变成了"啃咬"。

*舌

舌，在口，所以言也、别味也。从干从口，干亦声。凡舌之属皆从舌。（《说文》）

舌　　合 5532 正　　合 19092　　舌方鼎，集 1220　　《说文》小篆　　郭店简·语丛四 19

"舌"可能不是人舌的象形，爬行动物的舌端才分叉。舌部三字，"舓"是"舐"的篆文。

四、藏起来的躯干脏器

* 心

，人心土藏，在身之中。象形。博士说："以为火藏。"凡心之属皆从心。(《说文》)

心　　合 14022　　合 6　　墙盘，集 10175

进入战国以后，心部字暴增，《说文》收录 263 字。

* 惢

，心疑也。从三心。凡惢之属皆从惢。读若《易》"旅琐琐"。(《说文》)

《说文》训"惢"为"心疑"，部中有一"繠"字，大徐有二切音。"惢"音、义与设为部首等多有不明。

肩　　合 13871　　合 35180　　清华三·周公之琴舞 3

睡虎地·日书甲种 75 背　　《说文》小篆　　《说文》或体

"肩"像肩胛骨。牛肩胛骨可用于占卜。

髆（膀）　《说文》小篆　《说文》或体

膀在人体两旁。

* 巫

，背吕也。象胁肋也。凡巫之属皆从巫。（《说文》）

《说文》以为"巫"像脊骨，部中二字，另一为"脊"。"巫"可能是"束"的讹变。

* 歺

，剔骨之残也。从半冎。凡歺之属皆从歺。读若櫱岸之櫱。，古文歺。（《说文》）

歺　合 18805　合 22134　《说文》小篆

"歺"构形不明。所构字"死""殇""殂""殊"等与死亡相关。

* 冎

，剔人肉置其骨也。象形。头隆骨也。凡冎之属皆从冎。（《说文》）

冎　合 3236　合 18837　《说文》小篆

"冎"像胫骨之列状。《说文》认为是"剐"的本字。冎部有"别"字。

剐（别）

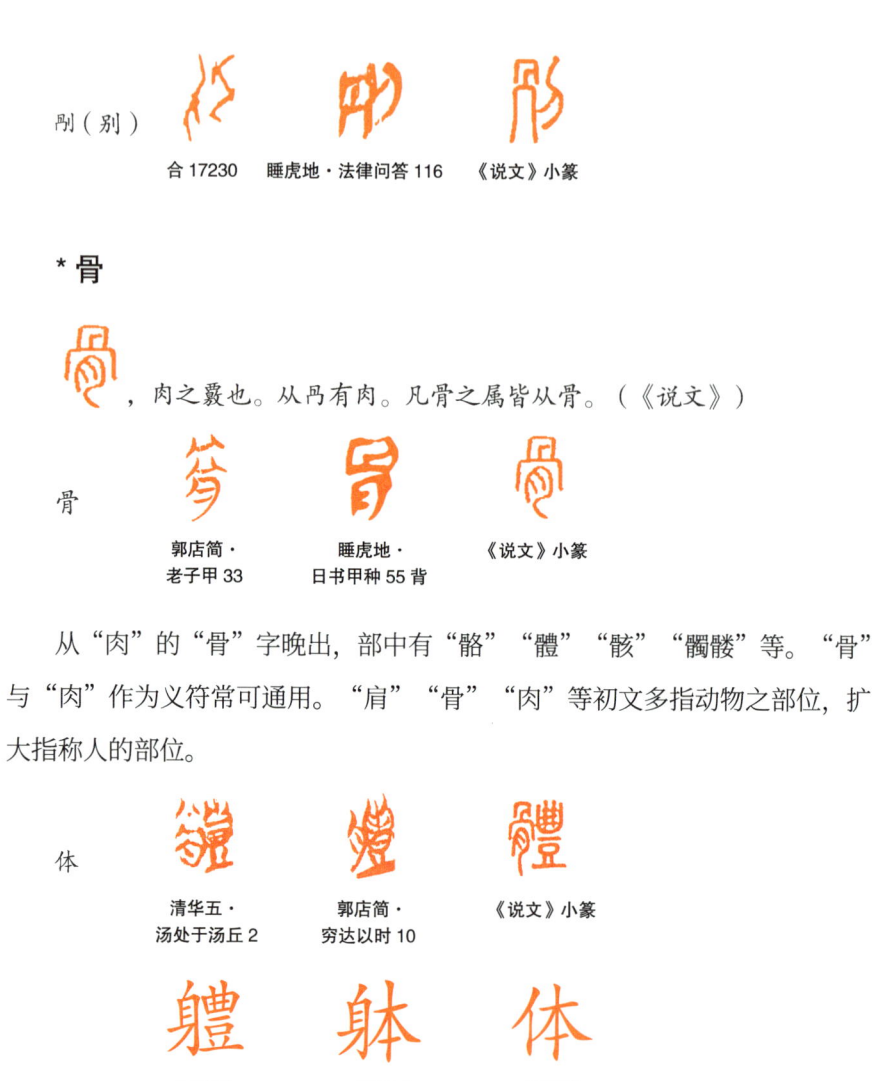

合 17230　　睡虎地·法律问答 116　　《说文》小篆

* 骨

，肉之覈也。从冎有肉。凡骨之属皆从骨。（《说文》）

骨

郭店简·　　　睡虎地·　　　《说文》小篆
老子甲 33　　日书甲种 55 背

从"肉"的"骨"字晚出，部中有"骼""體""骸""髑髏"等。"骨"与"肉"作为义符常可通用。"肩""骨""肉"等初文多指动物之部位，扩大指称人的部位。

体

清华五·　　　郭店简·　　　《说文》小篆
汤处于汤丘 2　穷达以时 10

《广韵》　　　《集韵》　　　《增韵》

"体"从骨，豊声。"躰""体"都是表意字，"体"为人之本。

臀

合 33006　　合 5468　　永盂，集 10322　　史密簋，铭图 5327

"臀"初文像臀形，逐渐累增，讹变成臀。

牡（士）

合 20520　　合 28195　　合 3157　　英 1953

"牡"像雄性生殖器,后与"士""土"等形体混讹。

椓

合 525

"椓",割除生殖器之刑。文献中有"斀""椓"等多种称谓。

五、灵活的上肢

*手

 ，拳也。象形。凡手之属皆从手。 ，古文手。(《说文》)

手　　臣谏簋，集 4237　　南宫乎钟，集 181

"手"像五指的手。商周古文字由各种形态的"手"构成形符表意，义符"手"构成的文字非常少。

搩（拜）　　不㫆方鼎，集 2736　　友簋，集 4194.2　　上博三·彭祖 8

㝵（得）　　合 508　　合 8907　　琱生尊，铭图 11817　　墙盘，集 10175

"㝵""得"以手持贝，会得到义，甲骨文从又，西周金文或从手。

*又

 ，手也。象形。三指者，手之𠛱多略不过三也。凡又之属皆从又。(《说文》)

又　　合 35328　　合 34322　　利簋，集 4131　　《说文》小篆

"又"是右手，与"右""祐""佑"等都是一字分化。

*ナ

，ナ手也。象形。凡ナ之属皆从ナ。（《说文》）

ナ　　合 137 正　　合 28008　　墙盘，集 10175　　《说文》小篆

"ナ"是左手。部中有"卑""差"。

叉　　合 10405 正　　师克盨盖，集 4468　　《说文》小篆

"叉"像手上有长指甲。（犬科动物爪牙锋利）叉假借为地支"丑"。

厷（肱）　　合 21565　　合 10419　　毛公鼎，集 2841

张迁碑　　《说文》小篆　　《说文》或体

"肱"与"肘"都是与手相连的肢体部位。

尹　　合 9790 正　　合 5612

叜（叟）　　合 2670 反　　合 4634 反　　《说文》小篆

"叜"像在宀中手持火把，是"搜"的本字。

彗　合7056　合33717　《说文》小篆

"彗"像手持扫帚。

又部的"右""父""燮""曼""叔""及""秉""反""取""友"等表意字大都古今常用。

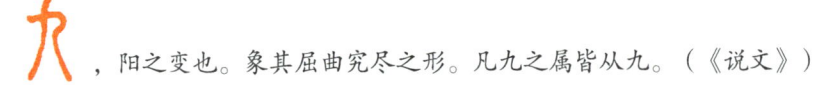

*九

，阳之变也。象其屈曲究尽之形。凡九之属皆从九。（《说文》）

九　合10003　大盂鼎，集2837

"九"是"肘"的借音字。九部有一"馗"字。

*寸

，十分也。人手却一寸，动脉，谓之寸口。从又从一。凡寸之属皆从寸。（《说文》）

寸1（肘）　合11018正　合4899　郭店简·成之闻之3

睡虎地·封诊式53　《说文》小篆

"肘"像肘形，肘部或加标示符号，讹变为"寸"，累增为"肘"。"肘"假借为数字"九"。

寸 2　　商鞅方升，集 10372　　睡虎地·封诊式 79

"寸"有三个来源：一是"肘"的表意初文，二是"尊"的省形，三是"又"的增饰。部中的"寺""将""专""專""导"等所从的"寸"都是秦文字"又"增加饰点。

* 蓐

，陈艸复生也。从艸，辱声。一曰蒉也。凡蓐之属皆从蓐。，籀文蓐从茻。（《说文》）

蓐　　合 20624　　清华简·越公其事 30　　《说文》小篆

"蓐"像手持农具除草，薅艸是农事，"蓐"是"农"的本字。"寸"是"又"的增饰。部中有一"薅"字。

* 丑

，纽也。十二月，万物动，用事。象手之形。时加丑，亦举手时也。凡丑之属皆从丑。（《说文》）

丑　　合 10405 正　　作册大方鼎，集 2760　　清华一·保训 1　　《说文》小篆

"丑"是"叉"的借音字。

羞　　合 8085　　合 18146　　睡虎地·语书 11　　《说文》小篆

丑部"羞"是以手持羊，会进献义，本与"丑"无关。

手举各种器物的部首有支（包括鼓）、史、攴（包括教、放、𢼸）、殳等。

* 支

𠂇，去竹之枝也。从手持半竹。凡支之属皆从支。𢺳，古文支。（《说文》）

支　马王堆·病方49　马王堆·遣册三407

支部二字，"𢻻"是双音符字。《说文》另有鼓部从支。

* 鼓

鼓，郭也。春分之音，万物郭皮甲而出，故谓之鼓。从壴，支象其手击之也。《周礼》六鼓：靁鼓八面，灵鼓六面，路鼓四面，鼖鼓、皋鼓、晋鼓皆两面。凡鼓之属皆从鼓。𢿕，籀文鼓从古声。（《说文》）

鼓 　鼓觯，集6044　大克鼎，集2836　蔡侯纽钟，集216.2

"鼓"像手持桴击鼓。支部别有"鼓"。"支""攴"都是手持鼓槌形的讹变与类化。

* 史

史，记事者也。从又持中。中，正也。凡史之属皆从史。（《说文》）

史　　　合 20088　　　趞簋，集 4266　　　包山简 168　　　张家山·二年律令 117

"史"的手中所持不明。部中另有一"事"字，是一字分化。

* 攴

，小击也。从又，卜声。凡攴之属皆从攴。（《说文》）

攴　　英 1330

与"尹"手持杖不同，攴是手举杖形，杖形"丨"音化为"卜"。从攴的字多与鞭扑、敲击等有关，"政""教""改""攸"等都是通过强力使之合乎"规范"。

* 教

，上所施下所效也。从攴从孝。凡教之属皆从教。　　，古文教。

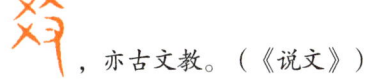

，亦古文教。（《说文》）

教　　合 31482　　　王何戈，集 11329　　　包山简 99　　　《说文》小篆

攴子是教育方式，爻声。部中有"斅"字，是"教"与"学"两个字的糅合。

* 放

，逐也。从攴，方声。凡放之属皆从放。（《说文》）

放

中山王方壶，集 9735　　里耶一（8）768 正

* 犛

合 27415

犛，西南夷长髦牛也。从牛，㧻声。凡犛之属皆从犛。（《说文》）部首"犛"所从的"㧻"甲骨文作 ，其中有人形与支形。

* 殳

殳，以杖殊人也。《礼》："殳以积竹，八觚，长丈二尺，建于兵车，车旅贲以先驱。"从又几声。凡殳之属皆从殳。（《说文》）

殳

合 21868　　十九年大良造殳镦，铭图 18550

"殳"的来源很复杂，早期古文字手中拿着的各种形状不一、功能不同的器具，有的像敲击用钝器，如于曾侯乙墓所见的兵器殳；有的如敲击乐器的桴槌，如"壳""鼓"等；有的如取食之器，如"殷（簋）"；有的如手中所拿的旗帜，等等，后来都类化为"殳"。有些殳形是攴的美化讹变，如楚鄂君启节中的"启""政""败"等字。从殳的字大都与敲击有关，作为意符有些字与"攴""戈"通用。

* 杀（殺）

，戮也。从殳，杀声。凡殺之属皆从殺。 　　，古文殺。 　　，古文殺。 　　，古文殺。（《说文》）

杀　　　合 22276　　清华五·汤处于汤丘 16　睡虎地·法律答问 66

"杀"的甲骨文像击杀虺蛇状，楚文字是其讹变之形。杀部有"弑"字。

* 毇

毇，米一斛舂为八斗也。从臼从殳。凡毇之属皆从毇。（《说文》）

"毇"从殳，与舂米相关。部中"糳"从凿省。
手提持器物的部首有"聿""隶（包括画）""隶""有"等。

* 聿

聿，手之疌巧也。从又持巾。凡聿之属皆从聿。（《说文》）

"聿"从又持巾，部中二字，"䇩（肂）"从聿，文献中不见应用。"肃"不从聿，可能是临渊探测会"肃"义。

* 聿

聿，所以书也。楚谓之聿，吴谓之不律，燕谓之弗。从聿，一声。凡聿之属皆从聿。（《说文》）

聿　　　合 22063　　执卣，集 5391.1

"聿"就是"笔（筆）"，一字分化。部中有"笔""书"等。

五、灵活的上肢

* 画

畫，界也。象田四界。聿，所以画之。凡画之属皆从画。𦘒，古文画省。劃，亦古文画。（《说文》）

画 1　　子妻簋，集 3074　　合 23530　　卅三年逨鼎丙，铭图 2505

画 2　　五年师旋簋，集 4216.1　　《秦印文字汇编》第 58 页　　关沮秦简 134

画部二字，另一字是"昼（晝）"，西周金文从聿从日。

* 隶

隶，及也。从又，从尾省。又，持尾者，从后及之也。凡隶之属皆从隶。（《说文》）

隶　　邵黛钟，集 226　　郭店简·性自命出 36　　《说文》小篆

"隶"手持尾巴，会逮住义，与"逮"一字分化。隶部三字，"隸"常用。

* 有

有，不宜有也。《春秋传》曰："日月有食之。"从月，又声。凡有之属皆从有。（《说文》）

有　　　　　　　
　　　　盠父鼎，集2671　　大盂鼎，集2837

"有"像手提着肉，会富有意。有部另有二字不常用。

* 臤

臤，坚也。从又臣声。凡臤之属皆从臤。读若铿锵之铿。古文以为贤字。（《说文》）

臤 1　　　英1821　　郭店简·唐虞之道6　　上博三·彭祖8

臤 2　　　合8461　　仲子觵，集9298.2　　郭店简·语丛三52

合21864

"臤"有不同的来源，是"擎"的标示字，标示坚固义，加义符"臣"是"贤"的本字。部中"紧""坚"等同源。

甲骨文的"臤"和金文象手指插入臣（目），构意与"𥅆"同。

* 皮

皮，剥取兽革者谓之皮。从又，为省声。凡皮之属皆从皮。，古文皮。，籀文皮。（《说文》）

皮　　　九年卫鼎，集2831　　上博四·柬大王泊旱10　　睡虎地·为吏之道18

五、灵活的上肢

279

* 叡

𠬛，残穿也。从又从歺。凡叡之属皆从叡。读若残。（《说文》）

叡　合 29328　"叡"字部件

"叡"由"歺"与"又"构成，构意不明，似手拿可以挖掘的骨器。部中字多与濬通及挖掘形成的沟壑有关。

* 豚

𧱴，小豕也。从彖省，象形。从又持肉，以给祠祀。凡豚之属皆从豚。𧱲，篆文从肉、豕。（《说文》）

豚　合 9774　士上卣，集 5421.2　睡虎地·日书甲种 157 背

马王堆·病方 89　《说文》篆文

《说文》"豚"字正字从"又"，自西周到战国一直沿用。豚部另有一个从豚、卫声的字。

* 稽

稽，畱止也。从禾从尤，旨声。凡稽之属皆从稽。（《说文》）
部首"稽"所从的"尤"与"又"相关。

*廾

, 竦手也。从𠂇从又。凡廾之属皆从廾。 , 杨雄说：廾从两手。（《说文》）

廾（廾）
　　廾鼎，集1091　　合23　　《说文》篆文

"廾"像左右双手拱起，所表示动作带有恭敬或敬戒意，例如"奉""共""尊（尊）""彝""具""兵""戒"等等。

*癶（攀）

, 引也。从反廾。凡癶之属皆从癶。 , 癶或从手从樊。（《说文》）

"癶"像两手相背，是"攀"的本字。"樊"字所从的"癶"逐渐类化为"廾"或"大"。

*羍

, 渎羍也。从丵从廾，廾亦声。凡羍之属皆从羍。（《说文》）

羍　　　　　
　　包山简145　　上博五·鬼神之明6

应当是从"仆"的省形。

*共

, 同也。从廿、廾。凡共之属皆从共。 , 古文共。（《说文》）

共　　　[图]　　　　　　　[图]
　　　　善鼎，集2820　　楚王酓延鼎，集4550

"共"像双手举起某物，多表恭敬、供置等意义。部中有"龏"，与"龔"一字异写。

* 舁

[图]，共举也。从𦥑从廾。凡舁之属皆从舁。读若余。（《说文》）

"舁"像上下四只手，表示共同举起的意义。部中有"䯤""与""兴"。

兴　　　[图]　　　　　　[图]　　　　　　[图]
　　　兴壶，集9466　　新郑虎符，集12108　　《说文》小篆

"兴"像两双手共举以物。"与"和"举"是一字分化。

* 叒

[图]，日初出东方汤谷，所登榑桑，叒木也。象形。凡叒之属皆从叒。

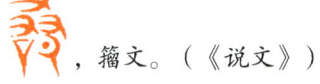

[图]，籀文。（《说文》）

叒（若）　　[图]　　　　　　[图]　　　　　[图]
　　　　亚若癸簋，集3713　　合891正　　　师虎簋，集4316

　　　　　　[图]　　　　　　　[图]
　　　《说文》"叒"籀文　　《说文》"若"小篆

"若"像跪坐的人双手梳理头发，本义是顺、善，后字形讹变，《说文》误分为二字。若部有"桑"字，与"若"无涉。

*臼

臼，叉手也。从𠃉、ヨ。凡臼之属皆从臼。（《说文》）

"臼"位于字形上部或中部，像两手相掬，是"掬"的本字，在"学"中作音符。部中另一字是"要"。

*要

要，身中也。象人要自臼之形。从臼，交省声。䙴，古文要。（《说文》）

要　清华二·系年 77　上博九·举治王天下 14　《说文》篆文　《说文》古文

"要"像双手掬腰形。

*晨

晨，早昧爽也。从臼从辰。辰，时也。辰亦声。𠬪夕为夙，臼辰为晨，皆同意。凡晨之属皆从晨。（《说文》）

晨　伯晨鼎，集 2816　中山王鼎，集 2840

"晨"像双手持农具，"晨兴理荒秽"。

*爨

爨，齐谓之炊爨。臼象持甑，冂为竈口，廾推林内火。凡爨之属皆从爨。

，籀文爨省。(《说文》)

爨　《珍秦斋藏印·　《汉印文字征》　《说文》小篆
　　秦印篇》221　　第3卷第13页

"爨"的上部是双手持甑，甑下是双手持木柴点火，会爨意。部中"丱"与"爨"无关。

*爪

，丮也。覆手曰爪。象形。凡爪之属皆从爪。(《说文》)

爪　　合 975　　合 18640

师克盨盖，集 4468

"爪"是手掌朝下的手，也可以说是倒"又"。从爪的字可以表示向下用力，例如"印（抑）"、"𠬝（服的初文）"等。部中有"孚""为"。爪牙的"爪"别作，来源不同。

*受

，物落；上下相付也。从爪从又。凡受之属皆从受。读若《诗》"摽有梅"。(《说文》)

受　　叉骈觚，集 6935　　鬲攸比鼎，集 2818　　《说文》小篆

上下两只手表示授受、牵引、劳作等。

受
合 22247

"受"从受，舟声，"舟"或表授受之物。

爰
爰父癸甗，集 824　　合 13555 正

𤔲
花东 159　　番生簋盖，集 4326

"𤔲"像双手理丝。从𤔲的"辞（辭）""乱"等都有治理义。

六、移动的脚趾

突出下肢某些部位的"郤""股""企"等字在前面已经讲过。下面主要讲脚趾在构字中的表意功能。

*履

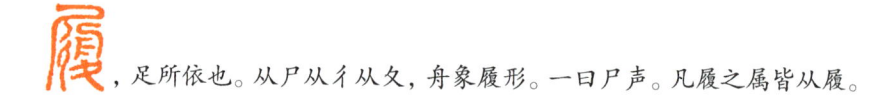

履,足所依也。从尸从彳从夂,舟象履形。一曰尸声。凡履之属皆从履。

,古文履从页从足。(《说文》)

履　合 35273　　五祀卫鼎,集 2832　　睡虎地·日书甲种 57 背

《说文》小篆　《说文》古文

*止

,下基也。象艸木出有址,故以止为足。凡止之属皆从止。(《说文》)

止　合 35242　　合 13017　　五年琱生簋,集 4292　　《说文》小篆

"止"为"趾"的初文。分叉部分代表脚趾,所指向的方向即位移的方向。

* 之

业,出也。象艸过屮,枝茎益大,有所之。一者,地也。凡之之属皆从之。(《说文》)

| 之 | 合 17410 | 合 13283 正 | 毛公鼎,集 2841 | 秦公簋,集 4315.1 | 《说文》小篆 |

"之"表示从出发地向目的地位移。部中有"室"字,从之,王声,即"往"字。

* 出

屮,进也。象艸木益滋,上出达也。凡出之属皆从出。(《说文》)

| 出 | 合 6108 正 | 合 13148 | 毛公鼎,集 2841 | 鱼颠匕,集 980 | 《说文》小篆 |

"出"表示从凵出来。

* 此

此,止也。从止从匕。匕,相比次也。凡此之属皆从此。(《说文》)

| 此 | 合 30789 | 此鼎,集 2822 |

"此"早期用作祭名或人名,构意不明。

六、移动的脚趾

* 正

正,是也。从止,一以止。凡正之属皆从正。正,古文正。从二。二,古上字。正,古文正。从一、足。足者亦止也。(《说文》)

正　　合 1587　　井侯方彝,集 9893.2　　师酉簋,集 4289.1

乏　　中山王方壶,集 9735　　清华五·命训 8　　睡虎地·法律答问 164

* 是

是,直也。从日、正。凡是之属皆从是。是,籀文是从古文正。(《说文》)

是　　毛公鼎方鼎,集 2724　　中山王方壶,集 9735

* 癶

癶,足剌癶也。从止、少。凡癶之属皆从癶。读若拨。(《说文》)

癶　　清华一·保训 9 所从　　《说文》小篆

"癶"像左右二足并列,在字形的上部,脚趾向上,"登"字所从。

登　合 8564　　包山简 129　　上博六·竞公疟 8

*步

，行也。从止㣇相背。凡步之属皆从步。（《说文》）

步　合 6461 正　　合 67 正　　步爵，集 7473　　晋侯穌钟，铭图 15298　　《说文》小篆

"步"像两足相随而行。部中有"岁"。

涉　合 28339　　合 31983　　散氏盘，集 10176

涉戈，集 10827　　《说文》篆文

陟　合 34287　　合 24356　　癲钟，集 249

清华二·系年 13　　《说文》小篆　　《说文》古文

*舛

，对卧也。从夊㐄相背。凡舛之属皆从舛。　，杨雄说：舛从足、

六、移动的脚趾

289

春。(《说文》)

"舛"表示自连在人体上截除下来的二"止",例如"舞""乘"。

舞　燕侯舞易铜泡,铭图 18488

乘　九年卫鼎,集 2831　公臣簋,集 4184

* 舜

舜,艸也。楚谓之葍,秦谓之藑。蔓地连华。象形。从舛,舛亦声。凡舜之属皆从舜。　,古文舜。(《说文》)

舜　《汉印文字征》第 5 卷,第 16 页

* 韦

韦,相背也。从舛,口声。兽皮之韦,可以束枉戾相韦背,故借以为皮韦。凡韦之属皆从韦。　,古文韦。(《说文》)

韦　合 3860,集 2120　韦作父丁鼎,集 11396　五年相邦吕不韦戈

*桀

，磔也。从舛在木上也。凡桀之属皆从桀。（《说文》）

桀　　玺汇 1387　　马王堆·天文气象杂占 2.351

*辵

，乍行乍止也。从彳从止。凡辵之属皆从辵。读若《春秋公羊传》曰"辵阶而走"。（《说文》）

辵（辶）　　合 8256　　"逐"，周原 H11:113　　《说文》小篆

"止"是脚，"行"是十字路，表示足部的位移，省略掉"行"的一半就是"辵"，表意功能相同，例如"进""退""逢""迎""遭""送""追""逐"等等。

*延

，安步延延也。从㢟从止。凡延之属皆从延。

延　　保卣，集 5415.1　　智鼎，集 2838　　蔡侯纽钟，集 211.2　　新蔡简甲三 261

"延"部中有"延"，与"延"是古今异写。

*走

，趋也。从夭、止。夭止者，屈也。凡走之属皆从走。（《说文》）

走  　合 27939　虎簋盖，铭图 5399

第一个像甩臂奔跑之形的字形在《突出下肢的简笔画》中讲过，累增意符"止"后，本字被淘汰。"趣""趋""赴""越"等表示快速位移。

奔 　大盂鼎，集 2837　焭作周公簋，集 4241

"奔"从三"止"，会比从一"止"的"走"的速度快意。三个"止"后来讹变为"卉"。

* 疋

疋，足也。上象腓肠，下从止。《弟子职》曰："问疋何止。"古文以为《诗·大雅》字，亦以为足字。或曰胥字。一曰疋，记也。凡疋之属皆从疋。（《说文》）

疋   　合 17146　合 19956　合 6974　疋作父丙鼎，集 2118

* 足

足，人之足也。在下。从止、口。凡足之属皆从足。（《说文》）

足    　合 13631　合 17146　申簋盖，集 4267　包山简 112　《说文》小篆

脚

睡虎地·日书甲种 159 背　《说文》小篆

* 夂

，行迟曳夂夂，象人两胫有所躧也。凡夂之属皆从夂。（《说文》）

"夂"表示位于字形下部的倒"止"或各种人形表意字的"止"："麦""复""致"等字中都是倒"止"，表示返回义。"夌""忧""爱""夏""夒"等字都是与人体连在一起的"止"。

* 麦

，芒谷，秋穜厚薶，故谓之麦。麦，金也。金王而生，火王而死。从来，有穗者；从夂。凡麦之属皆从麦。（《说文》）

麦　合 9620　麦方尊，集 6015

复　合 43　复鼎，集 2507

位于字形上部的倒"止"，例如"各""夆""夆"。

各　合 13171　逦方鼎，集 2709

夆　二祀弌其卣，集 5412.3

六、移动的脚趾

293

降　　　　合 30386　　　合 19628　　癙钟，集 249　　清华二·系年 45　　《说文》小篆

字形材料出处简称表

《说文解字》——《说文》

《甲骨文合集》——《合》

《甲骨文合集补编》——《合补》

《小屯南地甲骨》——《屯》

《殷墟小屯村中村南甲骨》——《村中南》

《怀特氏等收藏甲骨文集》——《怀》

《英国所藏甲骨集》——《英》

《殷墟花园庄东地甲骨》——《花东》

《德瑞荷比所藏一些甲骨录》——《德瑞》

《周原甲骨文》——《周原》

《殷周金文集成》——《集》

《近出殷周金文集录》——《近出》

《新收殷周青铜器铭文暨器影汇编》——《新收》

《商周青铜器铭文暨图像集成》——《铭图》

《商周青铜器铭文暨图像集成续编》——《铭图续》

《望山楚简》——《望山简》

《包山楚简》——《包山简》

《郭店楚墓竹简》——《郭店简》

《九店楚简》——《九店简》

《上海博物馆藏战国楚竹书》——《上博简》

《新蔡葛陵楚墓》——《新蔡简》

《清华大学藏战国竹简》——《清华简》

《子弹库帛书》——《楚帛书》

《曾侯乙墓竹简》——《曾侯乙》

《侯马盟书》——《侯马》

《古玺汇编》——《玺汇》

《睡虎地秦墓竹简》——《睡虎地》

《里耶秦简》——《里耶简》

《岳麓书院藏秦简》——《岳麓简》

《居延汉简》——《居延简》

《银雀山汉墓竹简》——《银雀山》

《马王堆汉墓帛书》——《马王堆》

《张家山汉墓竹简〔二四七号墓〕》——《张家山》

《北京大学藏西汉竹书》——《北大简》

《古钱大辞典》——《古钱》

《中国历代货币大系》——《货系》

《陶文图录》——《陶录》

主要参考资料

许慎:《说文解字》,清陈昌治刻本,中华书局,1963年。

段玉裁:《说文解字注》,清经韵楼刻本,上海古籍出版社,1981年。

费尔迪南·德·索绪尔:《普通语言学教程》,高名凯译,岑麒祥、叶蜚声校,商务印书馆,1980年。

布龙菲尔德:《语言论》,袁家骅、赵世开、甘世福译,钱晋华校,商务印书馆,1980年。

唐兰:《古文字学导论》,来熏阁书店,1935年。

  《古文字学导论》(增订本),齐鲁书社,1981年。

唐兰:《中国文字学》,开明书店,1949年。

  《中国文字学》,傅根清导读,上海古籍出版社,2001年。

白川静:《汉字——汉字的发展及其背景》,吴昊阳译,海峡文艺出版社,2020年。

裘锡圭:《文字学概要》,商务印书馆,1988年。

  《文字学概要》(修订本),商务印书馆,2013年。

王凤阳:《汉字学》,吉林文史出版社,1989年。

  《汉字学》,张世超修订,中华书局,2018年。

王宁:《汉字构形学导论》,商务印书馆,2015年。

姚孝遂:《姚孝遂古文字论集》,中华书局,2010年。

苏培成:《现代汉字学纲要》,北京大学出版社,1994年。

  《现代汉字学纲要》(增订本),北京大学出版社,2001年。

《现代汉字学纲要》（第3版），商务印书馆，2014年。

黄德宽、常森：《汉字阐释与文化传统》，中国科学技术大学出版社，1995年。

《汉字阐释与文化传统》，北京师范大学出版社，2014年。

叶蜚声、徐通锵：《语言学纲要》，北京大学出版社，1997年。

《语言学纲要》（修订版），王洪君、李娟修订，北京大学出版社，2010年。

饶宗颐：《符号·初文与字母——汉字树》，上海书店出版社，2000年。

刘又辛、方有国：《汉字发展史纲要》，中国大百科全书出版社，2000年。

《汉字发展史纲要》，西南师范大学出版社，2020年。

周有光：《汉字和文化问题》，辽宁人民出版社，2000年。

《汉字和文化问题》，人民文学出版社，2009年。

何九盈：《汉字文化学》，辽宁人民出版社，2000年。

《汉字文化学》（第2版），商务印书馆，2016年。

刘钊：《古文字构形学》，福建人民出版社，2006年。

《古文字构形学》（修订本），福建人民出版社，2011年。

陈剑：《甲骨金文考释论集》，线装书局，2007年。

裘锡圭：《裘锡圭学术文集》，复旦大学出版社，2012年。

李运富：《汉字学新论》，北京师范大学出版社，2012年。

李守奎：《汉字阐释十二讲》，上海古籍出版社，2023年。

附录一：《说文》与人体相关部首一览表

整理分类原则：

(1)《说文》中与人体相关的部首大部分形体与表意明确，例如"人""首""又""手""止"等等，这是分类的基础，直接在各部列出。

(2)《说文》部首中有些虽然许慎并未提到该部首以人体为象形对象的任何信息，但根据古文字材料可以判定其与人体相关的，也直接归入该卷人体部首中，例如"之""出""叕"等。

(3)《说文》中个别部首包含与人体相关的构字部件，但不是直接构字部件，如"聱""嵬"等，也一并收入。

(4)《说文》部首中有些许慎认为与人体或人体部位相关，实际并不相关的，将其归入"误解"中剔除。

(5) 有些部首是否与人体相关难以明确判断，例如"骨"与"肉"。人与动物都有骨、肉，字形也难以分辨。"骨"所从的冎，甲骨文像多条胫骨组成的框架，可能与某种宗教仪式有关，人骨的可能性大。"牙"是否是犬科动物的大牙？"舌"是否是爬行类动物的舌？不做详细区别。但像"肉"就是一块肉形，完全不能判断是人肉还是牛肉，就归入了存疑。与人体相关的标准执行得严一些，存疑类就多一些；标准执行宽一些，存疑类就少一些。

卷次①	类别	部首	数量
卷一	明确	蓐	1
	存疑	士	1

①一部五字，其中"元""天""吏"三字与人体或人体部位有关。艸部"葬"字中有人。以下各部中与人形或人体器官有关的文字，不一一列出。

(续表)

卷次	类别	部首	数量
卷二	明确	牵、告、口、吅、哭、走、止、癶、步、此、正、是、辵、延、齿、牙、足、疋、品、龠	20
	误解	屮、彳、廴、行	4
卷三	明确	昍、舌、谷、只、言、誩、音、廾、𠬞、共、異、舁、臼、晨、爨、爪、丮、斗（鬥）、又、𠂇、史、支、聿、聿、画、隶、臤、臣、殳、杀（殺）、寸、皮、攴、教	35
	误解	㱿、句、古	3
	存疑	甏	1
卷四	明确	昱、目、䀠、眉、盾、自、鼻、奞、首、瞿、放、受、叔、歺、死、冎、骨	17
	误解	白(zì)、䉜、习	3
	存疑	肉、筋	2
卷五	明确	左、甘、曰、可、号、旨、鼓、去、麦、夊、舛、舞、韦、夂、桀	15
	误脱	食、亼	2
	误增	工、式、巫、巫、喜、虎、虤	7
	存疑	人之气：乃、丂、兮、亏；久（？）	5
卷六	明确	稽、邑、𨛜	3
	误脱	叕、之、出	3
卷七	明确	有、香、毇、夢、疒	5
	误解	夕、吕	2
	存疑		
卷八	明确	人、匕、从、北、仌、壬(tǐng)；重、卧、身、㐆、老、尸、尾、履、儿、兄、先、兂、皃、先、秃、见、覞、欠、㱃、次、旡	27
	存疑	匕、比、毛、毳	4
	误解	丘、衣、裘、尺	4

(续表)

卷次	类别	部首	数量
卷九	明确	页、百、面、丏、首、䚋、须、彡、卩、印、色、卯、辟、勹、包、苟、鬼、甶、危、长、冄（冉）、豚	22
	误脱	㐱、文	2
	存疑	后、司、卮、厶、而	5
	误解	丸	1
卷十	明确	赤、大、亦、矢、夭、交、㐦、奢、亢、夰、乔、亣、夫、立、并、思、心、惢	18
	误脱	黑	1
	误解	㚔、㚔	2
	存疑	囟	1
卷十一	明确	颁、谷	2
	存疑	永、辰	2
卷十二	明确	盐、耳、匝、手、女、毋、民	7
	存疑	氏	1
卷十三	明确		
	误解	堇、黄、男、力、劦	5
	存疑		
卷十四	明确	子、了、孨、去、丑	5
	误脱	自、九、巳	3
	误解	亚、甲、乙、丙、丁、戊、己、庚、辛、壬、癸、庚、寅、申、亥	15

附录二：如何走出汉字阐释的困境？
——李守奎、王立军对谈录

邺架轩读书沙龙第 30 期

沙龙时间：2022 年 3 月 25 日（周五）14:00—16:00
沙龙地点：邺架轩阅读体验书店（清华大学图书馆北馆西侧）
对谈嘉宾：

    李守奎：清华大学人文学院、
       出土文献研究与保护中心教授
    王立军：北京师范大学文学院院长、教授

主 持 人：

    王　巍：清华大学国家大学生文化素质教育基地
       常务副主任

主 办 方：清华大学国家大学生文化素质教育基地
协 办 方：清华大学图书馆
    邺架轩阅读体验书店
    陕西师范大学出版总社
直播平台：学堂在线、光明网、陕西师范大学出版总社

主持人：

各位来宾、老师、同学，大家下午好！我是清华大学国家大学生文化素质教育基地常务副主任王巍，非常欢迎大家出席今天下午的邺架轩读书沙龙第30期的活动。"邺架轩沙龙"是现任清华副校长的彭刚教授提议的，2017年10月17日创办，大概有4个多年头了，这一期是第30期。我们经常讲"三十而立"，这一期也是我们的"而立之期"。我们非常荣幸地邀请到两位重量级嘉宾对谈，一位是李守奎老师，是清华大学出土文献研究与保护中心教授，教育部"长江学者"特聘教授，中国文字学会副会长。他长期致力于古文字、汉字学、出土文献等方面的研究，先后主持过国家社科重大项目2项，出版著作多部，曾4次获得"教育部中国高校人文社会科学研究优秀成果奖"。另一位嘉宾是王立军老师，他是北京师范大学文学院院长，教育部"长江学者"特聘教授，教育部人文重点研究基地民俗典籍文字研究中心主任、国家语委科研基地中国文字整理与规范研究中心主任，也是教育部语言文字标准审定委员会委员，中国训诂学会学术委员会副主任等。他主要从事汉字学、训诂学等方面的教学与研究，曾经主持过国家社科重大项目、教育部人文社科基地重大项目等，也出版著作多部。今天是由两位教育部"长江学者"特聘教授来对谈，可以说是邺架轩读书沙龙的最高规格了，我们待会儿也可以看看所谓的"神仙打架""神仙聊天"。

本次沙龙是由清华大学国家大学生文化素质教育基地、图书馆、邺架轩阅读体验书店、陕西师范大学出版总社、清华学堂在线、光明网等单位共同主办，在此也特别感谢陕西师范大学出版总社、光明网与清华校内各兄弟单位的大力支持。接下来我们就把沙龙时间给我们的主讲嘉宾李守奎教授和王立军院长，大家欢迎！

李守奎：

谢谢两位王老师，还得谢谢主办各方精心的准备、精心的筹备，也谢谢线上线下对汉字文化、汉字阐释关心的朋友们。

我和王立军老师有很多共同点，私下里是很好的朋友，更重要的是对于汉字的文化、汉字的阐释，我俩有共同的兴趣。王老师做得比我还早，十年前他就出版过《汉字的文化解读》这么一部书。所以，今天我们两个坐在一起，不是为了一部书，我们是对于"汉字文化阐释"这个问题，站在今天的角度，作为两位学者，对它有些什么样的想法，在这个平台上与各位朋友交流。

题目也是我们俩商量弄出来的，"如何走出汉字阐释的困境？"按照我们的惯例，先是我来做个引子，我来先说一说我对这个问题一些粗浅的理解。我大概说四个方面：第一，什么是汉字阐释；第二，汉字阐释为什么进入困境；第三，谈一谈我们如何走出汉字阐释的困境；最后，因为和出版社有关系，也谈谈（《说解汉字一百五十讲》）这本书和汉字阐释的关系。

先从第一个问题说起：什么是汉字阐释？如果简单地说，汉字阐释大家好像都懂，而且似乎谁都会。"人"是个象形字，两人相随就是"从"，两人相背就是"北"，如此这般我们都可以说一番，好像入门的门槛也很低。但这里就有一个很大的问题，就是汉字为什么能够阐释？我们阐释汉字到底要干么？它在学术体系里应该是个什么位置？这大概就是我们作为一个学者要去认真思考的问题。把它放在世界文字体系里，汉字能阐释，汉字可以阐释，这是汉字的特点。我们每一个汉字可以阐释，没听过哪一个字母可以阐释。表音文字的视觉符号，它就是字母，没有谁提出过字母阐释。所以说根据这一点，语言学家、文字学家，很早就把文字分为两大体系，表音文字体系，还有以汉字为代表的表意文字体系，两大体系是不一样的。

还有大家都很熟悉的，很长时间我们习惯的文字的定义："文字是记录语言的符号"，学过语言学的、学过文字学的都知道。如果从符号的角度来说，符号是约定性的。什么是约定？就是这个符号形式和意义之间没有关系，直接约定"a"记录 [a] 这个读音，"i"记录 [i] 这个读音，不能解释，这叫约定，这叫符号。从这个道理上来说，索绪尔对文字的定义"文字是记录语言的符号"是绝对正确的，毫无异议的。但是汉字就不一样了，汉字是可以解释的，最起码是部分可以解释的，所以这就是我们所说的以汉字为代表的表意文字的特殊性。把它放在这个体系里，我们可以看到这种不一样，可以解释，这是一点。

那么，把它放在中国的文字体系里，也就是汉字整个体系里，汉字阐释是干什么的？我们说，任何一个汉字拿出来都有视觉可见的形体，都记录语言的音义，任何一个字都有。搞书法的弄形体，搞语言的弄音义，搞语文教学的形体与音义结合起来就是识字，会写，会认，会读，会用，就算完成任务。那么汉字阐释是干什么的？我一再说，它是一个文化的需求，它是更深层次的理解。今天我们对文字的定义，新版的《语言学纲要》都重新改了，不叫"文字是记录语言的符号"了，改为"文字是对语言符号进行再编码的符号系统"。什么意思？这样一来，"文字是记录语言的符号"是从结果的一端来说的，我们今天使用的文字就是记录语言的符号，而作为编码的角度来说，它是探索的源头，最初创造文字的时候，用什么样的视觉符号记录这个音义，开始思考这个问题了。而思考这个问题的恰恰是以汉字为代表的表意文字，表音文字同样是没法理解的，就是个约定，你追到头它还是约定。

有人说表音文字追到头它也是表意文字，非常悠远曲折。我们对汉字的研究，实际上就要往源头追溯，"是编码的程序"。向着未来看，或者向着实用看，向着现在看，那就是"文字是记录语言的符号"，我们使用它就可以了。看看中国文字学的发展，很有意思，中国文字学发展的开端就是探讨汉字的编码程序。我知道了"从"的读音是"cóng"，"跟从"、"从哪里来"，它的意思我也知道了，探讨的是什么呢？我们最初的文字学，这个形体为什么能记录"从"这个音义。从萌芽开始楚庄王"止戈为武"到《说文解字》成书，我们称之为"系统汉字学的诞生"，它都是以这个为主要目的，就是探索"编码"过程。这也是传统的中国文字学，传统的汉字学，它一直占据主流，过去几乎没有别的，一直延续到了清代。再往后，受种种影响，开始发生变化。

我们知道了汉字阐释是什么，汉字阐释是逆推古人在造字时候的思维，他的编码程序。这是汉字阐释。现在我们知道了这个东西干什么？我刚才说了，中国的文字学一开始很发达、很昌盛，但是后来在某种程度上来说就衰落了，这种衰落我概括为"三多三少"。王老师看我说的是否靠谱？"三多"是学术风气多，拿来一个字大家阐释，你说你的，我说我的。民科臆说多，学者不多说。不懂的人胡说八道很多，书也多，说的也多，各说各的。还有一个特点，社会关注多。为什么？天天使用汉字，甚至小学老师、幼儿园老师都得说两句。"三少"是专业学者少；第二是学术规范少，汉字阐释究竟该怎么阐释，缺少学术规范；第三是优秀成果少，目前整体上就这么一个情况。为什么会出现这种情况？我也认真思考过这个问题，原因很多。

  首先是时代的变化。几千年来人们一直认为汉字很神秘，汉字是可以表达圣人之意的，我们在追寻着、探索着，等到我们落后了、挨打了、被动了，要改革汉字了，即便不把它废掉，也是从实用的角度考虑怎么把它简化到最简单，让大家怎么方便使用，没有人再去过多地关注这个问题，即使你关注了也不是主流，这是一个原因。还有一个原因，文字学学科自身发展与分化。过去汉字阐释就是以《说文解字》为代表，不断再阐释。到了20世纪初，文字学开始分化，首先古文字这块拿出去了，它有独特的研究对象，有独特的目的，有独特的方法。而它后面有一个强大的学科支撑着，即历史文献学，等着你认字呢，认出来字才可以解读文献，这是有用的。再一个就是刚才说的汉字应用，不论是改革也好，简化也好，都指向实际应用，古今都是教学的基础内容。当文字学把这些有用的东西都拿出去了，剩下汉字阐释这一部分似乎就被忽略了，最起码是某种程度上的忽略。第三个原因，就是汉字阐释自身的问题。这个问题，大概我们今天在这儿不能过多地说了。比如刚才说汉字阐释如果就单从编码程序的角度来说，汉字阐释追溯到最初的源头去，它是什么？这个字是象形也好，会意也好，探讨的都是"编码"过程，而"编码"过程又是古人的一种思维。我们是不能叫死人起来问问他，你当时是不是这么想的？所以，从这个角度上来说，它很难证实，也很难证伪，这与现在所说的科学的研究是有一定距离的，这是它自身的特点。

  再一个就是这个学科从一开始目的就不纯粹为了研究文字，而是掺杂了自我思想表达的目的。许慎用《说文解字》这部书，帮助读懂古文经，认为圣人之意通过经书可以表达，文字也可以表达，就要从文字里边把这部分经学的内容挖掘出来，成为这个时代思想的主流。所以，从一开始它就不是纯净的今天意义上的文字学学科的研究。以上是我所理解的什么是汉字阐释，汉字阐释的衰落，为什么衰落。这么多的研究成果学者不去管它，它入门的门槛又很低，历史又非常悠久，人们又有兴趣，那势必就会有其他力量介入，占领这块地盘，最后可能就变成了我在这本书里所说的"是花是草无所谓，随便乱长"的局面，也就是所说的"困境"。

　　怎么能够走出这种困境？我想了挺多。我想首先还是明确定位。我们既然明白了汉字阐释是干什么的，就得定位好今天做这个工作是在干什么，读者读这个东西是要得到什么，目的是什么。我在一个采访里做了一个比喻，如果我们仅仅把文字当作记录语言的符号，就是个工具，传递完信息就完事儿了。我用了一个"咸菜坛子"做比喻：家里有个咸菜坛子，用它可以腌咸菜，它的功能就是腌咸菜，你也不知道它的历史、它的文化、它的背景，它就是个咸菜坛子。当有一天一个懂文物的、收文物的、有文化的、懂历史的人来了以后，过来一看说"这个坛子好，这是光绪粉彩"，你看这个坛子是不是就有文化了，是不是就别有价值了。在我看来，汉字文化的阐释在今天和这个相类似，你如果只把它作为记录语言的符号，就是一个工具，我们也得承认汉字肯定比表音文字难，你就应该改。但是如果我们考虑到其他的功能，它就不是这样的，这个我们今天不展开说。我们做这个工作，做汉字阐释，就是告诉你它不仅是个"咸菜坛子"，它可以腌咸菜，它还有丰富的文化内涵，它是个宝，你知道是个宝，你不知道就是个工具。所以，首先我们做文字阐释的，我们得有自信。我们做这个工作不是说没事找事，不能说考释够不上，识字的没大用，学者就不用做了。要有文化的自信，它是有价值的，我们知道它是能给人带来快乐的。

　　再一个很重要的是，我们得建立起学术规范。今天之汉字阐释不被大家认同，或者说个被普遍认同，就是我们的学术规范还没有起来。怎么做是正确的？

怎么做是胡说八道？我们说人家是民科臆说多，转过来人家问你啥叫民科臆说，你怎么就不是臆说？得定出个规矩来。我们到今天，这个学术规范还没有真正地把它建设起来。许慎用"六书"对于篆文等那个时代的古文字做了系统的研究，是卓越的成就，非常了不起，但是今天看来显然也是不够的，而且许慎当年解释的也只是篆文以上的文字，当时的隶书也不解释。今天的汉字阐释也不能着眼于只是古文字，古文字有古文字的研究，我们是沟通古今整个文字的研究。在这种情况下，怎么建立起学术的规范？这大概是作为学者的我们要认真考虑的问题。假如我们觉得这个工作值得做、应该做，首先是一种学术的研究。我准备的时候准备了一、二、三、四条，我不能讲得时间太多了，如果有时间就说说怎么建立学术规范的问题，待会儿先听听王老师的高见。

我记得一本书里说过，社会需求才是学术发展的动力。没有社会需求，你这个学问可以做，可能就是几个人自娱自乐。今天中国人对文化需求具有多样性，有的人听听相声挺高兴，看个电影很高兴，还有的人看看我们的汉字阐释也挺高兴。这些人的队伍在逐渐增加，文化需求日益丰富，品味不断提高。不能任"民科"泛滥，我们这些做文字研究的，有责任把正确的结论，用通俗的方式告诉大家，这样我们做的学问是"接地气"的。

刚也说过了，汉字的研究经过分化以后，古的有人干，今的有人干，但是"贯通古今"这块儿谁做？汉字阐释正是贯通古今的。汉字的特点是没有传统与现代这条界限，我们都经历了现代化，现代化对传统进行了改造。在中国几乎什么都现代化了，环视一下周围，还有多少是我们看得到的传统？汉字一直传承数千年，跨越了传统和现代的界限，而汉字阐释恰恰需要把这个界限打通，它也能够打通。汉字阐释就是把汉字放在文字的、语言的、历史的、文化的这个广阔背景下去观察它、解释它。经过我们共同的努力，我想汉字阐释的春天也会来的。

汉字阐释衰落还有评价体系的问题。为什么学者干得少？搞古文字考释叫作"冷门绝学"、尖端、挑战，搞汉字应用关涉语言政策、教育教学，有实际用途。搞汉字阐释，正处在中间。作为一个教授，做好了是理所当然，做不好就被人揪着头发一顿乱抡。错误难免,这么厚一本书,他们统计了,连前言带后记一共700多页,它能没有错吗?能没有问题吗?一旦出了问题,风险很高。在学术研究评估体系中也不被待见。年轻人写完普及读物哪儿能拿去评教授呢?好意思吗?所以,我们还需要营造一种更加包容的学术环境。

最后,就谈谈《说解汉字一百五十讲》这本书。敢做这本书,底气从哪里来?首先是自己的科研和教学。在清华开的课,有古文字的内容,有汉字学理论,有《说文》的导读,还有汉字与中国文化。书是普及性的,但前期的工作是研究性的。也正是因为做过这种研究,开过相关的课,所以做这个的时候,明白它在学科体系里面的位置。这点底气应该说还是有。我给他的定位就是一本文化普及的通俗读物。干什么呢?就是让大家读了以后对汉字有一个正确的认知,读了以后挺高兴、挺快乐,从此以后对汉字有了更加深入、全面的认识,激发起进一步探研的兴趣。这是我想的最基本的东西,至于其他的大概就由读者去评论。

书里面有没有错误?一定是有错误的,我看到里面有一个句子,竟然用了"其"直接做了主语,我们都知道第三人称"其",懂古汉语的人都知道"其"是不能做主语的——除了兼语中,读者看了可能会说:还清华教授呢,"其"都做主语了。怎么出现"其"做主语这个错误,过程我们无法深究,但不管怎么说,我是第一作者,肯定我应该承担责任。还有一些字形,比如亏欠的"欠",我列了个甲骨文的字形,这个字形实际上还不能完全释定。类似的问题有多少?不多!将来如果有机会,我会让它更加严谨,凡是没有证实的,能剔除的就剔除,我期望将来能有机会改变。我开这样一个引子,下面请王老师发表高见。

王立军:

谢谢李老师。刚才李老师上了一堂生动的汉字阐释课,我听了以后,确实是受益匪浅。非常高兴来到咱们邺架轩!这是我第二次到邺架轩现场,上一次是跟黄德宽老师一块在这儿,聊的也是有关汉字的话题。感谢王主任、守奎老师的邀请,给我这样一个很好的学习的机会。

刚才守奎老师提了四个问题，我觉得这四个问题都是非常关键的问题：汉字为什么能够阐释？汉字为什么要阐释？在当下，汉字阐释为什么会陷入困境？以及我们如何才能走出这样的困境？下面我也就这四个问题跟守奎教授做个回应，也向守奎教授讨教。

首先，汉字为什么能够阐释？刚才守奎教授已经说得非常清楚，汉字是一种表意性质的文字，它的形义关系非常密切。跟西方的拼音文字相比，拼音文字重在音，它的形体是直接跟音发生关系的，而我们的表意文字则是形体直接跟义发生关联。既然汉字的形义关系密切，而且又是在古代那样一个文化的场景当中去创造出来的，因此，在汉字创造的当初，它一定会打上那个时代的文化烙印。既然这样，我们现在去分析汉字，就不仅仅要观照它的形体，以及它所表达的词义，还要去延伸到那个时代的文化土壤中，去更加全面地理解汉字。守奎教授还提到汉字"编码"的问题，确实是这样，先有语言后有文字，当初在人们造字的时候，语言早就存在了，用文字去记录语言，实际上也是在给语言"编码"。

我曾经在一篇文章里讨论过这个问题，主要是说，词的意义如何向字的意义转换。因为人们在造字的时候是先有词然后再造字，造字实际上就是要用一个什么样的形体去表示这个字所记录的词义。我经常用这样的比喻，字形就像"鞋子"一样，词义就像"脚"一样，你要给词义做一个什么样的"鞋子"，让它能够穿着舒服，让它能有效地走路，让它能履行自己的职能。所以这个阶段实际上就是词义怎么向字意的转换，也就是说，古人造字的时候就是要给词义编个"形码"，这个"形码"也就是我们后来看到的古文字的形体。造字阶段是这样的，到了后来我们再去看古文字，我们要去理解它，这就相当于"解码"。古人编了个"形码"，我们怎么去解读它，这就进入到"解码"的过程。现在的古文字考释本身就是"解码"，看到一个个字形，这个字形我们可能不认识它，不知道它怎么读，不知道它是什么意义，我们就要通过一切手段去找到它跟词义之间的联系，让它能够回到文献里边，这就是把形码解开了，解开这个形码背后所蕴含所指向的词义。因此，文字和词之间的关联实际上是先从词义到字形，再从字形到词义这样一个"编码"到"解码"的过程，这个过程分为两个大的阶段。

在"编码"的过程中，古人一定会融进当时的文化元素，是在当时的文化土壤里去给它编制形码的。我们现在要去解码，就需要了解它到底是一个什么样的文化背景，里面有什么样的文化元素，有什么样的文化对它产生了影响，只有这样，我们才能够正确去解这个"码"。

举个例子，比如说我经常举这个穷尽的"尽"字，它的古文字字形是手拿着一个工具在洗锅，本来这个穷尽的"尽"词义是非常抽象的，这样的词义要给它造一个字形，也就是给它编一个形码，应该怎么编。对于那些具体的词义比较好编码，对于这种抽象的词义，古人是需要去动脑筋的，到底怎么编能让大家好理解？因此在给穷尽的"尽"编码的时候，古人就想，人们日常生活当中最经常接触的"穷尽"的事项是什么，我拿一个什么样的场景、事件能够让人们一看就知道这是表示"穷尽"的意思呢？于是古人就想到了"刷锅"，因为民以食为天，古人特别重视"吃"的问题，刷锅就意味着饭没了，饭吃完了我要刷锅，就用这样一个非常具像的事件和场景指向那个抽象的词义。我们在解读这个字形的时候，也就是给它"解码"的时候，就必须理解原来古人造字的时候是把它还原成这样一个"场景"，只有这样我们才能比较容易地去理解"刷锅"这个字形指向的到底是什么样的词义。既然汉字是在这样一种土壤中产生的，对于汉字字形的分析有时候就需要从文化的角度去进行观照。也就是说，我们需要从文化的角度去阐释汉字，汉字的表意性质也为我们的阐释提供了可能性。

既然汉字是表意文字，其表意性也会为我们解读文献带来很大的便利。而且从另外一个角度来说，如果我们不从字的角度、文化的角度去解析它所记录的词义，有时候我们对文献的理解就会停留在表层。举个例子，比如说《中庸》开头的三句话："天命之谓性，率性之谓道，修道之谓教。"要理解这三句话，只有从字形的角度切入，才能够把它的深意理解得更透彻。"天命"的"天"到底怎么理解？按照字形"天"就像一个人，突出他的头部，所以《说文解字》说"天，颠也"。"颠"就是人的头顶，"天"到底指什么？是指人的头顶吗？其实在这里，它是用人的头顶指代宇宙当中最高位置的天。所以这个"天"就体现了古代的一种造字原则，所谓的"近取诸身"。"天"是指代自然的天，但造字时是从人的自身去取象的，用人的头顶指代上面最高的天，这个"天"就是自然的天。"天命"，这个"命"在守奎教授的这本书里也有解释，"命"和"令"本来是一个字，后来分成两个字，这里面的"天命"跟现在人们平常所说的"天命"是不一样的，我们不能用现在一般人理解的天命的意思去理解"天命之谓性"。这个"命"就是"令"，"天命"实际上就是"天所命""天所令"，也就是自然所赋予给你的，那个秉承自然而来的品质就是所谓的"性"。

再看"性"怎么分析。"性"是个形声字，左边是义符"心"，右边是声符"生"，"性"的声符才是它的真正意义来源。什么叫性？"性"实际上就是与生俱来的素质、品质，因为是与生俱来的，所以它的声符为"生"。所谓"素质"，就是天赋予给人的禀性。因此，我们了解了这个字的字形，知道了它的意义根源在哪儿，我们才能真正理解透彻"性"的深意。再说"率性之谓道，修道之谓教"，"教"是什么？守奎老师在这本书里也有分析，"教"指的是后天的学习、教养。先天"性"的我们可以叫作素质，后天的"教"我们可以叫作素养。一个是质，一个是养；一个是本来的，一个是后天的。

我们分析了这些字形，再回到这个文本，才能对文本理解得更加透彻。汉字的阐释不仅仅是我们刻意地把文化的东西拉进来，实际上这是非常必要的。没有文化的介入，我们对字的理解，对词义的理解，对文献的理解，都是处在表层的。守奎教授讲到的前面两个问题，也就是汉字为什么能够阐释、为什么需要阐释，我先做一个简单的回应，这实际上是汉字阐释的可能性和必要性的问题。

接下来守奎教授谈到，为什么目前的汉字阐释工作做得还不理想，这个原因确实是多方面的，既有客观方面的原因，也有主观方面的原因。从客观上来讲，汉字本身有几千年的发展历史，字是古人造的，就像守奎教授所说，我们不能把古人拉起来问问他，你为什么造这个字？你造这个字当时是怎么想的？我们不可能这样做。古人造字时的字形，和我们现在所看到的文字形体之间是有很大距离的。即使我们现在能够看到的最早的汉字字形，也不一定就真的是最早的字形，只能说是我们能够看到的最早的字形。所以，汉字字形最早的时候到底是什么样？最早的汉字究竟应该定位到什么时间？现在还无法确定。有些学者在根据一些出土文物的材料去推测汉字起源的时间，这种推测只是一种假说，但是我们可以肯定地说，甲骨文绝不是最早的汉字体系，在甲骨文之前汉字已经存在相当长一段时间了。既然汉字的历史这么长，而且汉字最早的源头我们现在是无法确认的，汉字起源时期的最早的材料我们是看不到的，这对我们进行汉字阐释确实带来了很大的局限。这是一个方面。

另外一个方面，文化本身也在变。汉字在变，文化也在变。我们现在要想很透彻地理解古人所处的文化环境，那也是很难的，我们没法确切地真实地全面地了解古人的文化环境到底是什么样子，只能通过一些研究去推测应该是什么样子，但是不能确认它就是这个样子。从这个角度来讲，也给我们进行汉字阐释带来了一定的障碍。所以很多字，比如《尚书》里面说："人无于水监，当于民监。"这个"监"字我们看现在的字形无法解读其构形，只有回到古代的字形才能看出来，"监"原来是一个人趴在盆上看，里面有水，看什么呢？看自己，也就是照镜子。刚开始看到这个字形我们也不知道他在干什么，因为我们不了解那个时候人的生活环境，人们的日常生活文化。只有通过其他文献的比证，才知道原来这个人是在照镜子，因为那个时候没有青铜镜，就用水像镜子一样去照自己的影子。刚才《尚书》那句话，"人无于水监，当于民监"，实际上是一个比喻的说法：你不要拿水照镜子，应该看看老百姓对你的评价，用老百姓对你的反映来作为镜子。这个例子说明，一方面"监"这个字形在变，另一方面人们生活的文化环境也在变，这两个方面都属于客观的方面，都会影响到我们对一个字的阐释。

从主观方面来讲，在汉字发展过程中，人们在不停地对汉字进行阐释。包括东汉许慎编写的一部重要的文字学著作《说文解字》，本身就是对汉字进行的一次系统的文化阐释。不同的时代在阐释汉字构形时，往往会打上那个时代文化的烙印。所以在《说文》当中，我们发现有很多解释，按照古文字来说是错的，但我们从另外一个角度来看，那是在许慎那个时代的文化体系、话语体系当中对文字做的解释。有些字不见得许慎就真的不知道它本来的构意，实际上他是想用当时的思想体系去诠释整个的汉字构形系统，是一种文化阐释，而不是完全从科学的角度所进行的构形解析。

比较典型的例子，像"王"字，许慎采取孔子的说法，"一贯三为王"。他进一步解释什么叫作"一贯三"，三横就是"天地人"，中间那一竖是能够参通"天地人"的王。能够做到上通天、下达地、中统人，这样的人才是"王"。这种解释是从当时儒家的话语体系对"王"字进行解读的。我们如果从汉字构形的本来面貌去分析，它肯定是错的，但是我们又不能简单地说许慎解释这个"王"就是错的。简单地说他是错的，而不放在他的文化背景下去理解为什么他这样解释，这也是比较武断的做法。我们知道甲骨文的"王"就是像斧头的样子，"王"原来不是像儒家所说的"王道"的"王"，实际上它也是靠武器统治天下的，这才是"王"的构形本来的面貌。但是到了许慎《说文解字》那个时代，他是把儒家的思想附会到了"王"字的构形解析当中。不同的时代、不同的文化体系、不同的思想体系，往往对"王"有不同的解读，这本身也是一种文化。但是我们要明白，这种阐释是一种文化阐释，而不是科学的汉字解读，这个我们要分清楚。所以我们只有剥离历史上汉字阐释中的主观色彩，当时文化所赋予它的特殊色彩，才能还原这个字形本来的面貌，去追求一种科学的汉字构形分析。

所以我们现在对于一个汉字的解释，一方面要了解它的客观局限性在哪儿，另外也要了解历史上为什么会出现对于汉字的那种阐释，现在站在科学的汉字学的角度我们应该怎么对它解释。

再一个原因，汉字阐释目前做得不理想，也是大家关注得不够。特别是大牌的文字学专家，可能不屑于去做这种工作。学术力量投入不够，造成社会上对于汉字知识的掌握程度是远远不够的。包括我们基础教育领域，这种现象也是不容乐观的。基础教育领域有很多老师是没有受过系统的汉字学训练的，在教学生分析汉字的时候，往往是从一种功利的目的，怎么让孩子快速地记住汉字，而不是从科学的汉字构形角度入手。这样长期下去，对于汉字的理解，对于汉字人才的储备，必将造成很大的消极影响。所以说，我们希望更多的文字学专家能够投入到汉字的阐释、汉字的文化普及领域中来。

守奎教授这些年在这方面投入了很多精力，前面有《汉字为什么这么美》，现在又有这本《说解汉字一百五十讲》，这两部书应该说都是汉字文化普及方面的力作。守奎教授在这本书里虽然定位是普及，但实际上里面是饱含了守奎教授多年来对汉字深入研究的学术成果和心得。守奎教授在研究汉字的时候，应该说是特别深入、特别系统、特别理论化，既有高大上的理论，同时又有非常深入的实践。将理论的探索与具体的实践密切结合起来，这是守奎教授研究汉字的最大特点。

守奎教授特别强调要"完全释字"。所谓"完全释字"就是我们在考证一个字时，一定要对字形的"来龙去脉"有一个清晰的梳理。对这个字所对应的词的音义，要有十分清晰的解析，然后在这个基础上，对它的构形进行阐释，对它在文献实际应用过程中的字形关系进行梳理，只有这样，才算真正把这个字定死了，是什么字就是什么字，这种考释才是"完全释字"。守奎教授特别强调，一定要在"完全释字"的基础上再去做汉字的阐释，只有这样，阐释才是可靠的。就像守奎教授在《序言》里所说："没有学术研究的汉字阐释是靠不住的。"这句话确实也是守奎教授这些年进行汉字阐释过程中所遵循的一个重要原则。

守奎教授在这部重要著作的《序》里提出三个目标：第一个目标，写一部能够让大家看得懂的汉字知识普及大众读物；第二个目标，要写一部对汉字构形发展演变规律进行阐释的教科书。第一个目标是面向大众的，第二个目标是在给强基班上课时候的教材，相当于教科书。守奎教授还有第三个更高的目标，就是要探讨一些学术的问题。我认真拜读了守奎教授这本书，觉得这三个目标实现得都非常完美，真正将通俗性、普及性、科学性、学术性融为一体。守奎

315

教授写得很通俗、很有趣，他写这本书的语言跟他在《开讲啦》节目里讲的一样风趣，让人看了非常过瘾。另外就是一方面深入浅出，另一方面又很讲究系统性，他很少就单字解单字，一解就是一组。比如守奎教授讲"女""如""若"几个字，把它们串起来，就可以看到这些字之间具有同源关系。讲"毓""流""疏"，也是成组地讲。只有在一组字当中，才能看到汉字构形发展演变的规律，以及字与字之间的关系。

王宁先生曾经多次讲过，字不是一个一个的，而是一组一组的。确实是这样。我把王老师的这句话稍微改造一下："字是一家一家的。"汉字确实是一家一家的，如果对汉字的构形发展史进行梳理，就会发现它们的"家族关系"非常清晰，而且非常有趣。了解它们的"家族关系"，在学习汉字的时候就会起到"事半功倍"的作用。我经常举闪电的"电"和神灵的"神"这两个字的关系，其实它们原来就是一个字，后来逐渐分化。原来是闪电的"电"，后来演化成"神"，演化成"申"，演化成"伸"，这几个字都是由一个"根"派生出来的。这样的例子在守奎教授这本书里非常多，所以大家在读这本书的时候，要特别关注字与字之间的关系，要一组一组地去看。守奎教授是一组一组去写的，我们要理解他的深意，为什么要把这一组字放在一块去说。

关于第三个目标，也就是学术探讨，守奎教授在每一组字后面都设有"理论延伸与思考"这样一个栏目，每一处"理论延伸与思考"都提出了一个非常深刻的理论问题。比如说，守奎教授提到，我们看汉字构形，不仅要从它记录语言的深层去看，而且还要从构形的表层去看。像这样的论述，都是理论性非常强的。他前面讲一组例子，后面来一个理论延伸与思考，正好将具体的例子和理论的思考密切结合起来，确确实实是大家学习汉字、了解汉字一部非常好的入门书。这部书适合多种层次的人群学习，既有普及性层面、大众层面、大学生层面，同时对于专家的学术研究也有很多启发。我读了之后很是感慨，专家就是专家，守奎教授在汉字学研究方面有多部深奥的学术著作，像《楚文字编》《古文字与古史考》《汉字学论稿》等，这些都是非常专门深入的学术探讨。现在又把那些深奥的学术研究成果转化为如此通俗的一部书，这中间所花费的心力可能是大家想象不到的。别看通俗,"通俗"是最难做的,要想把深奥的道理给大家讲得"浅显易懂",这个是要花很多心思的。

举个例子,守奎教授在《开讲啦》里面讲了一个幸福的"福"字。虽然在《开讲啦》里面这个字只讲了几分钟,但大家去看守奎教授最近写的一篇关于汉字阐释的文章,他以"福"字为例,写了一篇非常长的学术专论,其学术含量是极其丰富的。可见,有守奎教授深厚的学术功力,才能支撑起那短短几分钟的"通俗"讲解。在此特别向守奎教授表示敬意。

李守奎:

谢谢!首先非常感谢王老师对我的鼓励。我一开始就说了,我们俩有很多相通的地方,刚才的对谈,我们就是一种"互补",对文字的、对汉字阐释的一些主要问题,我们基本上都是一致的,其中包括对《说文》。大家都知道,北师大传承章黄学派,《说文》是一个很重要的学术根基,但是对《说文》的认识我们两个人是一致的,比如刚才说到的"王"字。我写了一篇探讨"也"字的文章,也是讨论这个问题的。按照许慎他的知识结构,他不可能不知道,他选择一些不常见的字形是有意为了表达自我思想。我们一定要还原到他那个时代,他的创作动机是什么?他的目的是什么?他自身是一种"自洽"的解释。从纯文字学的角度来看他是不对的,但是把他归到他那个时代,他是有他自己的道理的。汉字阐释就是阐释汉字的"理据","理据"就是形体与所记录语言符号音义之间的联系。

一个就是所谓的"造字理据",也就是今天大家渴求的,用最古老的字形或者最接近造字时代的字形,回溯到那个时代,寻求所记录的那个时代记录的语义,配合着所能够了解到的当时的社会生活、社会背景方方面面,探讨形体与语言符号之间的联系,这就是我们所说的"造字理据",您提倡的"科学的研究"就是指的这个部分。第二个理据是"阐释理据"。文字是不断发展的,学者是不断研究的,每一个学者都有他自己的一套学术体系,甚至有一套他自己的话语体系。根据自己的理解进行阐释,阐释理据与上面所说的造字理据可能是有距离的，应当说一定是有距离的，不可能完全吻合。将来在学术规范过程中，我们怎么把它分清楚。我们探讨造字理据怎么探讨，如何对待阐释理据，这大概是我们今天学者要做的事情。

  还有一种理据，识字理据，也就是我们自造的理据。我上课问学生，举了几个现代汉字变成记号的字问学生你们是怎么记住的。其中一排、两排的"排"，如果知道了古音，知道了来源，就知道了它是形声字，"非"在这里面是可以表示读音的，这没有问题。但是我们今天不可能先教会学生古音以后再认这个字，学生告诉我把"非"想象成排骨，就很容易记住了。这就是所谓的"识字理据"。可不可以呢？我认为就为了这层目的是可以的，不要把不同层次的东西把它拉在同一个平台上去讨论。你说他不对，他说你不对，大家的目的是不一样的。所以说未来我们要做的事情非常多。我和王老师我们对于《说文》的基本认识是不论怎么认识，它都是一部永垂不朽的经典。在那个时代，文字理论不要说全世界无出其右，干脆就没有可以比较的。是这样吧？

王立军：

别的地方不可能有。

李守奎：

今天我们怎么去充分认识《说文》、利用《说文》？从文字学角度来看，我们回溯造字理据，解读文献、阐明汉字文化就是传统文字学的主要内容；看向未来，规范文字的应用，引导汉字发展的方向，好像是现代文字学。今天我个人觉得我们需要把它们打通，而我们汉字阐释就做这个工作。汉字跨越了传统与现代这条线，文字的研究也得跨越这条线。今天汉字学的理论，不论是"六书说"，还是"三书说"，裘锡圭先生说得也很坦诚，"三书说"也是只能解释古文字，对隶书以来的文字几乎是无能为力。所以今天我们一起努力，从理论、方法到阐释实践，需要我们共同努力。我们两个大概已经没有太多考核指标了，如果有考核指标，把这本书当作科研成果去评教授，肯定得被人骂，那肯定是不行的。我个人觉得这个时代到了有人来做这个事情的时候了，社会风气在变化，社会整个文化氛围在变化，社会需求在变化，需要有人来做。

我和王老师对《说文》的看法我们是一致的，从研究上来说，我们都以《说文》为基点，我是往"上"追，也期望能够"沟通古今"，往今的方向看。王老师是精研《说文》，把"古"更多的是作为研究的背景去利用，还往"下"做，进行汉魏碑刻研究，从研究出土文献中文字的识读这一点上，与古文字的研究的目的、方法就比较一致了，不再局限在离开记录语言的文字形体、符号、构形等等。我们俩这一点是比较一致的，研究文字不能脱离开语言，脱离开语言的文字就是一个"僵尸"，只有和语言结合起来，它才是活的，它才有生命。而我们要解决的问题是文献里面这个字不论你有没有看清楚，它记录的语言才是考释的核心。我搞古文字，我要在这方面下功夫，王老师搞汉碑，他也在这上面下功夫，这些地方我们是一致的。王老师做的学问往"下"延伸，北师大汉字研究直接指导汉字的应用。学术研究没有社会需求，不为社会服务，只是文人之间的雅好，那你只能局限在书斋里。北师大在这方面做得是非常好的，向"下"延伸，而我们做的是向"上"延伸。相信未来通过我们共同的努力，可以打通，把古今贯通，无论从理论上，无论从实践上，我相信我们是能够合作的，并且这种合作是方方面面的。

王巍老师说要组织一个读书会，需要找一位学者对谈，我第一个想到的就是您，跟王老师一说，回答是没问题。要知道他现在非常忙，既要当学者，又要当领导。百忙之中来围绕着一本通俗读物对谈，十分感谢！等到下一次邺架轩推您的书的时候，我来做您的嘉宾。

王立军：

谢谢守奎教授，讲得非常好！"古今沟通"确实是非常重要的。不仅仅在文字领域，在其他领域也是这样，语言研究现在也是迫切需要"古今沟通"。我们研究现代汉语，研究古代汉语，一定要"打通"，古代汉语是现代汉语的"根",现代汉语是古代汉语的"流",这个"源"和"流"的关系是非常密切的。只知"流"不知"源",那是没有根的学问;只知"源"不知"流",那是不全面的学问。古汉语有些东西会随着汉语的发展而保存到现代汉语当中,这些保存下来的都是古汉语里有生命力的东西,有生命力的东西,才能保存下来。我们研究现代汉语,也是在反观古代汉语。文字也是这样,一方面我们要重视古文字研究,但是古文字的研究也要能够反馈现代汉字的研究,为现代汉字研究提供更多学术的给养。现代汉字的研究更多的是面向社会的应用,这也是一个非常关键的领域。我们不能只是"关起门"来做学问,而是要让传统语言学走向现代,让传统语言学能够为社会服务,这是我们做学问的宗旨。

我们这些年在现代汉字应用方面做了一些工作,比如我们研制的《通用规范汉字表》,这是由国务院发布的汉字规范标准。还有近期即将实施的国家汉字标准《古籍印刷通用字规范字形表》,也是我们主持研制的。这两个汉字标准一个是面向现代汉语用字的,一个是面向古籍印刷用字的。这些字的研究都跟古文字研究有着密切的关系。我们要"上溯",整理现代汉语的用字一定要追溯它的"历史来源",就像守奎老师讲每一个字,都要把字的历史演变和关系梳理清楚。只有这样,才能够弄清楚这个字在历史上的功用,以及在现代的功用,才能在《字表》中把字的位置关系摆布得恰到好处。"古今沟通"既是对研究近现代汉字的学者提出的挑战,同时也是对研究古文字的学者提出的挑战,一个是往上走,一个是往下走,中间怎么去沟通,把整个历史的线条真正拉通,这样才能够把汉字的问题来一个彻底的清理。当然作为某一位学者个人不可能从头到尾都去关注,但是学者们可以联合起来,有关注古代的,有关注现代的,有关注近代的,我们在一起讨论相关的问题,相互协作,才能把这方面的事情做得更好,才能为现代汉字应用提供更好的服务。这也是国家目前非常关注的,因为汉字本身应用能力的高低也关乎着整个国家的文化面貌。

现在大家提出来,"强国必强语,强语助力强国"。这个"强语"指的就是"语言能力"。语言能力是从西方引进的概念,但在我们国家,应该把文字能力也加进去,应该是"语言文字能力",不能仅仅表述为语言能力。汉字在中华文化传承传播中发挥着极其重要的作用,应该得到足够的重视。因此,我们国家"语言能力"的正确表述应该是"语言文字能力"。所以我特别赞同刚才守奎教授讲的"古今贯通"这样一个理念。

李守奎:

一个学者很难做到古今汉字哪一段都精通,但是学者之间应该互相去补充、互相去欣赏。如果搞古文字的说现代汉字的那些东西我们都认识,你还搞它干什么?搞现代汉字的说搞古文字的,那几个字你搞不搞它能怎么样?这样学术无法沟通,彼此都是门户之见,那就坏了。我们今天学术需要古今沟通,学者之间也要有更好的交流,可能我们只做的是某一段,但是大家都是抱着真诚的学术目的,把它串起来就可能形成完整的东西。这种风气,正在逐渐形成,在文字学界越来越好了。

王立军:

越来越好,大家的交流越来越多,互相之间也非常理解。

李守奎:

抱着欣赏别人成果的态度去看,而不是抱着门户之见挑剔别人,这种学术风气我觉得是非常重要的。

王立军:

我们讨论现代汉字的用字问题,必须走到古代,不走到古代就没法找"理据"。您这本书中也提到"壬"和"壬"的问题,也是前一段在汉字规范过程中大家争论比较多的一组字,就是说,到底要不要区分这两个部件。"壬"有一系列以它为声符的字,"壬"也有一系列以它为声符的字。这说明,这两个部件的音义功能是很强的。作为声符是提示读音的；作为意符，如在远望的"望"字中，其中的"王"就是"壬"。您也讲到，"望"是站在土堆上远望，登高望远。既然"壬"和"王"意义功能和声音功能区分得这么清楚，而且它可以帮助我们理解某些字的构形理据，我们为什么不把这两个部件区分开呢？我们承认汉字演变的事实，有些部件后来混同了，如果部件的混同没有造成特别大的影响、成批的影响，我们是尊重演变的事实的。但那些对我们讲解汉字很有帮助，而且又相对比较容易去区分的部件，我们不妨找寻它的历史来源，从历史来源的角度对它们进行比较好的区分。这样在汉字教学过程中就比较好去实施，不然的话同样都是这个部件，为什么这一批都读"壬"，那一批都读"王"。你如果不给学生讲这个道理，学生没法理解；如果给他讲明这个道理，还不如就把它区分开。现代汉字有些特殊的现象确实需要有古文字研究的支撑，只有这样我们才能够把现象背后的理据讲清楚。

李守奎：

好，我们联起手来"沟通古今"。怎么样？王巍老师，您说的好像我们差不多是一个半点钟，留给同学们一些时间。我们两个有说不完的话。

主持人：

因为机会非常难得，我们再看看现场的观众有什么问题？

提问1：

老师好，您是从表意和表音的角度，把汉字和其他表音语言进行了区分。我还看到有一种说法，汉字它是一种形象语言，以拉丁语、希腊语构成的西方主要语言，他们是一种抽象语言。有一种说法就是这种抽象语言让西方他们在哲学的思考上更加成熟一些。就像刚才王老师说的，中国的那些先民对"尽"这个字的解读，它其实是把一个抽象的概念形象化。我想问的是，能不能从抽象和形象这个角度去区分汉字和西方的文字？

王立军：

其实汉字和西方文字本来并没有本质的区别，在源头上，它们本来都经历过象形表意阶段，这是早期。像两河流域的文字，追到头，它也是象形符号。古埃及文字早期也是象形符号，也曾经演变到复杂的表意文字阶段。早期的这些文字，比如楔形文字，完全可以用"六书"去分析，它里面象形也有，指事也有，会意也有，形声也有。我们说"六书"，其实是前"四书"，前"四书"才是造字方法。早期西方文字的源头也经历过那个阶段，但后来由于语言和文字的"适应性"问题而发生转变。我们的汉语为什么能够一直延续用表意文字？这是由汉语本身的特点决定的。大家学古汉语的时候就知道，古汉语是以单音节词为主的，一个音节就是一个词。汉字的字形，一个字形对应一个词，"一字、一音节、一词"，这样的对应关系非常清晰。所以，用汉字去记录汉语是非常适合的，是适合汉语特点的。而西方语言是一种形态语言，它的词往往是"多音节"的，用表意文字去记录它，字词对应关系就不是那么直接，不像汉字汉语在早期那么明晰。在这种情况下，西方的文字就逐渐转制，不再继续延续象形文字、表意文字，而是从原来的象形符号中提取出几十个，来作为它们的记音符号，这样每一个象形符号就成了一个字母。像大写字母 A，本来像牛头之形，慢慢就转制了，转成拼音文字的字母，而我们的汉字则继续沿着表意文字这条路走下去。

这里面会不会关乎到"思维方式"的问题，应该说也是有的。中华民族的思维模式相对来说更强调"形象思维"，所以你看我们的字也好，我们的画也好，其实都是一种"意象"，汉字造字是一种"意象"，中国的画也是一种"意象"。所以"形象思维"在汉民族的思维模式中确实是体现得非常突出，这跟汉字本身的特点也是相适应的。当然这个不是根本的，根本原因还是汉字的形制跟汉语自身的特点是相匹配的。而且汉语方言比较多，单音节为主的语言，方言分歧如果大，就会造成一个音节对应好多词，在理解的时候就会产生歧义。比如我发个音，这个音到底指向的是哪个词，可能就比较麻烦。所以，我如果把汉语转成拼音，用拼音记录一段话，再让你看，能看懂吗？很难看懂，就是因为同音词太多，很难用拼音文字去记录。因此，今天汉字还一直保持表意文字的性质，跟这方面的因素也是有着密切关系的。

李守奎：

这个问题我个人理解包含两层关系。第一层是文字和语言的关系；第二层是语言和思维的关系。首先，文字的形象性不等于语言的形象性，这两个之间没有关联，作为记录语言的符号，只是它们在"编码"过程中视觉符号形象与所记录语言的音义发生联系。刚才王老师说得很清楚，表音文字也是从表意系统里变过来的，从这里我们不难看出来。第二层，语言与思维的关系，我们的语言是不是具有"形象思维"，是不是更擅长表达一些"形象"的东西？我想这个问题超出了人文学者的科学研究的范围，需要和心理学家合作科学地去证明。我们的语言到底是什么？思维是什么？做大量的实验得出一个结论，这才可能是可信的。今天，都是抓住一鳞半爪的现象作为证据，各说各的，备一说而已。

主持人：

我们收到了三个问题，先插一个线上的问题。汉字的造字理据、阐释理据、识字理据如何应用于国际中文的汉字教学？需要保持一致吗？

李守奎：

这个根本没有办法保持一致，它们根本不是同一个层面上的东西。我们说汉字的"造字理据"是学术的探讨，今天的学者用今天所能见到的材料、今天的理论做一个接近于科学的学术探讨，这是造字理据。"阐释理据"是学术史上的探讨，在这个时代里，某一位学者做出了什么样的阐释，他要表达的是什么，他为什么这样说，这是学术史的探讨。识字的理据，可以叫"理据"吗？或者可以直接称之为"杜撰理据"，是纯粹为了教学而编造出来的，与学术没有什么关系。比如说早晨的"早",教西方人,什么是早晨的早呢,太阳在十字架上,表示的就是这个时间。对现代西方人来说,比我们农耕时代的太阳从草丛里升起来,更能被他们理解。所以说杜撰理据对于识字会有一定的效果,负面影响也很明显。

王立军:

识字教学确实是操作性很强的工作,我们到底怎么去把握识字教学的科学性和有效性之间的关系,确实是一个重要的问题。我们也不能把学术的研究完全搬到课堂里面,特别是识字教学面对一、二年级的小学生,你给他讲那么深厚的文化背景,他根本没法理解。所以刚才守奎教授讲了,学术研究是一方面,实际的教学是另外一方面,我们怎么把两个方面尽量拉近,不至于产生冲突。我们在教学当中还要考虑"系统性"的问题,不管是"识字理据"也好,别的表述也好,它本身有一个"系统性"的问题。比如说,我经常举的一个例子就是"饿",有老师讲:什么叫"饿"?左边是"食"字旁,右边是"我","饿"就是"我要吃"。这种讲法听起来非常有道理,孩子们可能也比较容易记。但是万一接着他马上又学了一个"俄国"的"俄",那他怎么理解?又学了一个"鹅、鹅、鹅"的"鹅",那又怎么解释?所以怎么从汉字构形系统的角度入手进行识字教学,这其实也是守奎教授在研究过程中非常强调的一点。汉字构形的"系统阐释"是非常重要的,因为汉字本身是成系统的,如果不从系统入手,不去"成批"地讲字,而是"就字论字",往往是自己给自己"挖坑",到时候学生一问你,你自己也没法说了。所以不管是基础教育识字教学,还是对外汉语教学的汉字教学,都有这个问题,还是要尽可能传递相对比较系统的知识,科学地进行解读。当然科学的解读不是说把学术研究完全搬到课堂里,这样肯定是不行的,学生也接受不了,成了讲汉字学了,那是不合适的。把学术的问题转化为课堂的知识,把抽象的道理用通俗的方式表达出来,这正是守奎教授所做的工作。

李守奎：

王老师说的是一个很好的课题，如何把学术研究转化为识字教学，我们刚才说沟通古今，把这二者让它有效地结合起来。

提问3：

我有个问题想问一下王老师，您讲的关于从文字学的角度去解释《中庸》经典含义的问题，我有点疑问。一方面《中庸》这本书的成书时间是不确定的，到现在为止是有争议的，它不一定是子思所著。文字上的含义到《中庸》成书的时间，中间距离是比较长的，我们能不能依据文字本身的意义去解释《中庸》？另一方面即使是文字的意义，跟《中庸》这部书成书的时间是一样的，文字的意义跟形成经典意义之间同样也是有距离的。我们不能否认有一些学者他会在写一部经典或者一部作品的时候，会对里面文字的意义进行重新定义。比如说《孟子·尽心》里面就有这样的记载："口之于味也，目之于色也，耳之于声也，鼻之于臭也，四肢之于安佚，性也，有命焉，君子不谓性也。仁之于父子也，义之于君臣也，礼之于宾主也，知之于贤者也，圣人之于天道也，命也，有性焉，君子不谓命也。"这个其实就能反映出孟子对于里面一些字的含义进行了重新的定义，不知道您怎么看这个问题？您一直说要尽可能科学地还原文字意义，或许在古文字学上我们可以还原，但是在经典解释上似乎距离还是比较远的。您怎么看这个问题？谢谢！

王立军：

好，非常好的问题。一个是造字阶段，一个是在具体的文献用字阶段，它们之间是有时间距离的，这是显而易见的。再一个，字的意义跟文献当中词的意义之间也是有距离的，这也是显而易见的。你关注的这两点我觉得都是非常好的。怎么去解释这个问题？我们在阅读文献的时候，要理解文献当中的词，要理解在语境当中它是什么意义，我们用语境去框它。一个词可以有多种解释，但是在语境当中它的意义应该是唯一的。当然这个所谓的唯一是一种理想的唯一，可能不同的学者的解读也不同。所以对于经典的解读以前说是"诗无达诂"，只是说就目前大家理解的状况，这个学者这样解释，那个学者那样解释，造成的局面似乎好像是"诗无达诂"。但是我们知道，诗不可能无达诂，它一定是有"达诂"的，只不过我们一直在追求"达诂"的途径上，我们还在路上，还没找到真正让大家都认可的观点。如果最后大家的意见形成"统一"了，这个"达诂"就出现了。所以词义的解读确实具有一定的不确定性，但是我们可以通过一定的方法减少这种不确定性，一般是要先从"字"入手，找到它的"本义"。大家特别强调"本义"是一切意义的开端，抓住本义再去阐释，再去理解它的引申义，那样我们才算找到它的根了。至于说在句子里面它是不是本义，那就要看语境了。

刚才说的"天命之谓性"，"性，生也"，这是一种声训。声训从词的角度来讲常常用来系联同源词；从字的角度来讲，用某字的声符所构成的声训往往体现了其意义来源所在。声符提示词源意义，这样的意义放在这句话当中合适不合适，大家的理解也是不一样的。不同的思想流派对《中庸》的解读太复杂了，历史上关于"性"的解读也有几十种之多，可谓众说纷纭。所以词的解读一定要从本义出发，不理解本义，对这个词的理解实际上就是没有根的，找到根你才能证实它。就像考释字一样，我们要找到本字，要找到本义，要找到语境义、句中义，把这几个方面的意义都落实了，我们才有可能去判断它在这个语境里到底是什么意思。这确实是一个非常重要、非常关键的问题。"字意"不一定是语境当中的词义。我们经常举的例子，许慎讲本义，但是他里面很多讲的不是"本义"，而是"字意"，就是字的"构形意"。像"尘土"的"尘"，原来写作三个"鹿"一个"土"，古文字是三个"鹿"两个"土"，许慎解释为"鹿行扬土也"，就是一群"鹿"跑过去扬起的"尘土"。到文献当中找找有这种用法吗？没有，找不到，说明他讲的不是本义，而是构形意，通过这样一个构形，通过这样一个形象、这样一个场景去指向那个词义，"尘土"才是它的词义。所以字意和词义之间有距离，本义和文献当中实际的意义也是有距离的。我们要首先明白它的距离，然后再建立它们之间的关系，在字意和词义之间要有一个转化，本义和引申意义之间要有一个关联。这也是我们阅读文献、理解文献字词的时候经常让学生去做的一个工作。

主持人：

线上观众有一个问题，说汉字的演变很复杂，在中小学的教学实践中让老师掌握这些知识并融入教学是不是有些难，学生接受如此深的知识是不是很复杂？

李守奎：

我来说这个问题。我们今天讲的主旨是文字是记录语言的符号，在这个点上往前推是研究的道路，往未来走是实用、应用的道路。从应用的角度来说，文字是一个"去理据化"的过程，不断地简化就是不断"去理据化"的过程。所以对于文字的应用来说，你只要知道这个符号的形体是什么样子的，你会写，它记录的语言的音义是什么，你把握了，任务就完成了。当然在这学习的过程中，你又通过什么手段让学生更容易把它记住？其中有一部分，汉字学术的研究可以转化成有助于识字的教学手段。比如刚才王老师说的"壬"与"壬"，"壬"和"壬"这两个符号是不一样的，但是在构形里，凡是写成"壬"里面都读"壬"，凡是写成"壬"里面都读"壬"，把一排字放在一起，给学生一个类比，它可能会有一定的意义。但是对于很复杂的演变，完全没有必要让学生去追究。学术研究就是学术研究，这种东西是不能用到应用中的。比如"我"为什么是"我"，今天古文字学家都解决不了。你说它像个兵器，甲骨文辞例里面没有任何一条辞例证明它是兵器，像这样的地方就没有必要再跟学生去说了，就是把它作为一个记号，会写就可以了，任务也就完成了。所以一定要分开来，我们的目的是什么？比如汉字理据、汉字规律的阐释，像王老师写的书是探讨那个时代的文化，是很有价值的，刚才我没说这个问题。往前面追，回溯到那个时代，前两天我们还讨论"暴虎"，裘先生指出，过去说"暴虎冯河"是徒手打虎，汉代训诂学家就是这么说的，我们也是一直是这么相信的。但是古文字中暴虎的"暴"考释出来以后，文字清清楚楚是拿着戈去打虎。为了考释古文字，为了古书训诂，为了古代文化，为了汉字阐释等目的是可以去追溯的，但是为了今天的识字，就没有必要把已经几乎消失了的字，而且已经变化为记号的字，再追根溯源地给学生讲。我们一定要分清各自的目的是什么，如果就是为了识字教学，不必纠结，这本书里有用的就用，没用的就扔。

王立军：

确实是这样，识字教学，刚才已经提到了，有些学术层面的东西，不见得适合拿到识字教学环境当中去，它有一个理解程度的问题。古人的文化背景和我们现在差异太大了，让小学生去理解那么遥远的时代，他的知识结构还不具备。虽然可能我们看起来很有趣，但是在小学生的知识结构里，他看不懂。如果过多地使用这些东西，不是帮忙，反倒是添乱。所以怎么有限度地把适切的古文字形体引进来，给学生一个这样的认识就足够了。比如汉字的"日""月"，教小学生，原来汉字是这么形象的，是这样来的，提起他的兴趣就可以了，不是说我们大量地去灌输古文字知识。这个可能到高年级阶段，比如高中，我们再讲某一篇课文中的关键字眼时，通过字形分析、字形解读有利于对文章的理解，我们才用。所以对于古文字知识，要有限度地用，按需求来用，而不是盲目地用，应该把握这样一个原则。

主持人：

线上的提问。请问两位老师，从《说文》到后来古文字出土以来对汉字的研究，对于同一个字的阐释有很多种说法，对有的字的阐释不下于十几种观点，我们如何去评判这些观点？怎么择善而从？另外一个问题请教一下李守奎老师，是否考虑将汉字阐释这种具体工作和实践发展起来，类似于汉字阐释学，可否简单谈谈您对汉字阐释学基本理论和方法的设计？

李守奎：

非常感谢这位朋友。我看时间也不多了，我就非常简单地说。您所期望的也正是我正在做的，今年发的几篇文章都是汉字阐释的方法。在课堂上也正在讲汉字阐释的理论与方法，而且会作为一个教材，争取一、两年之内能够出来。刚才我们说过理论建设相对来说比较弱。我会像写《说解汉字一百五十讲》这本书一样，也尝试着努力地去做一做，到时候请大家批评指正。

提问6：

两位老师好，我最后想问一下，在汉字阐释的古今沟通过程中，对网络的流行词汇，比如"躺平""内卷""社交牛逼症"这些娱乐的词汇，会有怎样的解释？你们在对汉字阐释过程中，会练练字、练练书法加深理解吗？就是这两个问题想请教一下。

李守奎：

网络词语的问题主要是词语问题，它不主要是文字问题，文字问题里面比较少，比如"囧"，现在不常用，古字复活，旧瓶装新酒，这是年轻人们喜欢的。第二个问题问王老师，王老师练字。

王立军：

刚刚这个问题是文字和语言关系的问题，这也是需要我们澄清的一个问题。文字和语言的关系，在汉字阐释过程当中，有不少人是分不清的。我们也看到很多讲汉字文化的文章，讲了半天，其实不是汉字文化，不是从汉字构成出发的，而是从这个字所记录的词所反映的文化出发的，那就是语言文化。经常有人写《说文》女部字的文化现象、《说文》车部字的文化现象等等，实际上他不是从文字构形出发，而是讲的女部字所记录的词反映了什么样的文化。所以，文字文化和语言文化是两个层面，经常有人弄混。

另外关于书法的问题，确实也是非常重要的问题，涉及人们的语言文字能力问题。我国的语言文字的应用能力，既包括语言的应用能力，也包括文字的应用能力。而文字的应用能力既包括对文字知识掌握理解的能力，同时也包括书写能力、书写水平。我们不愿意过多地谈"书法"，而是更愿意谈"书写"，因为书法是书法家的事情，是艺术上的事情，它所涉及的人群相对是小众的，而书写是面向全民的。书写水平的提高，其意义远远大于提倡书法的意义。这是我个人的理解。因为提高全民的汉字书写水平，在某种意义上是对国民素养的整体提升，也是对国家文化面貌的整体提升。现在提倡的"书法进课堂"，我倒觉得应该是强调"书写进课堂"，在基础教育里更应该加强书写教育，而不是书法教育。

李守奎：

我插一句，完全赞同王老师的意见，"书写进课堂"不是"书法进课堂"。"写"还写不明白，哪能就"法"了呢。

王立军：

还没有学会走就开始跑，结果走不会走，跑也不会跑，我们不能本末倒置。只有全民的书写水平提高了，基础扎实了，才能成长出来更多的书法家。如果连写字都写不好，怎么把它提升到艺术的层面？而且我们不能够要求所有人都成为书法家。

主持人：

非常感谢两位教授的精彩分享。今天是邺架轩沙龙的第 30 期，所以我也总结了三个关键词。第一个是"冷门绝学"，之前我也意识到这个领域应该是相对比较冷僻的学科，甚至整个文科都是相对比较冷僻的，今天根据李守奎教授的讲法，在相关领域真的可以讲是凤毛麟角，而且我们今天这次沙龙也是把国内最好的学者"一网打尽"了。第二个关键词，"深入浅出"，今天的两位教授都是教育部的长江特聘教授,是学术研究领域的佼佼者,但是他们两位教授都非常热心于古文字学传播的工作,像李老师上《开讲啦》,包括开喜马拉雅的声频节目,王院长也是有普及性的著作出版,可以讲对文字学的传播起了很大的贡献。最后一个是"古今沟通"或者叫"沟通古今",我们说现代科技不断向前发展,我们现在用 5G,将来甚至会有 6G、7G,无论用什么样的输入法,最终我们输入的还是汉字。我们今天两位教授为我们的汉字"追根溯源",对我们中国传统文化和文字在做"沟通古今"的工作。最后让我们以热烈的掌声再次感谢两位教授的不懈努力和精彩对谈!